Guttentagsche Sammlung
Nr. 82. Deutscher Reichsgesetze. Nr. 82.
Textausgaben mit Anmerkungen und Sachregister.

Das Reichsbeamtengesetz

vom 31. März 1873

in der Fassung der Bekanntmachung
vom 18. Mai 1907

und seine Ergänzungen und Abänderungen

erläutert von

Geheimrat Professor Dr. **Adolf Arndt**
in Marburg.

Dritte, stark veränderte und verbesserte Auflage.

Berlin und Leipzig 1923.

Walter de Gruyter & Co.
vormals G. J. Göschen'sche Verlagshandlung — J. Guttentag, Verlagsbuchhandlung — Georg Reimer — Karl J. Trübner — Veit & Comp.

Druck von C. Schulze & Co., G. m. b. H., Gräfenhainichen.

Inhalt.

Literaturübersicht.

Arndt, RV. oder DRV. = Verfassung des Deutschen Reiches. 2. Aufl. Berlin 1921, Guttentag.

Arndt, DStR. = Das Staatsrecht des Deutschen Reiches. Berlin 1901, Häring.

Bornhak, Preußisches Staatsrecht. 2. Aufl.

Brand, Das Reichsbeamtengesetz. 2. Ausg. Berlin 1907

Delius, Haftpflicht der Reichs- und Staatsbeamten. 3. Aufl.

Görres, Reichsbeamtengesetz.

Hänel, Deutsches Staatsrecht. Band I. 1892.

Hatscheck, Institutionen des deutschen und preußischen Verwaltungsrechts. 2. Aufl. 1922.

Hirths Ann. = Annalen des Deutschen Reiches für Gesetzgebung, Verwaltung und Statistik. Von Dr. G. Hirth und Dr. Max Seydel.

Illing, Handbuch für preußische Verwaltungsbeamte usw. 5. Aufl. Berlin 1892.

Kannegießer, Das Recht der deutschen Reichsbeamten. Gesetz vom 31. März 1873. Berlin 1874.

Laband, Das Staatsrecht des Deutschen Reiches. 5. Aufl.

Löwe-Rosenberg, Die Strafprozeßordnung für das Deutsche Reich. 13. Aufl. Berlin 1907, Guttentag.

Meyer, Lehrbuch des Deutschen Staatsrechts. 7. Aufl. (von G. Anschütz).

Olshausen, Kommentar zum Strafgesetzbuch für das Deutsche Reich. 7. Aufl.

Perels-Spilling, Das Reichsbeamtengesetz. 2. Aufl.

Pieper, Das Reichsbeamtengesetz. 2. Aufl.

Rehm, Die rechtliche Natur des Staatsdienstes nach deutschem Staatsrecht. Hirths Annalen 1884 S. 565 bis 686 und 1885 S. 65 bis 212.

Rehm, Der Beamtenbegriff des Bürgerlichen Gesetzbuchs usw. Hirths Annalen 1900 S. 369 ff.

v. Rheinbaben, Die preußischen Disziplinargesetze. 2. Aufl.

v. Rönne, RStR. = Das Staatsrecht des Deutschen Reiches. 2. Aufl.

v. Rönne, PrStR. = Das Staatsrecht der preußischen Monarchie. 5. Aufl. (von Zorn).

Schulze, Alfred, Das Reichsbeamtengesetz. Leipzig 1908.

Schulze, Alfred, Die Rechtsprechung des Reichsdisziplinarhofs. Berlin 1914.

Seydel, Gesetz (preußisches) vom 21. Juli 1852, betreffend die Dienstvergehen der richterlichen Beamten usw. 2. Aufl. Berlin 1894.

Stölzel, Rechtsweg und Kompetenzkonflikt. Berlin 1901.

Thudichum, Das Reichsbeamtenrecht. Hirths Annalen 1876 S. 265.

v. Zedlitz-Neukirch, Die Rechtsverhältnisse der Reichsbeamten. Berlin 1873.

Zorn, Das Staatsrecht des Deutschen Reiches. 2. Aufl. Berlin 1895, Guttentag.

Abkürzungen.

Abg.H. = Preußisches Abgeordnetenhaus.
Abs. = Absatz.
Anl. = Anlage.
Anm. = Anmerkung.
Ann. = Annalen des Reichsgerichts.
APostDA. = Allgemeine Dienstanweisung für Post und Telegraphie.
Art. = Artikel.
AusfG. = Ausführungsgesetz.
AVBl. = Armeeverordnungsblatt.
B. = Band.
BG. = Bundesgesetz.
BGB. = Bürgerliches Gesetzbuch vom 18. August 1896 (RGBl. S. 195).
BGBl. = Bundesgesetzblatt.
BR. = Bundesrat.
DiszH. oder RDiszH. = Reichsdisziplinarhof in Leipzig.
Drucks. des AbgH. = Drucksachen des Preußischen Abgeordnetenhauses.
Drucks. des HerrH. = Drucksachen des Preußischen Herrenhauses.
Drucks. des RT. = Drucksachen des Reichstages.
E. = Entscheidung.
EinfG. = Einführungsgesetz.
EinfG. z. BGB. = Einführungsgesetz zum Bürgerlichen Gesetzbuch vom 18. August 1896 (RGBl. S. 604).
EinfG. z. GVG. = Einführungsgesetz zum Gerichtsverfassungsgesetz vom 27. Januar 1877 in der Fassung des Gesetzes vom 17. Mai 1898 (RGBl. S. 252).

EinfG. z. MilStrGO. = Einführungsgesetz zur Militärstrafgerichtsordnung vom 1. Dezember 1898 (RGBl. S. 1289).

EinfG. z. ZPO. = Einführungsgesetz zur Zivilprozeßordnung vom 30. Januar 1877 in der Fassung des Gesetzes vom 17. Mai 1998 (RGBl. S. 332).

EisVBl. = Preußisches Eisenbahnverordnungsblatt.

FGG. = Reichsgesetz über die Angelegenheiten der freiwilligen Gerichtsbarkeit vom 17./20. Mai 1898 (RGBl. S. 771).

G. = Gesetz.

Gruchot = Beiträge zur Erläuterung des deutschen Rechts, in besonderer Beziehung auf das preußische Recht.

GS. = Preußische Gesetzsammlung.

GVG. = Gerichtsverfassungsgesetz vom 27. Januar 1877 in der Fassung des Gesetzes vom 17. Mai 1898 (RGBl. S. 371).

HerrH. = Preußisches Herrenhaus.

Hirths Ann. = Annalen des Deutschen Reiches für Gesetzgebung, Verwaltung und Statistik. Von Dr. G. Hirth und Dr. M. Seydel.

JMBl. = Preußisches Justizministerialblatt.

JW. = Juristische Wochenschrift.

KabO. = Preußische Kabinettsorder.

Kais. Erl. = Kaiserlicher Erlaß.

v. Kamptz Ann. = von Kamptz, Annalen der preußischen inneren Verwaltung.

KKGH. = Preußischer Gerichtshof zur Entscheidung der Kompetenzkonflikte.

KolBl. = Kolonialblatt.

KommB. = Kommissionsbericht.

KonkO. = Reichskonkursordnung vom 10. Februar 1877 in der Fassung vom 20. Mai 1898 (RGBl. S. 612).

KonsG. = Gesetz, betr. die Organisation der Bundeskonsulate usw. (Konsulatsgesetz), vom 8. November 1867 (RGBl. S. 137).

KonsGG. = Gesetz über die Konsulargerichtsbarkeit vom 7. April 1900 (RGBl. S. 213).

MBl. s. BMBl.

ME. = Preußischer Ministerialerlaß.

MilG. = Militärgesetz vom 2. Mai 1874 (RGBl. S. 45).

MilRDiszG. = Gesetz, betr. die Dienstvergehen der richterlichen Militärjustizbeamten, vom 1. Dezember 1898 (RGBl. S. 1297).

MilStrGB. = Militärstrafgesetzbuch vom 20. Juni 1872 (RGBl. S. 174).

MilStrGO. = Militärstrafgerichtsordnung vom 1. Dezember 1898 (RGBl. S. 1189 und 1900 S. 1).

Mot. = Motive zum RegEntw. (s. unter RegEntw.).

MVBl. = Marineverordnungsblatt.

Nov. = Novelle.

NVers. = Nationalversammlung.

Opp. = Oppenhoff, Die Rechtsprechung des Königl. (preußischen) Obertribunals in Strafsachen.

OTr. = Obertribunal.

OVG. = Oberverwaltungsgericht.

PatG. = Patentgesetz vom 7. April 1891 (RGBl. S. 79).

Pr. = Preußisch.

PrALR. = Allgemeines Landrecht für die preußischen Staaten.

PrRDiszG. = Preußisches Disziplinargesetz für die richterlichen Beamten vom 7. Mai 1851 (GS. S. 218).

PrDiszG. = Preußisches Disziplinargesetz für die nichtrichterlichen Beamten vom 21. Juli 1852 (GS. S. 465).

PrVBl. = Preußisches Verwaltungsblatt.

RBG. = Reichsbeamtengesetz.

RegEntw. = Regierungsentwurf zum Reichsbeamtengesetz vom 8. April 1872 (Drucksachen des Reichstags 1872 Nr. 9).

RegVorl. = Regierungsvorlage des Bürgerlichen Gesetzbuchs. Drucks. 1895/97 Nr. 87.

RGBl. = Reichsgesetzblatt.

RGewO. = Reichsgewerbeordnung vom 26. Juli 1900 (Neuredaktion) (RGBl. S. 871).

RGSt. = Entscheidungen des Reichsgerichts in Strafsachen.

RGZ. = Entscheidungen des Reichsgerichts in Zivilsachen.

RMilG. = Reichsmilitärgericht.

ROHG. = Entscheidung des (ehemaligen) Reichsoberhandelsgerichts.

RT. = Reichstag.

a. RV. = Reichsverfassung vom 16. April 1871.
n. RV. = Reichsverfassung vom 11. August 1919.
RZBl. = Zentralblatt für das Deutsche Reich.
Schulze RdH. = Rechtsprechung des Reichsdisziplinarhofs.
SchutzG. = Schutzgebietsgesetz vom 25. Juli 1900 (RGBl. S. 809 u. 813).
StenB. oder StB. = Stenographischer Bericht. Verhandlungen des Reichstages 1872 und 1873.
StMBeschl. = Beschluß des Preußischen Staatsministeriums.
StGB. = Strafgesetzbuch für das Deutsche Reich vom 15. Mai 1871 in der Fassung nach dem Gesetz vom 26. Februar 1876 (RGBl. S. 39).
StriethA. = Striethorst, Archiv für Rechtsfälle.
StrPO. = Strafprozeßordnung für das Deutsche Reich vom 1. Februar 1877 (RGBl. S. 253).
Verf. = Verfügung.
Verh. = Verhandlungen.
Verord. oder V. = Verordnung.
Vf. = Verfassung.
BMBl. = Preußisches Ministerialblatt für die gesamte innere Verwaltung.
ZBlUV. = Zentralblatt für die gesamte Unterrichtsverwaltung in Preußen.
ZPO. = Zivilprozeßordnung vom 30. Januar 1877 und 17. Mai 1898 (RGBl. 1898 S. 256) in der Fassung der Bekanntmachung vom 20. Mai 1898 (RGBl. S. 369).
ZVerf. = Zirkularverfügung.

Einleitung.

Die Rechtsverhältnisse der Reichsbeamten beruhten im Norddeutschen Bunde und zunächst auch im Deutschen Reich im wesentlichen auf Art. 18 Abs. 2a Reichsverf.: „Den zu einem Reichsdienst berufenen Beamten eines Bundesstaates stehen, sofern nicht vor ihrem Eintritt in den Reichsdienst im Wege der Reichsgesetzgebung etwas anderes bestimmt ist, dem Reiche gegenüber diejenigen Rechte zu, welche ihnen in ihrem Heimatslande aus ihrer dienstlichen Stellung zugestanden hätten." Die Regel war, daß ein Landesbeamter in den Dienst des Norddeutschen Bundes bzw. des Deutschen Reichs übernommen wurde und sein Beamtenrecht mit sich nahm. Das Gesetz, betr. die Rechtsverhältnisse der Reichsbeamten, v. 31. März 1873 (RGBl. 61) schuf im Anschluß namentlich an das preußische Recht ein neues und besonderes Reichsbeamtenrecht, nicht bloß für die unmittelbar vom Reich ernannten, sondern auch für alle, auch von den Bundesstaaten ernannten, Beamten, welche reichsverfassungsmäßig verpflichtet sind, den Anordnungen des Kaisers Folge zu leisten, d. h. (s. Anm. 1 zu § 1) namentlich alle Zivil- und Militärbeamten, welche ihre Besoldung aus Reichsfonds erhalten.

Das G. v. 31. März 1873 ist geändert durch G. v. 21. April 1886 (RGBl. 80), 25. Mai 1887 (RGBl. 194), 22. April 1905 (RGBl. 316) und 17. Mai 1907) (RGBl. 201). Art. 32 EG. z. BGB. läßt das Beamtengesetz im wesentlichen unberührt, indes hebt Art. 43 EG. z. BGB. § 6 Abs. 2 des RBG. auf.

Das Reichsbeamtengesetz a) durch V. v. 22. März 1891 (RGBl. 21) in Helgoland, b) mit einzelnen Abweichungen (namentlich GBl. f. ElsLoth. 1898 S. 51, 1899 S. 3, 1900 S. 105) durch G. v. 23. Dez. 1873 (GBl. f. ElsLoth. 473) für die Landesbeamten und Lehrer in Elsaß-Lothringen, c) durch Art. 1 V. v. 9. Aug. 1896 (RGBl. 691) bzw. V. v. 23. Mai 1901 (RGBl. 189) für die Landesbeamten in den deutschen Schutzgebieten, d) durch §§ 25 ff. BankG. v. 14. März 1875 (RGBl. 128) für die Beamten der Reichsbank, des Reichsbankkuratoriums und für den Präsidenten und die Mitglieder des Reichsbankdirektoriums [s. auch V. v. 9. Dez. 1875 (RGBl. 378, 380), 20. Juni 1886 (RGBl. 203), 26. Juli 1897 (RGBl. 613) und 24. Nov. 1902 (RGBl. 281)] für anwendbar erklärt worden, teilweise geändert durch G. über die Autonomie der Reichsbank v. 26. Mai 1922 (RGBl. 135).

Das Reichsbeamtengesetz findet gemäß § 157 nur in Ansehung seiner Vorschriften über das Defektenverfahren (§§ 134—148) auf die Personen des Soldatenstandes Anwendung (Arndt, RStR. 552, 640).

Das Reichsbeamtengesetz greift über den Kreis der Reichsbehörden hinaus. Reichsbehörden sind die, welche Geschäfte des Reichs führen und außerdem ihre Autorität unmittelbar von der Reichsgewalt ableiten und unter der Leitung (nicht bloß Aufsicht) des Reiches tätig sind (Arndt, DStR. 646). Deshalb waren die Landes-, Zoll- und Steuerämter, obgleich sie im Interesse und unter der Aufsicht des Reiches die Reichszölle und Reichssteuern verwalten, Landesbehörden; das gleiche gilt von den Militärbehörden (Arndt, RV. 337). Dagegen waren die Post- und Telegraphenbehörden, abgesehen von den bayerischen und württembergischen, Reichsbehörden, obgleich die unteren Beamten nicht vom Reich, sondern von den Bundesstaaten angestellt wurden (Arndt, RStR. 483).

Reichsbeamte können an Reichs- wie an Landesbehörden beschäftigt werden, da im weiteren Sinne (§ 1 RBG.) alle (auch von den Bundesstaaten ernannten und an Landesbehörden, z. B. Militärbehörden, beschäftigten) Beamten Reichsbeamte waren, die reichsverfassungsmäßig den Anordnungen des Kaisers Folge leisten müssen (s. Anm. 1 zu § 1).

Nachdem unter Beseitigung aller Sonderrechte die Militär-, Post- und Telegraphenverwaltung, desgleichen die Verwaltung der dem allgemeinen Verkehr dienenden Eisenbahnen und Wasserstraßen auf das Reich übergegangen ist (RV. Art. 79, 88, 89, 97; s. auch Art. 101) sind die bezüglichen Beamten unmittelbare Reichsbeamte geworden.

Dem Reichsbeamtengesetz v. 31. März 1873 lag der Regierungsentwurf v. 8. April 1872 zugrunde (Drucks. des RT. 1872 Nr. 9; s. im übrigen Drucks. 1868 Nr. 122, 1869 Nr. 59, 1870 Nr. 83, 1872 S. 131, 688, 889 und StenB. des RT. 1873 S. 21, 54, 94). Bezüglich des G. v. 18. Mai 1907 s. Motive in Drucks. 1907 Nr. 333 S. 1894; KommB. in Drucks. 1907 Nr. 440 S. 2347; StenB. des RT. 1907 S. 1197, 1579f.

Die §§ 120 bis 122 des RBG sind durch § 48 des Reichswehrgesetzes vom 23. März 1921 (RGBl. 329) aufgehoben und die Vorschriften über die Zusammensetzung des Disziplinarhofs (§ 91) sind durch G. v. 19. Juli 1921 (RGBl. 938) dahin geändert, daß an die

Stelle des Bundesrats der Reichsrat getreten und die Zahl der Mitglieder erhöht ist. Auch die Reichsverfassung vom 11. August 1919 (RGBl. 1383) hat auf das RBG. eingewirkt, insbesondere schreibt es in Art. 176 die Vereidigung aller öffentlichen Beamten und Angehörigen der Wehrmacht auf diese Verfassung vor, s. unten Anm. zu § 3, und gibt in Art. 128 bis 131 einige grundlegende Vorschriften über das Beamtenrecht. Insbesondere hebt Art. 128 alle Ausnahmebestimmungen gegen weibliche Beamte auf (s. Anm. 4 zu § 1). Art. 129 bestimmt die Anstellung auf Lebenszeit (s. Anm. 2 zu § 2), die Unverletzlichkeit der wohlerworbenen Rechte (s. Anm. zu §§ 2 und 140), die Zulässigkeit des Beschwerdeweges und das Wiederaufnahmeverfahren (s. Anm. zu §§ 72ff., 117, 149f.) und die Einsicht in die Personalakten (s. Anm. zu § 94). Zu Art. 130 s. Anm. zu § 10 und zu Art. 131 s. Anm. zu § 13. Vgl. ferner Arndt, n. RV. zu Art. 128 bis 131. Die Vorschriften der Reichsverfassung enthalten nicht bloß Programmsätze, sondern aktuelles Recht, RGZ. 104, 291. Im allgemeinen läßt sie das RBG. fortgelten, da nach Art. 178 die Gesetze und Verordnungen des Reichs in Kraft bleiben, soweit ihnen diese Verfassung nicht entgegensteht. Die RVf. geht dem RBG. als die jüngere (wenn nicht auch schon als stärkere) Rechtsquelle vor. Da die Vorschriften der RVf. über Beamtenrecht in den „Grundrechten" Art. 110f. enthalten sind, ist in jedem Einzelfalle zu prüfen (vgl. auch Koch in DJZ. 24, 610; Verhdl. der NVers. 1919 S. 2123 A, 1499 C; auch die Kommentare zu Art. 109 der RVf. von Poetzsch, Giese, Anschütz, Arndt), ob sie unmittelbar anwendbares Recht oder nur ein Programm künftiger Rechtsentwicklung sind und erst der Verwirklichung durch Gesetz bedürfen; s. namentlich Anm. zu §§ 1, 117, 149 RBG. Für die richterlichen Beamten s. auch Art. 103 bis 106 RVf. Zu beachten ist, daß nach Art. 16 n. RVf. Heimatwünsche der Reichsbeamten möglichst zu berücksichtigen sind, und daß im Eisenbahnübernahmevertrag (RGBl. 1920 S. 773) den bezüglichen Landesbeamten entsprechende Zusicherungen erteilt sind; s. auch bezüglich der bayrischen und württembergischen Postbeamten Herzog im Jahrb. d. ö. R. 1921 S. 164.

Durch § 31 des Besoldungsgesetzes v. 30. Aug. 1920 (RGBl. 803) sind in § 4 die letzten 10 Worte und § 5 vollständig aufgehoben.

In § 26 ist der Höchstbetrag des Wartegeldes durch G. v. 21. Nov. 1921 (RGBl 1365) auf 60000 Mark festgesetzt.

Durch das als verfassungsändernd ergangene G. über die Pflichten der Beamten zum Schutze der Republik v. 21. Juli 1922 (RGBl. 590) ist § 3 geändert. Die §§ 10a und 10b sind neu eingesetzt, die §§ 72, 89, 91 geändert. Bezüglich der Indenruhestandsetzung sind in den Art. III und IV Ergänzungsbestimmungen getroffen (s. Anm. zu §§ 24 f.) desgleichen in Art. V bezüglich der Verweigerung des Eides auf die Verfassung (s Anm. zu § 3). Das Gesetz ist mit dem Tage der Verkündung 23. Juli 1922 in Kraft getreten, Art. VII.

Reichsbeamtengesetz

vom 31. März 1873

in der Fassung der Bekanntmachung vom 18. Mai 1907 (RGBl. S. 245)

und seine Ergänzungen und Abänderungen.

Allgemeine Bestimmungen.

§ 1. Reichsbeamter im Sinne dieses Gesetzes ist jeder Beamte, welcher entweder vom Kaiser angestellt oder nach Vorschrift der Reichsverfassung den Anordnungen des Kaisers Folge zu leisten verpflichtet ist.

1. Es gibt, oder jetzt richtiger gab, zwei Arten von Reichsbeamten im Sinne des RBG., die unmittelbaren und die mittelbaren Reichsbeamten. Ersteres sind alle Beamten, die der Kaiser namens des Reichs ernannte oder die namens des Kaisers für das Reich ernannt wurden. Das Recht des Kaisers, die unmittelbaren Reichsbeamten zu ernennen oder ernennen zu lassen, gründete sich auf Art. 18 der alten Reichsverfassung. Jetzt gilt RVf. Art. 46: „Der Reichspräsident ernennt und entläßt die Reichsbeamten und Offiziere, soweit nicht durch Gesetz etwas anderes bestimmt ist. Er kann das Ernennungs- und Entlassungsrecht durch andere Behörden ausüben lassen.“ Nur die unmittelbaren Reichsbeamten waren berechtigt, sich Kaiserlich zu nennen, wie dies der Allg. Erl. v. 3. Aug. 1871 (RGBl. 318) ausspricht. S. auch Art. 179 RV. wegen der Amtsbezeichnungen. Die Reichsbankbeamten sind unmittelbare, wenn auch aus Mitteln der Reichsbank, einer vom Reich verschiedenen vermögensrechtlichen

Rechtspersönlichkeit, besoldete Reichsbeamte, da die Reichsbank eine Veranstaltung des Reichs ist (Arndt, Kom. z. a. RVf.[5] A. 74; RGZ. 18. Jan. 1886: 15, 236; Arndt, RStR. 637 u. RGZ. 2, 101; 36, 145), vgl. Anm. zu § 159, Reichstagsbeamte s. Anm. zu § 156. Das G. über die Autonomie der Reichsbank v. 26. Mai 1922 (RGBl. 135) hat § 28 des RBankges. wie folgt geändert: „Die Beamten der Reichsbank haben die Rechte und Pflichten der Reichsbeamten. Ihre Besoldungen, Ruhegelder und sonstigen Dienstbezüge sowie die Ruhegelder und Unterstützungen ihrer Hinterbliebenen trägt die Reichsbank.“ Die Anstellung der Reichsbankbeamten ist in §§ 27 und 28 des RBankges. geregelt. S. auch A. 6 zu § 16, s. auch Anm. zu §§ 60a, 84, 85, 96 bis 98, 127 und 128 RBG.

Die Landesbeamten in Elsaß-Lothringen waren unmittelbare Reichsbeamte, die für Elsaß-Lothringen, d. h. für diesen Bestandteil des Deutschen Reichs, angestellt waren und ihre Besoldung aus dem Teile des Reichsvermögens bezogen, das zur Verwendung von Elsaß-Lothringen bestimmt war (vgl. Arndt, RStR. 747; Kom. z. a. RVf.[5] 39; Zorn 1, 523; Mot. z. G. v. 8 Juni 1871 [RGBl. 212]; Hänel, Staatsr. 835). Diejenigen, welche Elsaß-Lothringen für einen Staat hielten (Seydel, Kom. z. RVf. 79; Rosenberg in HirthsAnn. 1903 S. 485; Rehm, Allgemeine Staatslehre S. 161; Leoni in Marquardsens Handb. 2, 276—307), sahen in den Landesbeamten für Elsaß-Lothringen nur mittelbare Reichsbeamte, und dies auch die, welche Elsaß-Lothringen wenigstens vermögensrechtlich als Rechtssubjekt ansahen; s. hierzu G. Meyer S. 456, 474; Jellineck, Heidelberger Festgabe; E. Loening, Grundzüge 124; Laband II 213; Loening 78; v. Stengel in HirthsAnn. 1895 S. 676 u. a. m. S. hierzu G. betr. die Rechtsverhältnisse der ehemaligen elsaß-lothringischen Beamten v. 11. Jan. 1922 (RGBl. 29), wonach den aus Elsaß-Lothringen verdrängten planmäßigen Beamten, die die Reichsangehörigkeit besitzen, soweit sie sich der Reichsregierung zur Verfügung gestellt haben, aus der Reichskasse Bezüge nach Maßgabe dieses Gesetzes gewährt werden. Verdrängt in diesem Sinne sind die, die bis zur Verkündung dieses G. (14. Jan. 1922) infolge der Abtretung oder Besetzung das Land verlassen haben oder nach der Besetzung nicht dorthin zurückgekehrt sind und ihren Wohnsitz im Deutschen Reich oder mit Genehmigung des Reichsmin. des Innern im Ausland genommen haben. Für die außerplanmäßigen Beamten, Notare und Gerichtsvollzieher s. §§ 27 u. 29. In § 30 sind Zuschüsse für Rentenempfänger und in § 31 Gnadenbewilligungen vorgesehen.

Das Entsprechende wie von den els.-lothr. ist von den Landesbeamten in den deutschen Schutzgebieten anzunehmen; s. hierzu Arndt, Komm. z. a. RVf.[5] 70; Laband § 70; Arndt, RStR. 763; G. Meyer § 144; Hänel § 144; Pieper 5, 258; Zorn I 595; K. VO. v. 27. Aug. 1896 (RGBl. 691), dazu K. VO. v. 23. Mai 1901 (RGBl. 189). Neben den sog. Landesbeamten in den Schutzgebieten gab es dort auch solche Reichsbeamte, deren Diensteinkommen aus der Reichskasse floß, und die als Kaiserliche, nicht als Landesbeamte bezeichnet wurden. RG. v. 15. Febr. 1897; JW. 1897, 32, 155; Arndt, RStR. 763; RGSt. 32, 326; vgl. ferner bei Gruchot 41, 1109; JW. 1897 S. 195 Nr. 2. S. auch Anm. 2.

2. Reichsbeamte, aber nicht Reichsbeamte im Sinne des RBG. waren die für das Reich vom Bundesrat oder vom König von Bayern ernannten und aus der Reichskasse besoldeten Beamten, z. B. die Mitglieder des Reichsinvalidenfonds, G. v. 23. Febr. 1873 (RGBl. 117) § 11, des Reichsbankkuratoriums, G. v. 14. März 1875 (RGBl. 177) § 25, der Reichsschuldenkommission, G. v. 19. Juni 1868 (RGBl. 339) §§ 4, 5 usw., die Mitglieder des bayerischen Senats im Reichsmilitärgericht, G. v. 9. März 1899 (RGBl. 135), s. auch hierzu Pieper 4, Brand 10. Reichsbeamte, aber nicht Reichsbeamte im Sinne des RBG. waren auch die sog. Landesbeamten in Elsaß-Lothringen (RGZ. 82, 49) und in den Schutzgebieten, obgleich sie vom Kaiser angestellt waren, weil das RBG. für Elsaß-Lothringen und die Schutzgebiete gar nicht mit

ergangen und nur später (modifiziert) auf diese Gebiete anwendbar erklärt war; s. hierzu RGZ. 86, 9; Arndt, Komm. z. a. RVf.[5] 69; Arndt, RStR. 749; vgl. G. v. 25. Juni 1873 (RGBl 161). Ihr Dienst war aber Reichsdienst, wie jeder unter diese Anmerkung fallende, s. auch Anm. 1 und ferner unten Anm. 1 zu § 45.

3. Das RBG. gibt keine Begriffsbestimmung des Beamten, weil sich eine solche gar nicht geben läßt. Nicht entscheidend ist die Lebenslänglichkeit: es gibt Beamte auf Probe, Zeit, Widerruf, Kündigung (§§ 12, 32; RGZ. 6, 105; RGSt. 2, 190; Arndt 634; Laband I 449; Loening, Verwaltungsrecht 115), noch die Besoldung: es gibt unbesoldete, z. B. Wahlkonsuln, Attachés, Honorarprofessoren (Arndt, Laband l. c., Brand 4, Pieper 12), Beamte, die auf Einkünfte vom Publikum, die auf Kopialien, Sporteln gestellt sind (§ 60, Pieper 12), noch die obrigkeitliche Natur der Dienstgeschäfte oder die Amtsverwaltung: auch Fahrkartendrucker, Postillone, Eisenbahnpackträger, Vor- und Rottenarbeiter können Beamte sein (Pieper und Arndt l. c. s. auch RGSt. 5, 338; 23, 405; 32, 259; OVG. 20, 120; auch 22, 69; 31, 438; doch gilt als Beamter der auf privatrechtlichen Dienstvertrag Angestellte nur, falls er Staatshoheitsrechte auszuüben hat, RGZ. 84, 368; 90, 260), noch endlich die Vereidigung (Arndt 634; RGSt. 29, 233; 43, 461; RGZ. 6, 105; 84, 220). S. unter Anm. zu § 7; ferner Schulze, RDH. S. 6). Der Reichsbeamte ist Diener der Gesamtheit (keiner Partei), RV. Art. 130. Aus der Zugehörigkeit zu einer Partei oder einem politischen Bekenntnis darf kein Vorwurf gemacht werden, OVG. 76, 476. Jetzt ist hier noch Gesetz über die Pflichten der Beamten zum Schutze der Republik vom 21. Juli 1922 (RGBl. 590) zu beachten, insbesondere die durch dieses Gesetz eingefügten §§ 10a und 10b, ferner die Entschließung des Reichstags vom 19. Juli 1922, s. auch Nr. 4765 der Drucksachen des RT., wonach 1. die Personalreferate in allen Zweigen der Reichsverwaltung nur solchen Personen zu übertragen sind, die sach-

kundig und unbedingt zuverlässige Republikaner sind, und die Bestellung von Personalreferenten bei der nachgeordneten Behörde der Bestätigung durch den zuständigen Minister bedarf, und 2. die Regierung ersucht wird, dafür zu sorgen, daß im Dienst bei der Behörde keinerlei parteipolitische Propaganda betrieben wird. Vgl. für die frühere Praxis Schulze RDH. S. 49, 51, 231.

Das Beamtenverhältnis setzt ein Dienstverhältnis (keine locatio conductio operis oder operarum) voraus, ein solches, welches nach dem Willen des Gesetzes (wie z. B. bei Richtern) oder nach dem Willen der Staatsgewalt auf die Begründung eines Beamtenverhältnisses gerichtet ist, mit beiderseitigen gesetzlichen Rechten und Pflichten, mit der Unterwerfung des Beamten zu Treue und Gehorsam gegen den Staat, aber auch mit der Bindung des letzteren zu den gesetzlichen Gegenleistungen. Der Zweck der Beamtengesetzgebung geht auch darauf, die Rechte des Beamten zu sichern, ihn vor Willkür zu schützen — im eigenen Interesse des Beamten und dem aller Bürger (hierzu Arndt, RStR. 633 f.; Arndt, RVf. zu Art. 128). Deshalb sind die Vorschriften des Beamtenrechts im wesentlichen jus cogens; s. auch Arndt z. Art. 128 RVf., RGZ. 37, 241, Pieper 16. Erleichtert wird die Beantwortung der Frage, ob jemand Beamter ist, dadurch, daß er eine Anstellungsurkunde (§ 4) erhalten soll. Auch ist als Regel anzunehmen, daß lebenslänglich oder zu obrigkeitlichen Geschäften angestellte oder vereidigte Personen Beamteneigenschaft haben (RGSt. 29, 233; RGZ. 84, 368; 90, 260), ferner daß, abgesehen von mehr mechanischen oder ganz vorübergehenden Dienstleistungen, nur in Beamteneigenschaft stehende Personen beschäftigt werden sollen. Das Beamtenverhältnis ist seinem Wesen nach ein dauerndes, das nur nach Maßgabe des Gesetzes oder der Anstellungsbedingungen endet, aber nicht dadurch unterbrochen wird, daß der Staat von den Diensten des ihm zur Verfügung stehenden Beamten zeitweise keinen Gebrauch macht; RGZ. 94, 200; s. auch § 2 und RVf. Art. 129.

4. Man kann wider Willen Beamter werden, z. B. Geschworener, Schöffe, Selbstverwaltungsbeamter, man kann aber nicht ohne seinen (ausdrücklich oder stillschweigend erklärten) Willen Beamter im Sinne des RBG. werden, man kann auch wider seinen Willen gezwungen werden, Beamter zu bleiben, so z. B. Schöffe usw., dagegen kann man nach Erledigung seiner Geschäfte und unter Verzicht auf alle Rechte verlangen, daß man aus der Eigenschaft eines Reichsbeamten im Sinne des RBG. entlassen wird (§§ 33, 75, 100; Arndt 635); daraus wird (RGZ. 2, 71, 115; 11, 295; 12, 72; 18, 174; RGSt. 16, 380; RG. v. 13. Febr. 1892 bei Gruchot 35, 146 und sonst, z. B. Pieper 19; s. auch OVG. 12, 135) Entstehung eines gemischt- (halb öffentlich-, halb privat-) rechtlichen Vertrages oder Rechtsverhältnisses gefolgert, während nach Pieper 13, Laband I §§ 44, 45, Loening 119, Rehm 125 u. a. das Beamtenverhältnis durch reinen öffentlich-rechtlichen Akt und mit rein öffentlich-rechtlichem Charakter, wenn auch mit gemischt-privatrechtlichen Wirkungen, entstehen soll. Die Anstellung beruht nicht auf einem Vertrage (Ansicht von Laband I § 45, Schulze 31, Jellinek usw.), sondern lediglich auf dem Staatsakt der Anstellung, der bei den Beamten im Sinne des RBG. zu seiner Gültigkeit und Wirksamkeit die (vorausgehende oder begleitende) Einwilligung des Beamten erfordert (RGZ. 53, 427; 63, 430; JW. 1906, 33; Arndt, RVf zu Art. 46 und 128; Fleiner, Inst. 183; Wach, Handbuch I 96, Hatscheck Inst. §§ 1 und 40; Giese, RVf. (4) 296). Das Beamtenverhältnis besteht darin, daß der Beamte kraft eines einseitigen Staatshoheitsakts in ein dauerndes Lebens- und Rechtsverhältnis zum Staate tritt, kraft dessen er seine ganzen Kräfte in dessen Dienst zu stellen hat, solange er dazu fähig ist. Dagegen übernimmt der Staat die Pflicht, ihm den standesgemäßen Unterhalt für sich und seine Familie zu gewähren, s. RG. 14. März 1922 in RGZ. 104, 58, LZ. 16, 254, DJZ. 27, 303); s. auch RGZ. 104, 66. Es ist unerheblich, ob der Anstellung unter Nichtberücksichtigung subjektiver Vorbedin-

gungen des Amts, RGZ 103, 82, oder unter Verstoß gegen Dienstanweisungen erfolgt ist (RG. im Recht 1915 Nr 2416; JW. 51, 931; dazu Arndt l. c., ferner ob nur auf Privatvertrag; RG. in JW. 51, 926).

Ein Klagerecht auf Anstellung oder wegen unterlassner oder verspäteter Anstellung oder Beförderung steht niemandem zu, RGZ. in JW. 51, 807. Die Anstellung kann schon in der bloßen Tatsache der Übertragung gewisser (z. B. bei Kommunalbeamten nicht rein mechanischer) Funktionen gefunden werden, selbst wenn der Übertrager der Geschäfte ein Beamtenverhältnis nicht hat begründen wollen (Fall Maltz: RGZ. 37, 241; s. auch Arndt 635). S. auch Schulze RDH. S. 6.

Auch Minderjährige, Frauen und Ausländer können als Beamte angestellt werden. Die Vorschrift, daß weibliche Angestellte, z. B. Lehrerinnen, durch Verheiratung ihr Amt verlieren, widerspricht Art. 128 RVf. und ist unwirksam; s. RGBl. 1921 S. 715; Arndt zu Art. 128 RVf. Ausländer erwerben die Reichsangehörigkeit durch Anstellung gemäß dem Staatsangehörigkeitsges. v. 22. Juli 1913 (RGBl. 583). Bestimmte Beamtenstellen sind den Militäranwärtern vorbehalten; s. hierzu RZBl. 1907 S. 309; RGZ. 48, 84 und weiter unten.

5. Anstellung mit Zuchthaus Bestrafter oder nicht im Besitz bürgerlicher Ehrenrechte Befindlicher (StGB. §§ 31, 34 Abs. 3, 35) ist nichtig. Wegen Irrtums kann Anstellung angefochten und zurückgezogen werden, s. JW. 1915 S. 1290; RG im Recht 1915 S. 718; Jellinek, Der fehlerhafte Staatsakt 126, Kormann, System 371, doch fallen solche zu Unrecht, selbst auf Privatvertrag Angestellte bei Wahrnehmung öffentlich-rechtlicher Geschäfte unter StGB. § 359 und es findet Art. 131 RV. auf sie Anwendung, RG. in JW. 1922, s. auch Arndt daselbst.

§ 2. Soweit die Anstellung der Reichsbeamten nicht unter dem ausdrücklichen Vorbehalte des Widerrufs oder der Kündigung erfolgt, gelten dieselben als auf Lebenszeit angestellt.

1. Die Lebenslänglichkeit kann auch durch Gesetz ausgeschlossen werden; § 35, ferner § 10 Abs. 3 des KonsG. (Wahlkonsuln).

2. Der Zweck des § 2 (gleich Art. 129 Satz 1 RVf.) ist, zu bewirken, daß die Beamten, selbst die unteren, in der Regel so schnell, wie es die Verhältnisse gestatten, auf Lebenszeit angestellt werden, damit sie der Willkür der vorgesetzten Behörde nicht unnötig unterliegen; vgl. Mot. 70; StenB. 1872 S. 133; Arndt, RStR. 641. Doch schließt § 2 die Festsetzung von Altersgrenzen trotz Art. 129 RV. auch für bereits angestellte Beamte durch einfaches Gesetz nicht aus, RG. v. 14. März 1922 in JW. 1922 S. 1200, DJZ 27, 303; LZ. 16, 254. Arndt PrVBl. 43 Nr. 1; Lewin bei Gruchot 1921 Sp. 43; s. indes auch Wach A. ö. R. 43, 345; Triepel DJZ. 27, 333. Die Lebenslänglichkeit bedeutet nur den Gegensatz zum Widerruf und zur Kündigung und daß die Zurruhesetzung durch Gesetz oder gemäß dem Gesetz in der Weise erfolgen soll, daß entweder das Gesetz selbst die Dienstunfähigkeit bei einem bestimmten Alter annimmt oder diese durch Beschluß der zuständigen Behörde erklären läßt. Auf Widerruf sind z. B. die Wahlkonsuln angestellt; Konsulatsges. v. 8. Nov. 1862 (BGBl. 137) § 10 Abs. 3.

3. § 2 ist zwingender Rechtsnatur, unabänderbar durch Vertrag oder Dienstvorschriften und bewirkt, daß nicht schon vor oder bei der Anstellung und in der Anstellungsurkunde erklärte Vorbehalte des Widerrufs oder der Kündigung rechtsunverbindlich sind; Arndt 640; RGZ. 37, 225 f. auch RGZ. 82, 48; JW. 1887 S. 99 Nr. 24.

4. Ein ausdrücklicher Vorbehalt ist in der Bezeichnung „Remuneration" nicht enthalten; RG. v. 7. Febr. 1887 bei Gruchot 31, 1114; a. A. Perels-Spilling, Anm. 2 zu § 2.

5. Andere Vorbehalte außer denen des Widerrufs oder der Kündigung sind ausgeschlossen, z. B. Resolutivbedingungen; Pieper 21. Der vor oder bei der Anstellung ausdrücklich erklärte Vorbehalt der Entlassung bzw. des Endes der An=

stellung bei Verheiratung eines weiblichen Beamten ist mit Art. 128 RVf. unvereinbar. Die Ausübung der Kündigungsklausel ist mit Art. 129 RVf. nicht unvereinbar; RGZ. 101, 259.

6. Der Ausspruch des Widerrufs oder der Kündigung steht nicht dem Beamten und nur der Behörde zu; RGZ. 27, 80; Pieper 22. Doch kann der Beamte nach Erledigung seiner Geschäfte und Verzicht auf alle Rechte aus dem Beamtenverhältnis (ohne klagbares Recht darauf, s. § 149) die Entlassung verlangen, s. zu §§ 100 und 33.

7. Für manche Beamte, z. B. die Richter der ordentlichen Gerichtsbarkeit (RVf. Art. 104; GVG. § 6; s. ferner MilStrGO. §§ 81, 94; Bankges. v. 14. März 1875) ist die Anstellung auf Lebenszeit noch besonders vorgeschrieben, doch hindert dies z. B. nicht die Zuziehung von Assessoren; s. RGSt. 54, 260; s. auch Arndt im Recht 24, 193; Wach, JW. 49, 2).

8. Darüber, ob einem Beamten aus Gründen des Dienstes oder zur Vermeidung eines Pensionsanspruchs gekündigt ist, steht der Rechtsweg nicht offen (§ 155 und RGZ. 82, 260; 89, 429). Ein Pensionsanspruch steht dem auf Kündigung angestellten Beamten evtl. dann und nur dann zu, wenn ihm wegen körperlicher Dienstunfähigkeit gekündigt ist; RGZ. 82, 260, 264.

§ 3. (in der Fassung vom 21. Juli 1922, RGBl. 590). Jeder Reichsbeamte ist auf die Reichsverfassung (Artikel 176) und auf die gewissenhafte Erfüllung aller Obliegenheiten des ihm übertragenen Amtes eidlich zu verpflichten.

Die Eidesleistung soll bei der Aushändigung der Bestallung oder dem Dienstantritt, spätestens in unmittelbarem Anschluß an den Dienstantritt, stattfinden. Wird sie verweigert, so ist die Ernennung des Beamten in seinem Rechtsverhältnis zum Reich nichtig.

Über den Ersatz der Eidesleistung durch eine andere feierliche Erklärung bei Angehörigen einer Religionsgemeinschaft, denen die Eidesleistung aus religiösen

Gründen verboten ist, bestimmt der Reichsminister des Innern im einzelnen Falle.

Siehe auch G. v. 21. Juli 1922 (RGBl. 590) über die Pflichten der Beamten zum Schutze der Republik, besonders Art. VI: „die Folgen der Verweigerung des Eides auf die Reichsverfassung regeln sich für die Beamten, die beim Inkrafttreten dieses Gesetzes bereits angestellt sind, nach den bisher geltenden Bestimmungen." Vgl. auch unten die Anm. 3 zu § 25.

Der Diensteid der Reichsbeamten lautet:

„Ich schwöre Treue der Verfassung, Gehorsam den Gesetzen und gewissenhafte Erfüllung meiner Amtspflichten."

Die Angehörigen der Wehrmacht schwören:

„Ich schwöre Treue der Reichsverfassung und gelobe, daß ich als tapferer Soldat das Deutsche Reich und seine gesetzmäßigen Einrichtungen jederzeit schützen, dem Reichspräsidenten und meinen Vorgesetzten Gehorsam leisten will."

Dies ist auf Grund Art. 176 RVf. vom 15. August 1919 durch den Reichspräsidenten verordnet (RGBl. 1419). Durch diesen Eid ist die staatsbürgerliche Freiheit, namentlich Art. 128 RVf. nicht berührt; Preuß, StenB. 2193 der NVers.; Arndt zu Art. 176 RVf.

Der Schwörende kann am Schlusse die seinem religiösen Bekenntnisse entsprechende Bekräftigungsformel hinzufügen; für Mennoniten s. V. v. 11. März 1827 (GS. 28) und Philliponen: KO. 19. Nov. 1836.

Man kann vereidigt sein, ohne dadurch Beamter zu werden, und Beamter, ohne vereidigt zu werden. Die Vereidigung bedeutet in der Regel nur die feierliche Angelobung der Erfüllung der Amtspflichten (Mot. 70; Arndt 634; Laband I 453; Bornhak § 90 S. 36; Zorn § 10 S. 311; G. Meyer § 145; Pieper 22; RGZ. 6, 105; RStG. 2, 190; 5, 419; 17, 408; RGZ. 84, 220. Dieser Satz schließt nicht aus, daß Gesetze die Zuständigkeit eines Beamten von der Ableistung des Diensteides (ausdrücklich oder nicht) abhängig machen, in welchem Falle die Nichtvereidigung die

Zuständigkeit des Beamten bzw. die Ordnungsmäßigkeit seiner Bestellung ausschließt, z. B. wenn richterliche Beamte oder ein Protokollführer unvereidet geblieben sind: vgl. Laband I § 47; s. auch RGZ. 28, 84; OVG. 20, 451; RGSt. 39, 95; s. Anm. auch §§ 84, 95, 45. Wenn auch die Vereidigung nicht unbedingtes Erfordernis ist, so ist sie andererseits keineswegs belanglos, sie begründet stets die Vermutung, daß ein Beamtenverhältnis begründet werden sollte.

Die Verweigerung der Diensteidesleistung begründet schon vor dem Gesetz vom 21. Juli 1922 eine Verletzung der Dienstpflicht; OTr. v. 27. Mai 1850 (JMBl. 222), Schulze 44, desgleichen die Verweigerung der Eidesleistung auf die Reichsverfassung (Art. 176 RV., OVG., in JW. 51, 616, LZ. 16, 201, DJZ. 27, 134; RGSt. 53, 65; 54, 263, RDH. in LZ. 16, 201, DJZ. 27, 55).

4. Artikel V im Gesetz vom 21. Juli 1922 (RGBl. 590) bestimmt:

„Die Folgen der Verweigerung des Eides auf die Reichsverfassung regeln sich für die Beamten, die beim Inkrafttreten dieses Gesetzes bereits angestellt sind, nach den bisher geltenden Bestimmungen. Die Nichtleistung des Beamteneides hindert nicht Dritten gegenüber die Beamteneigenschaft", s. Anm. 3 zu § 1, auch nicht die Anwendbarkeit des § 359 StGB.

§ 4. Jeder Reichsbeamte erhält bei seiner Anstellung eine Anstellungsurkunde.

Der Anspruch des Beamten auf Gewährung des mit dem Amte verbundenen Diensteinkommens beginnt in Ermangelung besonderer Festsetzungen mit dem Tage des Amtsantritts.

1. § 4 ist in Fassung des Beamtenbesoldungsges. v. 30. April 1920 [RGBl. 805] § 31. Abs. 1 ist eine bloße Soll-Vorschrift. Sie legt lediglich den Behörden eine Verpflichtung auf, entzieht jedoch jemanden, der Beamtendienste verrichtet und als Beamter behandelt wird, der sich demgemäß als

Beamter ansehen muß, keineswegs die Rechte aus diesem Beamtenverhältnis; Arndt, RStR. 642; RGZ. 6, 107; 28 S. 80 und 83; 36, 102; 53, 424; 82, 48; 84, 220; 90, 9 a. a. O. Dagegen nehmen OVG. in ständiger Rechtsprechung 69, 215; DJZ. 1917 S. 687; Pieper 29, Laband I 451, Perels-Spilling, Anm. zu § 4, Brand 16, Bitter, Lexikon I 86 u. a. an, daß eine nur mündlich oder stillschweigend durch konkludente Handlungen bewirkte Anstellung niemals die Eigenschaft eines Reichsbeamten verleiht. RG. in JW. 50, 836: „die Anstellungsurkunde bedarf keiner Form und keines bestimmten Inhalts, es genügt, den Anstellungswillen erkennenzugeben." s. auch JW. 1923 Heft 2.

2. Die Anstellungsurkunde heißt bei den vom Kaiser bzw. Reichspräsidenten persönlich ernannten Reichsbeamten „Bestallung", die der übrigen Reichsbeamten wird vom Reichskanzler oder von der dazu ermächtigten Behörde erteilt.

3. Die Anstellung wird perfekt durch die (ausdrückliche oder stillschweigende) Annahme, der Anspruch auf das Diensteinkommen besteht schon und bzw. erst mit dem Tage des Amtsantritts (Abs. 2), außer wenn anderes vereinbart ist.

4. Aus dem Wortlaut des Abs. 2 ergibt sich, daß später bewilligte Zulagen schon und bzw. erst mit dem Tage der Bewilligungsverfügung und nicht mit dem Tage ihrer Zustellung bzw. der Fälligkeit nach dem Reichshaushaltsetat erworben werden, Arndt 642, 278. Es ist hiernach nicht nötig, daß dem Beamten die die Zulage bewilligende Verfügung noch bei Lebzeiten zugestellt ist (Ansicht von Pieper 46), und andererseits an sich unerheblich, ob und was den Beamten nach dem Etatsgesetz an Gehalt oder Zulagen gegeben werden sollte, da das Etatsgesetz nur zwischen Regierung und Parlament Rechte und Pflichten festsetzt; s. auch § 8 preußisches Gesetz, betreffend den Staatshaushalt, v. 11. Mai 1898 (GS. 77) und dazu Arndt, RVf. zu Art. 85; ferner Pieper 32; Laband § 49; RGZ. 13, 262; 15, 274; 59, 419; 95, 169; Gruchot 26, 1015; 36, 1058 u. a. m. Maßgebend ist dagegen die Besoldungsordnung, s. Anm. 8.

5. Das mit dem Amte verbundene Diensteinkommen braucht kein festes zu sein. Es steht rechtlich nichts im Wege, den auf Akkord beschäftigten Fahrkartendruckern, Rotten und Vorarbeitern Beamtenrechte zu geben oder Packträgern, die für Eisenbahnpassagiere Gepäck besorgen und von diesen entlohnt werden; vgl. auch JW. 1899 S. 760 Nr. 49; 1900 S. 41 Nr. 30.

6. Das Diensteinkommen wird überwiegend nicht als Gegenleistung, sondern als standesgemäße Alimentation aufgefaßt; Laband I 500 f.; Pieper 42; Brand 19; Rehm § 41; Zorn, RStR. § 10 S. 318, Kannegießer zu § 14 Anm. 3 und zu § 14 Anm. 4a; ebenso RG. bei Gruchot 34, 925; 42, 1028; JW. 1891 S. 677 Nr. 26 und S. 679; 1900 S. 141 Nr. 30, S. 806 Nr. 8, S. 843 Nr. 14; s. auch RGZ. 89, 106; 94, 225; 93, 38; 96, 147; 96, 291 (für Unterhaltsrente); OVG. 12, 56; 17, 262. Die aus diesem Satze abgeleiteten Folgerungen: Vorausbezahlung, Zahlung des Gehalts auch im Falle der Krankheit, Witwenversorgung u. a. (Pieper 43), lassen sich aber auch ohne Annahme des Alimentationscharakters erklären und kommen auch bei Nichtbeamten vor, ebenso wie es zahlreiche Beamte gibt, auf die diese Dinge nicht zutreffen. Nicht erklären läßt sich aus dem Alimentationscharakter z. B., wie Beamte nur auf Bezahlung von Privaten oder auf Akkord angewiesen sind, oder wie Untergebene, z. B. gewisse Techniker, oft viel höhere Einkommen haben als ihre Vorgesetzten, oder daß gleichgestellte Beamte, z. B. Professoren, ganz ungleiche Diensteinkommen haben können. Das Diensteinkommen ist alles, was dem Beamten auf Grund seiner Anstellung vom Staate oder Dritten zukommt. Richtig ist, daß dieses, wie auch bei Nichtbeamten, meist dem standard of life entsprechen wird. Soweit das Diensteinkommen vom Staate zu tragen ist, beruht seine Gewährung auf gesetzlichem Zwang. In der Regel sind pacta ausgeschlossen, so z. B. über Gehalt der Justiz- und Verwaltungsbeamten, über Wohnungsgeldzuschuß, Reisekosten, Pension, Witwen- und Waisenversorgung usw.; s. Arndt 663; s. auch Seydel, Bayer. Staatsr. 3, 415; RGZ. 21, 187; Schulze, Anm. 2 zu § 1.

7. Ansprüche auf Rückstände von Besoldungen aller Art verjähren nach § 197 BGB. in vier Jahren, beginnend mit dem Schluß des Fälligkeitsjahres (BGB. §§ 197, 198, 201); wegen Verzugszinsen s. BGB. §§ 284 Abs. 2, 288; auch RGZ. 42, 121.

8. S. Reichsbesoldungsges. v. 30. April 1920 (RGBl. 805) in Fassung des Ges. v. 17. Dezember 1920 (RGBl. 2075) Änderungen u. a. 1921 S. 1172, 1922 S. 331; dazu Ausführungsbestimmungen vom 21. März 1921 (RGBl. 1244, 1277) und V. des Reichspräsidenten vom 21. Juli 1920 über die Besoldung der Reichsbankbeamten (RGBl. 1494). Es ist bestimmt für die planmäßig angestellten Reichsbeamten Grundgehalt, Ortszuschlag, Frauengeld, Kinder- und Teuerungszuschläge. Grundgehalt und Ortszuschlag werden zusammen als Diensteinkommen bezeichnet. Das Grundgehalt bemißt sich nach der Besoldungsordnung mit ihren 13 Gruppen und in jeder Gruppe nach den Dienstaltersstufen. Das Grundgehalt steigt von 2 zu 2 Jahren bis zur Erreichung des Höchstgehalts. Auf die Dienstalterszulagen besteht ein Rechtsanspruch. Beamte, die ihren dienstlichen Wohnsitz im Deutschen Reiche haben, erhalten einen Ortszuschlag, abgestuft nach 7 Gruppen und 5 Ortsklassen. Für jedes unterhaltsberechtigte Kind erhält der Beamte einen nach dem Alter abgestuften Kinderzuschlag. Außerdem ist ein Teuerungszuschlag zu gewähren, dessen Art und Höhe der Haushaltsplan bestimmt. Außerplanmäßige Beamte erhalten Tagegelder und Zuschläge.

Die Soldaten der Wehrmacht werden in gleicher Weise wie die Beamten nach den Vorschriften des Besoldungsgesetzes abgefunden; doch sind die Soldaten nicht Beamte im Sinne des RBG. Auf die Gewährung der Dienstalterszulagen haben die planmäßigen Beamten einen Rechtsanspruch. Der Anspruch ruht, solange ein förmliches Disziplinarverfahren oder wegen eines Verbrechens oder Vergehens ein Hauptverfahren oder eine Voruntersuchung schwebt. Führt ein strafgerichtliches Verfahren zur Verurteilung wegen eines Verbrechens oder Vergehens und wird binnen eines Monats nach Abschluß des strafgerichtlichen Verfahrens wegen der nämlichen Tatsachen ein förmliches Disziplinarverfahren eingeleitet, so ruht der Anspruch auf Gewährung von Dienstalterszulagen auch während der Zwischenzeit. Pension, Witwen- und Waisengeld und Gnadenbezüge sind stets nach Maßgabe der letzten Dienstbezüge zu berechnen. Das Besoldungsdienstalter der planmäßigen Beamten beginnt mit dem Tage der Anstellung in der jeweiligen planmäßigen Stelle, soweit nicht im Besoldungsgesetz oder in der Ausführungsvorschrift etwas anderes bestimmt ist. Das Besoldungsdienstalter gilt nicht für Pension und Beförderung, Nr. 20 der AusfBest. die Entscheidungen der Verwaltungsbehörde über die Festsetzung des Besoldungsdienstalters und der Besoldungsklasse sind für die Beurteilung der vor dem Gericht geltend gemachten vermögensrechtlichen Ansprüche maßgebend; s. auch §§ 150, 155 RBG. Änderungen der Besold.O. (§ 34) erfolgen durch einfaches Gesetz, ohne Rücksicht auf sog. wohlerworbene Rechte.

Die Besoldungsordnung für die elsaß-lothr. Landesbeamten s. als Anlage z. G. v. 11. Jan. 1922 (RGBl. 38), s. auch oben S. 19.

9. Alle Vorschriften des Gesetzes und der auf Grund desselben erlassenen Verordnung über Gehalt sind zwingend, entgegenstehende Abreden (Reserve) sind unwirksam, Arndt 663; s. Pieper 40 f.; s. auch Arndt, Komm. zu Art 129 RVf.

Wenn der Beamte vor Ablauf der Zeit, für die er das Gehalt erhalten hat, sein Amt verliert oder aufgibt, oder wenn und soweit es überhaupt ihm ohne Rechtsgrund gezahlt ist, muß er das zuviel Erhaltene, wenn nicht der Fall BGB §§ 812, 818 vorliegt, zurückgeben; Pieper 47; Arndt RStR. 664 und die Praxis; Perels-Spilling, Anm. zu § 5; RZBl 1876 S. 12, 19; RG. 22. Dez. 1881 im BMBl. 1888 S. 148 und 13. Dez. 1892 bei Bolze, Bd. 14 Nr. 576 a; RGZ 83, 161; JW. 1893 S. 63; Schulze 54; a. A. Brand 22; Laband I § 49.

§ 5 aufgehoben: § 1 G. v. 30. April 1920 (RGBl. 805).

§ 6. Die Reichsbeamten können den auf die Zahlung von Diensteinkünften, Wartegeldern oder Pensionen ihnen zustehenden Anspruch mit rechtlicher Wirkung nur insoweit zedieren, verpfänden oder sonst übertragen, als sie der Beschlagnahme unterliegen (§ 19).

1. Der frühere Abs. 2 des § 6 (Benachrichtigung an die auszahlende Kasse) wurde, weil infolge BGB. § 411 obsolet, in die jetzige Fassung nicht mit übernommen.

2. S. zu § 6 BGB. §§ 400 und 1274 Abs. 2 und ZPO. §§ 832, 833, 850 Abs. 1 und 2, geändert durch V. über Lohnpfändung v. 22. Juni 1919 (RGBl. 589), G. v. 23. Dezember 1921 (RGBl. 1658) jetzt in Fassung des G. v. 26. Oktober 1922 (RGBl. 805). Danach sind von dem Diensteinkommen, Wartegeld oder Pension 120000 M. im Jahr unpfändbar (kann also auch nicht abgetreten oder aufgerechnet werden), von dem diesen Betrag übersteigenden Teil des Einkommens ist nur der dritte Teil der Pfändung unterworfen. Unpfändbar und bei der Berechnung des pfändbaren Einkommens nicht mitzuzählen sind weiter noch die Zulagen und Beihilfen, die dem Beamten mit Rücksicht auf das Vorhandensein von unterhaltsberechtigten Personen gewährt werden. Jedoch ist das Diensteinkommen einschließlich dieser Zulagen unbeschränkt pfändbar, wenn die Pfändung wegen der den Verwandten, Ehegatten oder früheren Ehegatten für die Zeit nach Erhebung der Klage und für das diesem Zeitpunkt vorausgehende letzte Vierteljahr kraft Gesetzes zu entrichtenden Unterhaltsbeträge erfolgt; vgl. auch ZPO. § 850 Abs. 4; BGB. §§ 1360, 1601 f., 1708; wegen Kriegsteilnehmer s. § 5 der V. v. 22. Juni 1919 (RGBl. 519).

3. Zu den Diensteinkünften im Sinne des § 6 gehören und gänzlich der Beschlagnahme (Zession usw.) entzogen sind: 1. die sächlichen Einkünfte Repräsentations- und Tagegelder, Reisekosten, Umzugskosten, Bürokostenentschädigung und hierfür gewährte Pauschsumme); s. ZPO. § 850 Abs. 5; Arndt 600; 2. der Servis der Militärbeamten (aber nicht ihr Wohnungsgeldzuschuß, ZPO. § 850 Abs. 5); 3. Verstümmelungszulagen der Militärbeamten, Art. 18 MPG. v. 22. Mai 1893 (RGBl. 171; Arndt 600); 4. Gnadenbezüge aus dem Reichsinvalidenfonds; s. RGBl. 1895 S. 237; 1899

S. 333. Kriegsbeihilfen und Teuerungszulagen nach V. v. 2. Mai 1918 (RGBl. 382); s. dazu Recht 1920, 29, 61; DJZ. 1920 S. 642; 1921 S. 267, 484 (Silberschmidt). Über die Beihilfen und Zulagen zur Anpassung des Diensteinkommens und der Pension an die Veränderung der wirtschaftlichen Verhältnisse, die Kinderbeihilfen sowie die Einkünfte zur Bestreitung eines Dienstaufwands, ZPO. § 850 Abs. 2 Satz 2 in Fassung G. v. 23. Dezember 1921 (RGBl. 1658), u. 26. Okt. 1922 (RGBl. 805); § 850 ZPO. Abs. 5 ist fortgefallen. Dienstbezüge und Treuprämien der Unteroffiziere und Mannschaften der Reichswehrmacht und der Reichsmarine sind unpfändbar; § 46 Wehrges. (RGBl. 1921 S. 250; JW. 50, 539).

Über das Gnadenquartal s. § 7 letzter Absatz, ferner Witwen- und Waisengeld s. unten Anl. I.

4. S auch § 394 BGB.: „Soweit eine Forderung der Pfändung nicht unterworfen ist, findet die Aufrechnung gegen die Forderung nicht statt"; s. ferner EinfG. z. BGB. Art. 43 und § 411 BGB.; von der Beachtung dieser Vorschrift (Benachrichtigung der Kasse in beglaubigter Urkunde) hängt die Gültigkeit der sonst zulässigen Zession nicht ab; Arndt 601; Brand 24.

5. § 6 gilt auch für Kündigungs- und auf Widerruf angestellte Beamte.

§ 7. Hinterläßt ein Beamter, welcher mit der Wahrnehmung einer in den Besoldungsetats aufgeführten Stelle betraut ist, eine Witwe oder eheliche oder legitimierte Abkömmlinge, so gebührt den Hinterbliebenen für das auf den Sterbemonat folgende Vierteljahr noch die volle Besoldung des Verstorbenen (Gnadenvierteljahr), unbeschadet jedoch weitergehender Ansprüche, welche ihm etwa vor Erlaß dieses Gesetzes und vor Eintritt in den Reichsdienst zugestanden worden sind. Zur Besoldung im Sinne der vorstehenden Bestimmung gehören außer dem Gehalt auch die sonstigen, dem Verstorbenen aus Reichsfonds gewährten Diensteinkünfte. Nur die zur Bestreitung von Dienstaufwandskosten bestimmten Einkünfte scheiden aus und von den zur Repräsentation bestimmten werden 20 vom Hundert in Abzug gebracht.

Den Hinterbliebenen eines Beamten, welcher nicht mit der Wahrnehmung einer in den Besoldungsetats aufgeführten Stelle betraut gewesen ist, kann das Gnadenvierteljahr von der vorgesetzten Dienstbehörde bewilligt werden.

Das Gnadenvierteljahr wird im voraus in einer Summe gezahlt. An wen die Zahlung zu leisten ist, bestimmt die vorgesetzte Dienstbehörde.

Das Gnadenvierteljahr ist der Pfändung nicht unterworfen.

1. § 7 beruht auf G. v. 17. und Bek. v. 18. Mai 1907. Vorbild waren u. a. die KabO. v. 27. April 1816 (GS. 134), v. 15. Nov. 1819 (GS. 1820 S. 45).

2. Daß die Stelle lebenslänglich und dauernd übertragen ist oder die Besoldung im voraus gezahlt wurde, wird in Abs. 1 nicht erfordert und genügt andererseits nicht. Notwendig ist, daß der Beamte die Stelle angetreten und bei seinem Tode noch innehatte und die wahrgenommene Stelle etatsmäßig ist, die Beamten also nicht aus dem Titel „persönliche Ausgaben" Diäten erhalten und nicht bloß zeitweise mit Wahrnehmung der Stelle betraut waren; ebenso Brand 25; zweifelnd Pieper 57; dafür Perels-Spilling; Anm. 2 zu § 2 und Schulze 62. § 7 gilt auch für weibliche Beamte. Wenn sich nach dem Tode des Beamten herausstellt, daß er wegen Deliktes hätte aus dem Amt entlassen werden können, so hebt das den Anspruch der Hinterbliebenen auf das Gnadenvierteljahr nicht auf. Desgleichen haben die Hinterbliebenen eines zu Unrecht verurteilten, im Wiederauf-

nahmeverfahren freigesprochenen Beamten Anspruch auf Gnadenvierteljahr, Witwen- und Waisengeld; RGZ. 92, 299.

3. Todesursache ist unerheblich (selbst Selbstmord); Arndt 665; Perels-Spilling, Anm. zu § 7; Schulze 64 (ME. v. 5. Aug. 1885, MBl. 221). Die Ansprüche der Hinterbliebenen aus § 7 bestehen selbst in dem Falle, daß der Verstorbene beurlaubt oder ihm gekündigt oder er vom Amte suspendiert oder dieses Amt durch straf- oder disziplinargerichtliches Urteil verloren hatte, falls er vor Ablauf der Kündigungsfrist stirbt oder das Urteil zur Zeit des Todes noch nicht rechtskräftig war; ME. v. 26. Mai und 28. Juli 1841, MBl. 159, 204; Pieper 70; RGZ. 38, 322; Schulze 63.

4. Die Rechte aus § 7 gebühren auch dem, der die Erbschaft ausgeschlagen hat, sie stehen nicht den Erben als solchen zu, auch nicht der rechtskräftig geschiedenen, wohl aber der bloß getrennt lebenden Ehefrau (Arndt 665: Schulze 64) nicht dem Witwer (Schulze 65; Pieper 64). Adoptierte Kinder stehen den legitimierten nicht gleich; ebenso Schulze 64; für erstere s. § 8.

5. Bedürftigkeit ist nicht Voraussetzung für die Ansprüche aus § 7; ebenso Schulze 64.

6. Gnadenquartal bei Pensionären s. § 69. Die Besoldung für den Sterbemonat gebührt den Erben als solchen; ebenso Schulze 66. Das Gnadenvierteljahr sind die drei dem Sterbemonat folgenden Monate; BGB. §§ 186, 189 Abs. 1.

7. Bei Reichsbeamten, deren dienstlicher Wohnsitz im Auslande sich befindet, steht den Hinterbliebenen neben Sterbemonat und Gnadenquartal noch das Recht zu, auf Reichskosten in die Heimat zurückbefördert zu werden; G. v. 1. April 1888 (RGBl. 131); bei Berufskonsuln s. G. v. 8. Nov. 1867 (BGBl. 137) § 8; s. auch Unfallfürsorgeges. v. 18. Juni 1901 (RGBl. 211) § 2.

8. Vorgesetzte Dienstbehörde (§ 159) hat freies Ermessen, wem sie das Gnadenquartal zahlen lassen will. Erst durch die Zustellung der diesbezüglichen Verfügung wird der Anspruch erworben und vererbt (Perels-Spilling, Anm. zu

§ 7). Stirbt der Bedachte vorher, so bestimmt die Behörde den Berechtigten unter den übrigen Hinterbliebenen; Pieper 76.

§ 8. Die Gewährung des Gnadenvierteljahrs kann in Ermangelung der im § 7 bezeichneten Hinterbliebenen mit Genehmigung der obersten Reichsbehörde auch dann stattfinden, wenn der Verstorbene Verwandte der aufsteigenden Linie, Geschwister, Geschwisterkinder oder Pflegekinder, deren Ernährer er ganz oder überwiegend gewesen ist, in Bedürftigkeit hinterläßt, oder wenn und soweit der Nachlaß nicht ausreicht, um die Kosten der letzten Krankheit und der Beerdigung zu decken. Die oberste Reichsbehörde kann die Befugnis zur Genehmigung auf andere Behörden übertragen.

1. Stief- und Schwiegereltern, desgleichen Stiefgeschwister fallen nicht unter § 8, wohl aber Halbgeschwister. Als Pflegekinder gelten in diesem Sinne auch angenommene; BGB. §§ 1741 ff.

2. Es genügt (nach Nov. v. 17. Mai 1907), daß der Verstorbene überwiegend (wenn auch nicht ausschließlich) mit oder ohne rechtliche Verpflichtung (Schulze 72) Ernährer war.

3. Reicht der Nachlaß zur Deckung der Kosten der letzten Krankheit und der Beerdigung nicht aus, so ist die Behörde an die in § 8 bezeichneten Personen nicht gebunden; Pieper 78; Druckf. d. AbgH. 80/81 Nr. 66 S. 8; sie kann namentlich jedem zahlen, der diese Kosten getragen hat (auch dem Witwer). Die Kosten eines angemessenen Grabmals, nicht die Pflege der Grabstätte kommen in Betracht; Recht 1906 S. 324; Schulze 73.

4. Anm. 8 zu § 7 kommt hier zur entsprechenden Anwendung.

5. Oberste Reichsbehörde s. § 159.

§ 9. In dem Genusse der von dem verstorbenen Beamten bewohnten Dienstwohnung ist die hinterbliebene

Familie nach Ablauf des Sterbemonats noch drei fernere Monate zu belassen.

Hinterläßt der Beamte keine Familie, so ist denjenigen, auf welche sein Nachlaß übergeht, eine vom Todestag an zu rechnende dreißigtägige Frist zur Räumung der Dienstwohnung zu gewähren.

In jedem Falle müssen Arbeits- und Sessionszimmer sowie sonstige für den amtlichen Gebrauch bestimmte Lokalitäten sofort geräumt werden.

Zur hinterbliebenen Familie im Sinne des § 8 gehören alle, denen der Verstorbene, nicht bloß vorübergehend, Wohnung und Unterhalt (wenn auch ohne juristische Verpflichtung) gewährt hat; Pieper 79; Brand 29; Perels-Spilling Anm. zu § 9; ME. v. 4. Mai 1877 (BM. 112).

Bezüglich der Dienstwohnung haftet das Reich wie ein Vermieter nach §§ 338f., 608 BGB.; RGZ. 91, 21f.; s. auch RGZ. 95, 104. Der Mietwert einer Wohnung soll für die Mietsteuer nicht mit mehr als 15% des baren persönlichen Diensteinkommens angerechnet werden (§ 5); G. v. 31. Mai 1881 (RGBl. 99) geändert mit Wirkung vom 1. Jan. 1921 durch Ges. v. 16. Juni 1922 (RGBl. 517); der Mietwert wird nicht höher berechnet, als dem Beamten auf seine Dienstbezüge angerechnet wird. Besondere Luxussteuer ist nicht zu berechnen. Die Familie hat einen Klageanspruch (§ 149) auf Belassung der Dienstwohnung; Schulze 74.

§ 10. Jeder Reichsbeamte hat die Verpflichtung, das ihm übertragene Amt der Verfassung und den Gesetzen entsprechend gewissenhaft wahrzunehmen und durch sein Verhalten in und außer dem Amte der Achtung, die sein Beruf erfordert, sich würdig zu zeigen.

1. § 10 bezieht sich auf alle, unmittelbare wie mittelbare, besoldete wie unbesoldete, fest oder auf Kündigung angestellte Beamte. Das Amtsgeheimnis soll Behörden und Beamte vor Angriffen, Verdächtigungen usw. schützen, OVG. 76, 473.

2. Unter „Verfassung und Gesetz" fallen auch die auf deren Grund rechtsgültig erlassenen Ver- und Anordnungen (StenB. S. 140, 891; Arndt 643; Pieper 80), aber nur dienstliche Anordnungen; (nicht z. B. Privatgeschäfte des Vorgesetzten zu erledigen, eine gewisse Zeitung zu lesen oder nicht zu lesen, Arndt 643; Rehm 96f.; Laband I § 47; Brand 30), auch nur soweit, wie, was der Beamte zu prüfen hat, der Vorgesetzte sie zu erlassen in abstracto, wenn auch nicht in concreto, berechtigt ist; Arndt 643; RGSt. v. 24. Sept., 1. Nov. und 20 Nov. 1880; 2 S. 249, 416, 549; 4 S. 419, 605; OVG. 25, 413. Darunter ist zu verstehen, daß die dienstliche Anordnung innerhalb der örtlichen und sachlichen Zuständigkeit des Vorgesetzten und seiner eigenen liegt, der Verfassung und den Gesetzen nicht zuwiderläuft und in vorschriftsmäßiger Form erlassen ist; s. hierzu OVG. 28, 408; Perels-Spilling zu § 10; Kannegießer S. 48f., 56; G. Meyer 46f.; Laband I § 47; v. Rönne-Zorn I 462; s. auch § 13; v. Rheinbaben 62; Olshausen, Anm. 15 zu § 113 StGB.

3. Welches Betragen außer dem Amt zu erfordern ist, hängt von dem Amt (dessen sozialer Stellung, Vorbildung usw.) ab. Strafbar ist z. B. öffentlich Ärgernis gebender geschlechtlicher Verkehr, Schulze, RDH. S. 89, Verkehr mit unterstellten Telegraphistinnen, Typistinnen, Schulze, RDH. S. 93, öffentliches Glücksspiel, das. 83, waghalsige Börsenspekulationen, das. 83, Borgen von Untergebenen, das. S. 81, leichtsinniges Schuldenmachen, Schulze, RDH. 68, 81, 297, Trunkenheit RDH. 10. Juli 1903, Schulze, RDH. 187. Art. 130 RVf. gewährleistet den Beamten die Freiheit ihrer politischen Gesinnung und die Vereinigungsfreiheit (s. indes §§ 10a und 10b).

§ 10a. Der Reichsbeamte ist verpflichtet, in seiner amtlichen Tätigkeit für die verfassungsmäßige republikanische Staatsgewalt einzutreten.

Er hat alles zu unterlassen, was mit seiner Stellung als Beamter der Republik nicht zu vereinen ist. Insbesondere ist ihm untersagt:

1. sein Amt oder die ihm kraft seiner amtlichen Stellung zugänglichen Einrichtungen für Bestrebungen zur Änderung der verfassungsmäßigen republikanischen Staatsform zu mißbrauchen;
2. bei Ausübung der Amtstätigkeit oder unter Mißbrauch seiner amtlichen Stellung über die verfassungsmäßige republikanische Staatsform, die Reichsflagge oder über die verfassungsmäßigen Regierungen des Reichs oder eines Landes zur Bekundung der Mißachtung Äußerungen zu tun, die geeignet sind, sie in der öffentlichen Meinung herabzusetzen;
3. bei Ausübung der Amtstätigkeit oder unter Mißbrauch seiner amtlichen Stellung auf die ihm unterstellten oder zugewiesenen Beamten, Angestellten und Arbeiter, Zöglinge oder Schüler im Sinne mißachtender Herabsetzung der verfassungsmäßigen republikanischen Staatsform oder der verfassungsmäßigen Regierungen des Reichs oder eines Landes einzuwirken;
4. Handlungen nach Nr. 1 bis 3 bei dienstlich unterstellten Personen, sofern sie im Dienste begangen werden, zu dulden.

Dem Reichsbeamten ist weiterhin untersagt, in der Öffentlichkeit gehässig oder aufreizend die Bestrebungen zu fördern, die auf Wiederherstellung der Monarchie oder gegen den Bestand der Republik gerichtet sind, oder solche Bestrebungen durch Verleumdung, Beschimpfung oder Verächtlichmachung der Republik oder von Mitgliedern der im Amte befindlichen Regierung des Reichs oder eines Landes zu unterstützen.

§ 10b. Weitergehende Verpflichtungen, die sich für den Reichsbeamten innerhalb oder außerhalb seines Amtes über die Bestimmungen des § 10a hinaus aus den besonderen Aufgaben des ihm übertragenen Amtes oder den Umständen des Falles nach den allgemeinen Vorschriften über die Pflichten der Reichsbeamten ergeben, bleiben unberührt.

Beamte fallen nicht unter RVf. Art. 165. Im Sinne des Art. 165 gibt es keine Beamtenräte. Ein Streikrecht hat der Beamte nicht; s. die Komm. zu Art. 130 RVf.; Damme, DJZ. 1919 S. 785; Lohmeier, PrVBl. 41, 87; Verh. des VfAusch. der NVers. 507f.; in diesem Sinne hat auch der RDH trotz des in Art. 130 RV gewährleisteten Vereinigungsfreiheit entschieden. Wegen der Angehörigen der Wehrmacht s. Arndt zu Art. 133 RVf. Auch steht Beamten das Petitionsrecht für eigene und allgemeine politische Angelegenheiten zu; RVf. Art. 126. Nach dem Reichswehrgesetz vom 23 März 1921 (RGBl. 329) ist allen Militärbeamten jede Teilnahme an politischen Vereinen und Versammlungen untersagt. Art. 130 RVf. Abs. 3 schreibt vor, daß die Beamten nach näherer reichsgesetzlicher Bestimmung besondere Beamtenvereinigungen erhalten (Beamtenausschüsse); s. hierzu V. v. 18. Dez. 1919 (JMBl. 628) und v. 8. Dez. 1920 (JMBl. 707).

§ 11. Über die vermöge seines Amtes ihm bekannt gewordenen Angelegenheiten, deren Geheimhaltung ihrer Natur nach erforderlich oder von seinem Vorgesetzten vorgeschrieben ist, hat der Beamte Verschwiegenheit zu beobachten, auch nachdem das Dienstverhältnis aufgelöst ist.

1. Für welche Angelegenheiten ihrer Natur nach Verschwiegenheit zu beobachten ist, hat zunächst der Beamte (auch der ausgeschiedene) nach eigenem Ermessen unter Berücksichtigung aller Umstände des Falls zu entscheiden;

s. RGSt. 28, 424; JW. 1896, S. 549[13]; s. auch StenB. 1873, S. 148—152; v. Rheinbaben 61; RGZ. 42, 355. Verletzung der Amtsverschwiegenheit kann (bei den noch im Amte Befindlichen) disziplinarische Ahndung und (zivilrechtlich) Schadensersatzpflicht nach sich ziehen. S. auch RGSt. 26, 202; GVG. § 200 und RGZ. 92, 355; s. auch RDZ. 18. März 1889 Schulze Rdh. 100.

2. Eine verschärfte und unbedingte Pflicht besteht u. a. für Beamte des auswärtigen Dienstes, StGB. § 353a, des Bankdienstes, § 39 des Bankg. v. 14. März 1875 (RGBl. 177), ferner bezüglich der Reichs- und Staatsgeheimnisse, StrGB. § 92 Z. 1 und G. gegen den Verrat militärischer Geheimnisse v. 3. Juli 1893 (RGBl. 203), sodann für das Briefgeheimnis § 5, Postg. v. 28. Nov. 1871 (RGBl. 342) und StrGB. § 354 für das Telegraphengeheimnis; s. noch § 8 G. über das Reichs-Telegraphenwesen v. 6. April 1892 (RGBl. 467); s. auch StrGB. §§ 299, 300, 353a, 354, 355; vgl. auch ZPO. §§ 376, 383; StrPO. § 53; MStrGO. § 183; s. auch RGSt. 13, 155; RG. in GoldtArch. 48, 269; Löwe-Rosenberg zu § 53 StrPO. § 34 des Wehrges. v. 30. März 1920 bestimmt: „Die Angehörigen der Wehrmacht haben über Dienstangelegenheiten, deren Geheimhaltung erforderlich oder von den Vorgesetzten angeordnet ist, Verschwiegenheit zu beobachten, auch nachdem das Dienstverhältnis aufgelöst ist."

§ 12. Bevor ein Reichsbeamter als Sachverständiger ein außergerichtliches Gutachten abgibt, hat derselbe dazu die Genehmigung seiner vorgesetzten Behörde einzuholen.

Ebenso haben Reichsbeamte, auch wenn sie nicht mehr im Dienste sind, ihr Zeugnis in betreff derjenigen Tatsachen, auf welche die Verpflichtung zur Amtsverschwiegenheit sich bezieht, insoweit zu verweigern, als sie nicht dieser Verpflichtung in dem einzelnen Falle durch die ihnen vorgesetzte oder zuletzt vorgesetzt gewesene Dienstbehörde entbunden sind.

1. Abs. 1 bezieht sich auch auf die in einstweiligen Ruhestand Versetzten; Arndt 644; a. A. Pieper 92; Schulze 82; Kannegießer 101; Turnau, Anm. 1 zu § 12; s. auch StenB. 185f.; der gleichen Ansicht Perels-Spilling, Anm. zu § 12; Brand 39.

2. § 1 Abs. 1 bezieht sich nicht auf gelegentliche sachverständige Meinungsäußerungen, StenB. 1873, S. 893. Ob das Gutachten entgeltlich oder unentgeltlich abgegeben wird, ist belanglos.

3. Zu Abs. 2 s. ZPO. §§ 376, 402, 408; StrPO. §§ 53, 72, 76; MilStrGO. §§ 208, 212. Die Gerichte haben von Amts wegen die Genehmigung der vorgesetzten Dienstbehörde nicht nachzusuchen; Pieper 93. Für die Beamten kann von ihrer vorgesetzten Behörde vorgeschrieben werden, daß sie von allen Ladungen als Zeuge oder Sachverständiger ihrer vorgesetzten Behörde Kenntnis geben. Zur Motivierung, weshalb die Genehmigung versagt wird, ist die vorgesetzte Behörde nicht verpflichtet; Perels-Spilling, Anm. zu § 12; ME. v. 24. Mai 1886 (JMBl. 137) und 28. Juli 1886 (BMBl. 181); Brand 39; Pieper 96. Die Genehmigung kann ohne Angabe von Gründen ganz oder teilweise versagt bzw. erteilt werden. Soweit sie erteilt ist, ist der Beamte zum Zeugnis verpflichtet; RGZ. 35, 403. Über die Pflicht der Beamten zur Abgabe von Gutachten s. StrPO. § 75; ZPO. § 407; MilStrGO. § 211.

Urlaub zu gerichtlicher Ladung brauchen die Beamten nicht, doch ist rechtzeitige Meldung an die vorgesetzte Behörde nötig; Perels-Spilling, Anm. 1 zu § 12; Schulze 83.

§ 13. Jeder Reichsbeamte ist für die Gesetzmäßigkeit seiner amtlichen Handlungen verantwortlich.

1. § 13 legt allen (auch nur mittelbaren) Reichsbeamten die volle dienstliche, zivil- und strafrechtliche Verantwortlichkeit für alle amtlichen Handlungen und Unterlassungen auf.

Die zivilrechtliche Haftung des Beamten sowohl dem Staate wie einem Dritten gegenüber regelt das BGB. durch die §§ 839—841. Bezüglich der Fälle, in denen bei der Entstehung des Schadens, welchen der Beamte verursachte, ein Verschulden des Beschädigten mitgewirkt hat, kommt § 254 des BGB. zur Anwendung. Bei der privatrechtlichen Verantwortlichkeit bleibt es sich gleich, ob der Benachteiligte der Fiskus oder eine Privatperson ist; RGZ. 23, 326. Der Beamte haftet jedoch nur für eine gesetzwidrige, nicht für eine bloß unzweckmäßige Amtsführung; Arndt 647; RGZ. 23, 327. Führt der Beamte lediglich den Befehl seines Vorgesetzten aus, so ist er nicht verantwortlich, wenn der Befehl in gehöriger Form erlassen und in abstracto innerhalb der Zuständigkeit des Befehlenden und seiner eigenen liegt (Anm. 2 zu § 10). Unfähigkeit und Unwissenheit befreien nicht von der Verantwortlichkeit; RG. bei Gruchot 28, 970. Doch kann Rechtsirrtum ausnahmsweise von der Verhaftung befreien, wenn die Rechtsvorschriften selbst an Unklarheiten oder Zweideutigkeiten leiden, oder wenn ungewöhnlich verwickelte Tatbestände die richtige Gesetzesanwendung behindert haben; RG. bei Gruchot 30, 137; 33, 1117. Die neuere Literatur und Rechtsprechung neigen zu einer milderen Auffassung. So nimmt Pieper 111, auch Nöldecke bei Gruchot 42, 813, an, daß die Individualität des Falles entscheiden soll, und nur, wenn nach ihr der Beamte in der Lage war, bei gehöriger Aufmerksamkeit und pflichtmäßiger Überlegung das vorgefallene Versehen zu vermeiden, dürfe ihm die Vernachlässigung der „im Verkehr erforderlichen Sorgfalt" zur Last gelegt werden. Ebenso RG. bei Gruchot 43, 500. Nach OVG. v. 4. Mai 1900 im PrVBl. 22 S. 343, 345 macht sich ein Beamter einer Amtsüberschreitung erst dann schuldig, wenn er die Amtshandlung vornahm, obwohl er wußte, daß die zur Begründung seiner Befugnis erforderlichen Tatsachen nicht vorlagen, oder wenn er zu der irrigen Annahme des Gegenteils infolge Unterlassens einer pflichtmäßigen Prüfung der obwaltenden Umstände gelangt ist; s. auch Löwe-Rosenberg zu § 11 EinfG. GVG. Anm. 5c; s. auch OVG. 8, 414, 421; 14, 423; 15, 448; s. ferner RGZ. 92, 242; 97, 263f.; Laband I 460, 476; s. auch RBG. § 154. Laband I 476: „Der im § 13 ausgesprochene Satz schneidet dem Beamten bei Ansprüchen, welche gegen ihn wegen gesetzwidriger Handlungen und Unterlassungen erhoben werden, den Einwand ab, daß er die Handlung oder Unterlassung auf Befehl des dienstlichen Vorgesetzten begangen habe." Ferner 477: „Ein Irrtum über die Ungesetzmäßigkeit seines amtlichen Verhaltens ist stets ein unentschuldbarer und gilt als ein von ihm zu vertretendes Versehen." S. auch RGZ. 23, 326, 92, 397; 97, 263.

2. Während zugunsten preußischer Beamten vor zivil- und strafrechtlicher Verfolgung das G. v. 13. Febr. 1854 (GS. 86) durch das Konfliktsverfahren schützte (beseitigt durch G. v. 16. Nov. 1920 GS. 65), soll gemäß § 13 über die Frage, ob die Grenzen der Amtsbefugnisse eingehalten oder ob Handlungen, zu denen das Amt verpflichtet, unterlassen sind, sobald daraus ein Schaden entstanden oder das Erwachsen eines Schadens daraus behauptet ist, bedingungslos und uneingeschränkt der von den Beschädigten angerufene Zivil- bzw. der Strafrichter entscheiden; StenB. 165; Arndt, RStR. 648, 651; OVG. 11, 403; RGZ. 32, 326; JW. 1900 S. 122; Brand 40; Schulze 84; Perels-Spilling, Anm. zu § 13; Pieper 90.

3. Für die Frage, ob das Reich (der Staat) für Handlungen oder Unterlassungen seiner Beamten haftet, ist entscheidend, ob der Staat nur von seiner vermögensrechtlichen Seite als Fiskus in Betracht kommt, oder ob der Beamte Staatshoheitsakte ausgeübt hat. Im ersteren Falle ist das Verschulden des Beamten das eigene des Fiskus und dieser unbedingt dafür haftbar. Diese Ansicht, welche sich schon früher in der Rechtsprechung Geltung verschafft hatte (RGZ. 18, 166; 19, 101; s. auch 41, 102 a. a. O; Pieper 122), hat in § 89 Abs. 1 bzw. § 31 BGB. Aufnahme gefunden; Arndt 649; Dernburg 1, 453; Planck, Komm. zu § 31 BGB. a. a. O.

4. Der Fiskus haftet hiernach für Verschulden seiner Willensorgane, als welche nicht bloß die eigentlichen Vorstände, sondern alle gelten, deren Ermessen, Willen usw. der maßgebende ist; RG. vom 27. Febr. 1900 bei Gruchot 44, 715; s. auch RGZ. 31, 249; s. auch Gruchot 42, 1037 und RGZ. 43, 406. Die Haftung des Fiskus tritt nur ein, wenn die Amtshandlung oder Unterlassung mit dem Schaden in ursächlichem Zusammenhang steht, nicht wenn der Beamte den Schaden nur bei Gelegenheit der Amtsführung angerichtet hat; s. RGZ. 33, 870; 28, 220; 39, 183; 43, 291; s. auch RGZ. 53, 276; JW. 1903, Beilage 1177, Nr. 260, 261; RGZ 62, 36, 104; Schulze 93. In dem Falle, daß der Beamte Staatshoheitsakte ausübt, fehlt es im BGB. wie im RGB. an Vorschriften, Art. 77—81 EinfG. z. BGB. überlassen die Regelung der Landesgesetzgebung. Es kam gemäß § 19 des RBG. das Recht des Wohnortes des Beamten zur Anwendung. Nach der in Theorie und Praxis herrschenden Ansicht haftete der preußische Staat im Gebiet des ALR., und also das Reich für Reichsbeamte, nicht für Verschulden seiner Beamten; Arndt 649; Förster-Eccius § 90; v. Rönne-Zorn[5] § 46 S. 597; Dernburg, Preuß. Privatr. 1 § 53; RGZ. 11, 206; 17, 106; 39, 183; E. OTr. 61, S. 1, 5, 6; s. auch RG. bei Gruchot 24, 1043; ferner RGZ. 23, 206; 26, 341; 28, 340; 32, 44; 42, 417; JW. 1892, S. 320, 1902, 83; Str. 22; Pieper Anm. 6; Schulze 95. Dagegen wurde eine solche Haftung im Gebiet des rheinischen Rechts gemäß Art. 1784 code civil angenommen; RGZ. 19, 107; s. auch v. 11. Juli 1893, JW. 1893, S. 438[51]. Im gemeinen Recht ist die Frage kontrovers; dagegen s. Loening, Die Haftung des Staates usw. 1879; Cosack in Marquardsens Handbuch S. 43; Rehm bei v. Stengel, Wörterbuch des deutschen Verwaltungsrechts, Ergänzungsband 3, 92; dafür v. Gerber, Privatr. § 63; O. Gierke, Genossenschaftstheorie 1, 476; Stobbe-Lehmann, Deutsches Privatr. 3 § 201 u. a. m. S. auch J. Delius, Beamtenhaftpflichtgesetz (3).

Jetzt kommen der aktuelles Recht darstellende (RGZ. 103, 216; 104, 243) Art. 131 RVf. und damit übereinstimmend

G. v. 22. Mai 1910 (RGBl. 798) zur Anwendung. Erstere Vorschrift besagt: „Verletzt ein Beamter in Ausübung der ihm anvertrauten öffentlichen Gewalt (d. i. jede nicht privatrechtliche; RGZ. 94, 102, 101, 353; 94, 102) die ihm einem Dritten gegenüber obliegende Amtspflicht, so trifft die Verantwortlichkeit grundsätzlich den Staat oder die Körperschaft, in deren Dienst der Beamte steht. Der Rückgriff gegen den Beamten bleibt vorbehalten. Der obentliche Rechtsweg darf nicht ausgeschlossen werden." Da durch Art. 131 die Grenzen, die für die Haftung der Beamten bestehen, nicht erweitert werden sollten (s. Reichsgerichtsrat Burlage als Berichterstatter in den StenB. der NVers. 1138; Arndt, Anm. 1 zu Art. 131 RVf.), so ist die Haftbarkeit ausgeschlossen bei Beamten, die, abgesehen von Entschädigungen für Dienstaufwand, auf Gebühren angewiesen sind, ferner bei solchen Amtshandlungen, für welche die Beamten eine besondere Vergütung durch Gebühren von den Beteiligten beziehen (z. B. Notare, nicht aber Zwangslotsen, RGZ. 93, 26), und bezüglich der Beamten des auswärtigen Dienstes. Der Regreßanspruch gegen den Beamten ist nicht von der vorgängigen Klage des Geschädigten gegen den Staat (Reich) abhängig; RGZ. 96, 147.

Der Staat haftet auch für Nichtbeamten, deren er sich zur Verrichtung von Staatshoheitsakten bedient; RGZ in 72, 51, 165; dagegen Wolfstieg, Das Reichsbeamtenrecht, 1921.

Nach § 12 der Reichsgrundbuchordnung (Fass. v. 20. Mai 1898, RGBl. 754; s. auch Art. 18 Pr. AusfG. z. RGrBO. v. 26. Sept. 1899 (GS. 307) haftet der Staat dem Verletzten prinzipaliter, der Staat kann, wenn Vorsatz oder grobe Fahrlässigkeit vorliegen, an dem Beamten Regreß nehmen, s. auch BGB. § 852.

Bezüglich der Regreßpflicht kommt BGB. und, wo dies keine Vorschriften hat, das bez. Landesrecht (in Preußen ALR. II 10 §§ 88—91) zur Anwendung; RGZ. 92, 237. Das Reich ist gegenüber dem Reichsbeamten nicht Dritter im Sinne § 839 BGB.; RGZ. 92, 237; s. auch RGZ. 99, 255; 100, 125.

S. zu § 13 Delius die Beamtenhaftunggesetze (3).

§ 14. Die Vorschriften über den Urlaub der Reichsbeamten und deren Stellvertretung werden vom Kaiser erlassen.

In Krankheitsfällen sowie in solchen Abwesenheitsfällen, zu denen die Beamten eines Urlaubs nicht bedürfen (Reichsverfassung Artikel 21), findet ein Abzug vom Gehalte nicht statt. Die Stellvertretungskosten fallen der Reichskasse zur Last.

Ein Beamter, welcher sich ohne den vorschriftsmäßigen Urlaub von seinem Amte entfernt hält oder den erteilten Urlaub überschreitet, ist, wenn ihm nicht besondere Entschuldigungsgründe zur Seite stehen, für die Zeit der unerlaubten Entfernung seines Diensteinkommens verlustig.

1. Zu Abs. 1 erging Kais. V. über den Urlaub der Reichsbeamten und deren Stellvertretung v. 2. Nov. 1874 (RGBl. 129); für gesandtschaftliche und Konsulatsbeamte v. 23. April 1879 (RGBl. 134) und v. 17. Aug. 1894 (RGBl. 518); für Wahlkonsuln § 6 der Dienstinstruktion v. 6. Juni 1871 in HirthsAnn. 1871, S. 614 und § 13 V. v. 23. April 1879 (RGBl. 134) und V. v. 4. Januar 1904 (RGBl. 1). Die Urlaubszeit gilt (z. B. für die Berechnung der Pension) als Dienstzeit; RGZ. 41, 111; JW. 1898 S. 391[22]. Zuwiderlaufende Abreden sind unstatthaft; Arndt 663; ME. v. 13. Juni 1896 (ZBlUV. 581). Den außerhalb seines Wohnorts kommissarisch beschäftigten Beamten sind während des Urlaubs die Tagegelder nicht zu zahlen; RGZ. 94, 223. Wegen der Stellvertretungskosten und anderer Abzüge s. Abs. 1 und 2, unten Anm. 6.

2. Krankheit, die die Wahrnehmung des Dienstes hindert, ist nur anzuzeigen, indes rechtzeitig; OVG. 16, 398. Gleiches gilt für die Einberufung als Schöffe oder Geschworener oder zum Militär- (auch Kontroll-) Dienst, desgleichen als Zeuge

oder Sachverständiger vor Gericht; ferner zur Verbüßung einer Freiheitsstrafe; s. hierzu Anm. 6. Nach Art. 39 RVf. bedürfen Beamte und Angehörige der Wehrmacht zur Ausübung ihres Amtes als Mitglieder des Reichstags oder eines Landtags keines Urlaubs. Bewerben sie sich um einen Sitz in diesen Körperschaften, so ist ihnen der zur Vorbereitung ihrer Wahl erforderliche Urlaub zu gewähren; s. hierzu Arndt zu Art. 39 RVf. Die Stellvertretungskosten trägt die Reichskasse; s. auch § 14 Abs. 2. Zur Erholung von Krankheiten, Stärkung der Gesundheit oder zur Veränderung des Aufenthalts ist besonders Urlaub zu erbitten; v. Rheinbaben 97, JMBl. 1885 S. 75; Arndt 645. Abzug findet nicht statt.

Das RMinisterium hat am 5. Okt. 1920 (JMBl. 721) für die Befreiung von Beamten bestimmt, daß sie zur Ausübung ihrer Obliegenheiten als Mitglieder des Reichstags keines Urlaubs bedürfen (als Beamte gelten auch die aller öffentlichen Körperschaften). Dies gilt für die Zeit der Tagung und einer kurzfristigen Vertagung (14 Tage) und der langfristigen bei Tätigkeiten, der mit dem Mandat in engstem Zusammenhang stehen, z. B. Teilnahme an Wählerversammlungen zur Rechenschaftslegung, an Kommissionssitzungen. Für die Zeit, in der der Beamte eines Urlaubs nicht bedarf, erhält er seine persönlichen Dienstbezüge ohne Abzug. Bei Beurlaubung ist das jeweils geltende Recht anzuwenden; für Reichsbeamte § 6 der VO. (v. 28. Nov. 1874 unter Anm. 5. Eine Anrechnung von Aufwandsentschädigung des Diensteinkommens findet nicht statt.

3. Zur Wahrnehmung aller anderen öffentlichen Ehrenämter ist Urlaub nötig, soweit die Ausübung mit ihren Dienstverpflichtungen zusammenfällt. Urlaubsgesuche sollen nur dann abgelehnt werden, wenn der Dienstbetrieb dadurch erheblich geschädigt wird. Hinsichtlich des Diensteinkommens gilt dasselbe wie zu 1.

4. Auch der suspendierte Beamte bedarf des Urlaubs, um seinen dienstlichen Wohnsitz zu verlassen, und verliert evtl. (s. Anm. 5) sein Diensteinkommen; Arndt 645; Pieper 143;

Brand 44; BMBl. 1874 S. 94; Schulze 100; s. auch RDH. v. 4. Nov. 1912 bei Schulze RDH. 237.

5. Nach der Kais. V. v. 2. Nov. 1874 sind Anträge auf Urlaub der unmittelbar vorgesetzten Behörde unter Angabe der Veranlassung und des Zwecks einzureichen, wenn zur Wiederherstellung der Gesundheit, unter Beifügung einer ärztlichen Bescheinigung. Zur Deckung der Stellvertretungskosten wird, soweit sie nicht nach § 14 dieses G. der Reichskasse zur Last fallen, bei einem Urlaub (erst) von mehr als $1^1/_2$ bis 6 Monaten für den $1^1/_2$ Monat übersteigenden Zeitraum die Hälfte, bei fernerem Urlaub das ganze Diensteinkommen beibehalten. Urlaubsbewilligungen können, wenn das dienstliche Interesse es erheischt, jederzeit zurückgenommen werden, sie sind bei Militär- und Marinebeamten mit der Bekanntmachung der Kriegsbereitschaft (ohne weiteres) erloschen.

6. Ob besondere Entschuldigungsgründe im Sinne des Abs. 3 vorliegen, hat evtl. das Gericht zu entscheiden; OVG. 12, 430; Arndt 645; RGZ. 52, 20; Gruchot 28, 1111; Brand 46; Schulze 101; a. A. Perels-Spilling, Anm. 11 zu § 14; Pieper 142; v. Rheinbaben 105 Als solcher gilt die Straf- und Untersuchungshaft (Brand 45; Pieper 144; RGZ. 38, 320; 40, 245), welche den Verlust des Amtseinkommens nicht nach sich zieht; a. A. früher das preußische Staatsministerium für preußische Beamte, v. Rheinbaben 245. Fraglich ist, ob den Inhaftierten die Stellvertretungskosten auferlegt werden können; dafür das preußische Staatsministerium, v. Rheinbaben 245; Pieper 145; Brand 45; dagegen RGZ. 38, 320; JW. 1896 S. 679. Für letztere Ansicht spricht der Umstand, daß die Entfernung vom Amte keine „unerlaubte" ist und Abzüge vom Einkommen der Beamten nur kraft einer (für Reichsbeamte fehlenden) Gesetzesvorschrift gemacht werden können; Arndt 603 a. a. O.; ebenso Schulze 100.

7. Nach § 4 V. v. 2. Nov. 1874 (RGBl. 129) und allgemeinen Rechtsgrundsätzen hat der beurlaubte Beamte dafür zu sorgen, daß ihm während der Abwesenheit von seinem

Wohnort Verfügungen der vorgesetzten Behörde zugestellt werden können.

8. Was für die Notwendigkeit des Urlaubs gilt, findet auch auf Beamte Anwendung, die ohne beurlaubt zu sein, unterlassen, ein ihnen übertragenes neues Amt anzutreten; Seydel 80; v. Rheinbaben 98.

9. Die Einbehaltung der Dienstbezüge im Falle § 14 letzter Absatz ist keine Disziplinarstrafe RDH. 4. Februar 1884 bei Schulze RDH. 109.

§ 15. Die vom Kaiser angestellten Beamten dürfen Titel, Ehrenzeichen, Geschenke, Gehaltsbezüge oder Remunerationen von anderen Regenten oder Regierungen nur mit Genehmigung des Kaisers annehmen.

Zur Annahme von Geschenken oder Belohnungen in bezug auf sein Amt bedarf jeder Reichsbeamte der Genehmigung der obersten Reichsbehörde.

1. Abs. 1 bezog sich nur auf unmittelbare (Anm. 1 zu § 1), aber auf alle unmittelbaren, auch auf kündbare und zur Disposition stehende Reichsbeamte, auf besoldete wie selbst unbesoldete (Wahlkonsuln). Hier kommt Art. 109 RVf. in Betracht. Abs. 3: „Titel dürfen nur verliehen werden, wenn sie ein Amt oder einen Beruf bezeichnen; akademische Grade sind hierdurch nicht betroffen." Abs. 4: „Orden und Ehrenzeichen dürfen vom Staat (Reich) nicht verliehen werden." Abs. 5: „Kein Deutscher darf von einer ausländischen Regierung Titel oder Orden annehmen." S. Arndt zu Art. 109 RVf.; s. auch RGZ. 39, 267.

2. Abs. 2 bezieht sich auch auf Wartegeldempfänger für Amtshandlungen aus der Zeit ihrer Diensttätigkeit; Arndt 645; Kannegießer 101; Pieper 147.

3. Gehaltsbezüge und Remunerationen sind Entgelte für fortlaufende dienstliche Handlungen, im Gegensatze zu Geschenken oder Belohnungen für gelegentliche Dienste; Pieper 147. S. auch RGSt. 5, 322 und dazu Arndt 646, Perels-Spilling zu § 15. **Bezüglich des letzten Absatzes,**

Annahme von Geschenken, ist die Verkehrssitte zu beachten, bezüglich der strafrechtlichen Folgen der Verletzung des § 15 vgl. RGSt. 32, 382; 36, 66; 37, 193; 39, 133; 41, 1.

§ 16. Kein Reichsbeamter darf ohne vorgängige Genehmigung der obersten Reichsbehörde ein Nebenamt oder eine Nebenbeschäftigung, mit welcher eine fortlaufende Remuneration verbunden ist, übernehmen oder ein Gewerbe betreiben. Dieselbe Genehmigung ist zu dem Eintritt eines Reichsbeamten in den Vorstand, Verwaltungs- oder Aufsichtsrat einer jeden auf Erwerb gerichteten Gesellschaft erforderlich. Sie darf jedoch nicht erteilt werden, sofern die Stelle mittelbar oder unmittelbar mit einer Remuneration verbunden ist.

Die erteilte Genehmigung ist jederzeit widerruflich.

Auf Wahlkonsuln und einstweilen in den Ruhestand versetzte Beamte finden diese Bestimmungen keine Anwendung.

1. Einrichtung und Bezeichnung der obersten Reichsbehörden, s. Erl. des Reichspräsidenten v. 21. März 1919 (RGBl. 327). § 16 bezieht sich auf alle, aber auch nur auf besoldete, nur auf aktive, nicht zur Disposition stehende Beamte, auch nicht auf die unständigen Mitglieder des Reichspatent- und Reichsversicherungsamts; s. § 13 Abs. 2 PatG.; § 91 UnfVersG. a. a. O. Wegen des Amts eines Vormunds, Gegenvormunds, Pflegers oder Beistandes kommen die §§ 1785, 1792, 1955 und 1694 zur Anwendung; s. auch §§ 1784, 1785 BGB. Wegen des Amts eines Schöffen oder Geschworenen s. GVG. § 34 Z. 4, 5, 9 und § 85.

2. Ein Nebenamt (im Unterschiede von einer Nebenbeschäftigung) fällt selbst dann unter § 16, wenn keine fortlaufende Remuneration damit verbunden ist, z. B. Stadtrat, Kirchenrendant, Feuersozietätsdirektor, Wiesenbewässerungsamt; s. OVG. 33, 24; VMBl. 1887, S. 82; Pieper 151; Schulze 103.

3. Eine solche Nebenbeschäftigung ist das Amt eines Stadtverordneten, Landtags-, Kreistags-, Synodalabgeordneten, Vormunds, Herausgabe einer Fachzeitung (RDiszH. v. 27. Okt. 1889; Brand 49) RDH. v. 23. Mai 1910, Schulze, RDH. S. 130. Im Unterschied vom preußischen Recht ist bei einer längeren Beschäftigung nur, wenn eine fortlaufende Remuneration damit verbunden ist, Genehmigung erforderlich; s. auch RDH. v. 15. Februar 1904, Schulze RDH. 117; nicht einfache schriftstellerische Tätigkeit; Arndt 646; s. auch Brand 149. Ob die Nebenbeschäftigung öffentlich- oder privatrechtlich ist, bleibt sich gleich; Pieper 154.

4. Die Remuneration kann auch in anderen Vorteilen als in Geld bestehen (ME. v. 12. Aug. 1884, BMBl. 230). Bezüglich der Stellung im Vorstand einer auf Erwerb gerichteten (nicht z. B. einer gemeinnützigen Korporation) ist jede Belohnung (auch also eine einmalige Remuneration) ausgeschlossen; StenB. 692; Kannegießer 77; Pieper 158; Arndt 648. Zivilrechtlich ist die Verletzung des § 16 unerheblich; vgl. § 15 Abs. 2; Schulze 104. Einzelne Geschäfte von kurzer Dauer fallen nicht unter § 16; RDiszH. v. 11. Nov. 1895 bei Perels-Spilling, Anm. 3 zu § 16; Schulze 104.

5. Gewerbe im Sinne des § 16 ist jede fortgesetzte, auf Gewinn gerichtete Arbeitstätigkeit (nicht schriftstellerische, wohl aber Verleger-Tätigkeit; RDH. 15. Jan. 1904, Schulze RDH. 117), auch die, welche, wie Bergbau, nicht unter die Gewerbeordnung fällt, aber nicht die Landwirtschaft und die mit der Bewirtschaftung eines dem Beamten gehörigen ländlichen Grundstücks verbundenen Gewerbe (Ziegelei, Zuckerfabrik u. dgl.); s. GewO. § 12 und § 19; Allg. preuß. GewO. v. 17. Jan. 1845 (GS. 41); vgl. auch RGZ. 30, 106; 39, 134; Arndt 646; Perels-Spilling, Anm. 5; Schulze 104. Im Unterschied vom preuß. Recht ist der Gewerbebetrieb der Familienglieder von Beamten nicht eingeschränkt. § 31 des Wehrges. v. 20. März 1920 (RGBl. 329) bestimmt: „Die Angehörigen der Wehrmacht bedürfen der Genehmigung ihrer Vorgesetzten zum Betriebe eines Gewerbes für sich, innerhalb der Dienstgebäude

auch für Hausstandsmitglieder, sowie zur Übernahme einer mit einer Vergütung verbundenen Nebenbeschäftigung. Für die Militärbeamten bleiben im übrigen die Bestimmungen des § 16 des Reichsbeamtengesetzes unberührt."

6. Berufskonsuln dürfen kaufmännische Geschäfte nicht betreiben, §§ 5, 7, 8 G. v. 8. Nov. 1867 (RGBl. 139), Bankbeamte nicht Anteilbesitzer der Reichsbank, s. G. über die Autonomie der Reichsbank v. 26. Mai 1922 (RGBl. 135); Mitglieder des Aufsichtsamts für Privatversicherung nicht zugleich Leiter oder Beamte von öffentlichen (Erwerbs-)Versicherungsanstalten sein, § 70 Abs. 4 G. v. 12. Mai 1901 (RGBl. 139); Mitglieder des Rechnungshofes und der Präsident der Reichsinvalidenfondsverwaltung dürfen keine mit einmaliger oder fortlaufender Remuneration verbundene Nebenbeschäftigung übernehmen; s. § 11 G. v. 23. Mai 1873 (RGBl. 117) und § 4 G. v. 27. März 1872 (GS. 278); s. indes G. v. 8. April 1907, § 4; Personen, die bei der Verwaltung einer deutschen Eisenbahn beteiligt sind, dürfen nicht beim Reichseisenbahnamt oder als Reichseisenbahnkommissar tätig sein; § 2 Abs. 3 G. v. 25. Juni 1873 (RGBl. 164).

7. § 16 gilt auch nicht für die technischen Mitglieder des Patentamts, wenn sie nur auf fünf Jahre angestellt sind (PatG. v. 7. April 1891, § 17), noch für die Mitglieder des Versicherungsbeirats beim Aufsichtsamt für Privatversicherung, G. v. 12. Mai 1901 § 72; s. auch Schulze 105; wohl aber dürfen die Mitglieder dieses Aufsichtsamts und des Versicherungsbeirats nicht gleichzeitig Leiter oder Beamte von öffentlichen Versicherungsanstalten sein; G. v. 12. Mai 1901, §§ 70, 72. S. zu § 16 auch Schulze RDH. S. 87, 118, 122, 124, 128, 130–32.

§ 17. Titel, Rang und Uniform der Reichsbeamten werden durch Kaiserliche Verordnung bestimmt.

1. § 17 betrifft die Ehrenrechte der Beamten; sie werden mit der Anstellung erworben. Auch wenn der Präsident frei ist in der Verleihung von Titeln, Rang und Ämtern, so ist

er nicht frei in der Entziehung. Diese kann, außer bei auf Widerruf oder Kündigung verliehenen Ämtern, nur auf Grund Gesetzes erfolgen. Solches Gesetz ist z. B. das StrGB. §§ 32, 75, 78 a. a. O. und das RBG. § 35 Ziff. 2; s. Arndt; RVf. Art. 116; Arndt, DJZ. 1907 S. 343; Laband ebenda S. 271. Titel, Orden und andere Auszeichnungen darf man ablehnen, da die Freiheit der Person gewährleistet ist, für einen Beamten kann in der Ablehnung eine Verletzung der Amtspflicht liegen; s. auch Anschütz, DJZ. 4, 53; Brand 53. Durch Verzicht im Falle des § 100 gehen auch Titel usw. verloren; desgleichen durch Dienstentlassung (§ 75), ferner in den Fällen StrGB. §§ 33, 35, nicht bei der Zurdispositionsstellung. Beim Rang war früher der Stellen- und der persönliche Rang zu unterscheiden, bezüglich des letzteren s. RVf. Art. 109 bei Arndt, RVf.

2. Eine allgemeine Kais. V. zur Ausführung des § 17 war nicht ergangen. Im allgemeinen folgte man (s. RDH. 22. Januar 1874, Schulze RDH. 147) der preuß. Rangordnung (§ 19); s. Rangregl. v. 7. Febr. 1917 (GS. 61) nebst Ergänzungen bei v. Rönne-Zorn 1, 484f. Die Beamten werden nicht mehr nach Rang-, sondern nach Besoldungsklassen eingeteilt. Nur für einzelne Gesetze (Reisekosten-, Disziplinar-, Umzugskostengesetz) ist zur Zeit der Rang noch von Bedeutung s. G. über Preußische Verfassung S. 163.

3. Selbst beim freiwilligen Abschied in Ehren bedarf das Recht, die Uniform oder Amtstracht zu tragen, der besonderen Genehmigung; vgl. BMBl. 1843 S. 25, außer bei Exzellenzen, Brand 53; s. auch Perels-Spilling, Anm. 4.

§ 18. Die Höhe der den Reichsbeamten bei dienstlicher Beschäftigung außerhalb ihres Wohnorts zustehenden Tagegelder und Fuhrkosten, imgleichen der Betrag der bei Versetzungen derselben zu vergütenden Umzugskosten wird durch eine im Einvernehmen mit dem Bundesrate zu erlassende Verordnung des Kaisers geregelt.

1. Die Reise zur Übernahme des Amtes fällt noch nicht in die „dienstliche Beschäftigung", muß also vom Beamten getragen werden; Arndt 665; Pieper 160; Brand 54.

2. Im Einvernehmen, jetzt mit dem Reichsrat, bedeutet mit Zustimmung; bloße Anhörung genügt nicht; a. A. Thudichum 267; Kannegießer 180; Brand 54. Jetzt gelten V. des Reichspräsidenten v. 8. Sept. 1919 (RGBl. 993) und v. 3. Jan. 1920 (RGBl. 93) in Fassung v. 31. Mai 1920 (RGBl. 719) über Tagegelder, Fuhrkosten und Umzugskosten der Reichsbeamten. Der Reichsfinanzminister ist ermächtigt, bei Veränderungen der Eisenbahnfahrpreise andere Fahrkostensätze anzuordnen.

3. Die Vergütungen der Beamten für Dienstwohnungen sind im § 19f. All. Erl. v. 16. Febr. 1903 (RZBl. 63) festgesetzt; der Reichstag wollte die Frage einem Gesetz vorbehalten.

4. Tagegelder sind nicht einkommensteuerpflichtig noch pensionsfähig; vgl. RGZ. 94, 226. Es gilt jetzt Reisekostenverordnung für die Reichsbeamten v. 14. Okt. 1921 (RGBl. 1345). Wegen der Umzugskosten s. VO. v. 17. Juli 1910 (RGBl. 993) und G. v. 21. Mai 1920 (RGBl. 106). Besondere Verordnungen sind u. a. ergangen für die Betriebsverwaltung der Reichseisenbahnen v. 4. Juni 1920 (RGBl. 1192); s. auch G. v. 26. Mai 1920 (RGBl. 1191) und V. betr. Tagegelder, Fahr- und Umzugskosten der Beamten der Militär- und Marineverwaltung v. 18. Dez. 1910 (RGBl. 1919 S. 18, berichtigt S. 44). Als Umzugskosten pflegen jetzt die wirklich bezahlten erstattet zu werden. S. zu § 18 auch RGZ. 97, 267.

§ 19. Auf die Rechtsverhältnisse der aktiven und der aus dem Dienste geschiedenen Reichsbeamten, über welche nicht durch Reichsgesetz Bestimmung getroffen ist, finden diejenigen gesetzlichen Vorschriften Anwendung, welche an ihren Wohnorten für die aktiven beziehungsweise für die aus dem Dienste geschiedenen Staatsbeamten gelten. Für diejenigen Reichsbeamten, deren Wohnort außerhalb der Bundesstaaten sich befindet, kommen hinsichtlich dieser Rechtsverhältnisse vor deutschen Behörden die gesetzlichen Bestimmungen ihres Heimatsstaats (§ 21) und in Ermangelung eines solchen die Vorschriften des preußischen Rechtes zur Anwendung.

Diejenigen Begünstigungen, welche nach der Gesetzgebung der einzelnen Bundesstaaten den Hinterbliebenen der Staatsbeamten hinsichtlich der Besteuerung der aus Staatsfonds oder aus öffentlichen Versorgungskassen denselben gewährten Pensionen, Unterstützungen oder sonstigen Zuwendungen zustehen, finden auch zugunsten der Hinterbliebenen von Reichsbeamten hinsichtlich der denselben aus Reichs- oder Staatsfonds oder aus öffentlichen Versorgungskassen zufließenden gleichartigen Bezüge Anwendung.

1. Primo loco gelten die Vorschriften der Reichsgesetze; solche sind namentlich: RVf. Art. 109, 128, 129, 130, 131; BGB. §§ 9, 15, 89, 197, 394, 400, 411, 570, 839ff., 1315, 1784, 1792, 1888, 1915 u. a. m.; ZPO. §§ 752, 811 Z. 7, 8, 11, §§ 832, 833, 850, 904 Z. 2, 905 Z. 2, §§ 910, 912, 913; GVG. §§ 34, 85; StrGB. §§ 113, 114, 128, 129, 155 Z. 3, 174, 331—35; RWehrges. v. 23. März 1921 (RGBl. 329); vor allem gelten das RGB. und die vom Reiche ergangenen Vorschriften über Pension, Witwen- und Waisenversorgung, Unfallfürsorge, Wohnungsgeldzuschuß u. dgl. Secundo loco gilt das Recht des Heimatstaates, § 21, des Staates, dessen Staatsangehörigkeit bzw. eines der Staaten, deren Staatsangehörigkeit der Beamte hat. Tertio loco und subsidiär, also wenn reichsrechtliche oder Vorschriften des Heimatstaates fehlen oder der Beamte nur eine Reichs- und keine Staats- (oder Landes-) Angehörigkeit besitzt, gelten die Vorschriften des preußischen Rechts; Pieper 170; Schulze 113 f.; s. auch RGZ. 92, 237; 99, 79.

Aus § 19 ist nicht zu folgern, daß der Gesetzgeber den Reichsdienst in jeder Hinsicht als Fortsetzung des Staatsdienstes behandelt wissen und die Strafgewalt der Reichs-Disziplinarbehörden auf das Verhalten der Reichsbeamten in vorher von ihnen verwalteten Staatsämtern miterstreckt wissen will; RDH. 19. Mai 1884, Schulze RDH. S. 25.

2. Aus dem Dienst geschiedene Reichsbeamte im Sinne des § 19 sind nur solche, die noch Beamte sind, also die in den vorläufigen oder einstweiligen Ruhestand versetzten, nicht die freiwillig ausgeschiedenen oder infolge straf- oder disziplinargerichtlichen Urteils entlassenen.

3. Wohnort ist bei Militärbeamten der Garnisonort (§ 9 BGB.), bei aktiven Beamten der Sitz ihrer Behörde (§§ 20, 21), bei inaktiven ihr tatsächlicher Wohnort; s. auch ZPO. § 14; RGZ. 15, 362; 20, 348; Gruchot 30, 1042; PrVBl. 19, 265. Bezüglich der Kommunalbesteuerung ist (in Preußen) stets der tatsächliche Wohnsitz, nicht der Sitz der Behörde maßgebend; § 12 G. v. 27. Juli 1885 (GS. 327); §§ 33, 41 G. v. 14. Juli 1893 (GS. 152); s. auch OVG. 30, 81.

4. Außerhalb der Bundesstaaten bedeutete hier zugleich außerhalb der deutschen Schutzgebiete; s. RG. 15. Febr. 1897; DJZ. 1897 S.195; § 9 Abs. 3 Schutzgebietsges. v. 25. Juli 1900 (RGBl. 813).

5. Hinterbliebene s. Anm. 3 zu § 7.

6. § 39 des Wehrges. v. 20. März 1920 bestimmt: „Die Naturalbezüge der Angehörigen der Wehrmacht und die an Stelle der Naturalbezüge gewährten Entschädigungen bleiben nach Maßgabe des § 12 Nr. 8 des Einkommensteuergesetzes v. 29. März 1920 (RGBl. 355) und des § 19 Abs. 7 des Besoldungsgesetzes v. 30. April 1920 (RGBl. 805) steuerfrei. Das Diensteinkommen von mobil verwendeten Angehörigen der Wehrmacht kann für die Dauer dieser Verwendung zu direkten Steuern nicht herangezogen werden, sofern die Dauer dieser Verwendung mindestens einen Monat beträgt." Begünstigungen sind: Alle Pensionen der Zivil- und Militärwitwen und -waisen sowie die Bezüge für Sterbemonat und Gnadenquartal sind von allen direkten Kommunalabgaben (G. v. 11. Juli 1922 [GS. 184] und für die neuen Landes-

teile die nur eine Zusammenfassung bedeutende V. v. 23. Sept. 1867 [GS. 1648] wie Staatsabgaben (Arndt 607) befreit; s. auch G. v. 24. Juni 1891 (GS. 175). Die V. v. 23. Sept. 1867 bestimmte (§ 1), daß von allen direkten Kommunalauflagen (auch der Kreis- und provinzialständischen Verbände) vollständig befreit sind: 1. die servisberechtigten Militärpersonen des aktiven Dienststandes sowohl hinsichtlich des dienstlichen als sonstigen Einkommens, abgesehen von dem aus dem Grundbesitz oder stehendem Gewerbe fließenden und abgesehen von der Zivilpraxis der Militärärzte. Nach Ziff. 2 waren auch die auf Inaktivitätsgehalt gesetzten oder mit Pension zur Disposition gestellten Offiziere hinsichtlich ihrer dienstlichen Bezüge befreit, was durch § 9 G. v. 29. Juni 1886 (RGBl. 181) aufgehoben wurde. Auf Grund Art. 61 Abs. 1 a. RVf. führte die Präsidialverordnung v. 22. Dez. 1868 (BGBl. 571) die bezüglichen preuß. Vorschriften über die Befreiung der Militärpersonen von den Kommunalabgaben in das ganze Gebiet des Norddeutschen Bundes ein (s. hierzu Arndt, Reichsverordnungsrecht 129). Das G. v. 28. März 1886 (RGBl. 65) setzte die V. v. 22. Dez. 1868 insoweit außer Kraft, als sie der Heranziehung des außerdienstlichen Einkommens der in Offiziersrang stehenden Militärpersonen (s. unter Anm. 1 zu § 120) sowie der Pension der zur Disposition gestellten Offiziere entgegensteht. Demgemäß bestimmte das preuß. G. v. 29. Juni 1886 (GS. 181) nebst Novelle v. 22. April 1892 (GS. 101), daß das Privateinkommen der oberen Militärbeamten der Besteuerung durch die Gemeinden unterworfen ist. Wegen des Diensteinkommens bestehen in Preußen (also im Gebiete des ehemaligen Norddeutschen Bundes gemäß V. v. 22. Dez. 1868) die in der V. v. 22. Dez. 1868 aufgeführten Befreiungen fort; diese sind auch in §§ 41, 42 des Kommunalabgabenges. v. 14. Juli 1893 (GS. 152) aufrechterhalten. Mitglieder der Gendarmerie galten als Militärpersonen in diesem Sinne.

Die gleichen Bevorzugungen der Militärpersonen bei der Kommunalbesteuerung gelten außer im Gebiete des ehemaligen

Norddeutschen Bundes auch in Baden und Hessen, nicht in Elsaß-Lothringen, Bayern und Württemberg; Arndt 607. Nach dem preuß. Recht (Kommunalabgabenges. § 41, bezw. V. v. 23. Sept. 1867 [GS. 1648] ist das Diensteinkommen der aktiven Zivilbeamten und der inaktiven Militärpersonen nur in der Hälfte zu allen direkten Gemeinde-, Kreis- und Provinzialsteuern heranzuziehen (zu den Staatssteuern ganz), die Steuer darf bei Einkommen unter 750 Mark nicht über 1 %, unter 1500 Mark nicht über $1^1/_2$ % und bei höheren nicht über 2 % des Diensteinkommens betragen. Jetzt gilt G. v. 16. Juni 1909 (GS. 489). Dieses Gesetz schreibt im § 1 vor, daß die Beamten zur allgemeinen Einkommensteuer herangezogen werden, sofern nicht mehr als 125 % Zuschläge erhoben werden. Der Mehrbetrag fällt nur auf das außerdienstliche Einkommen. Hinsichtlich der vor dem 1. April 1909 angestellten Beamten verbleibt es nach § 2 bei den bestehenden Vorschriften, also auch bei der Steuerfreiheit des Gnadenquartals und den Bevorzugungen bei Gehalt oder Pension, Wartegeld, Witwengeld usw. Die Vorrechte der Beamten bei Landes- und Gemeindesteuern sind bei Beseitigung dieser Steuern nicht auf die an deren Stelle tretenden Reichssteuern ausgedehnt und es ist nur den nicht im Reichs- oder Staatsdienst stehenden Geistlichen und Kirchenbeamten Anwartschaft auf Entschädigung gewährt worden; Reichs-, Landessteuergesetz v. 30. März 1920 (RGBl. 402); Poetzsch, RV. 184.

Militärpersonen bedürfen des Ehekonsenses; BGB. § 1315; RMilG. 440; Arndt 601; s. auch MilStrGB. § 150 Abs. 2; nicht Zivilbeamte; ebenso Schulze 119; Pieper, Anm. 3.

Nach § 31 des Wehrg. v. 20. März 1921 (RGBl. 329) bedürfen die Angehörigen der Wehrmacht, also auch die Militärbeamten (§ 1 das.), der Genehmigung ihrer Vorgesetzten zur Verheiratung. Diese Genehmigung wird in der Regel nicht vor Vollendung des 27. Lebensjahres erteilt.

Wegen der Steuervorrechte der Beamten ist der ordentliche Rechtsweg ausgeschlossen; RGZ. 91, 29.

§ 20. Imgleichen stehen bezüglich

1. der Mitwirkung bei der Siegelung des Nachlasses eines Reichsbeamten,
2. des Vorzugsrechts im Konkurse oder außerhalb desselben wegen der einem Reichsbeamten zur Last fallenden Defekte aus einer von demselben geführten Kassen- oder sonstigen Vermögensverwaltung

dem Reiche beziehungsweise dessen Behörden im Verhältnisse zu den Reichsbeamten dieselben Rechte zu, welche die am dienstlichen Wohnsitze des Reichsbeamten geltende Gesetzgebung des einzelnen Bundesstaats dem Staate beziehungsweise dessen Behörden den Staatsbeamten gegenüber gewährt.

1. Die Mitwirkung der Behörden bei der Siegelung des Nachlasses eines Reichsbeamten regelt sich für die, deren Wohnsitz in Preußen ist, nach Art. 20 PrFGG. v. 21. Sept. 1899 (GS. 249), wodurch die bisherigen Vorschriften in Preußen aufgehoben sind (Drucks. des AbgH. 1899 Nr. 35 S. 19; HerrH. 1899 Nr. 137 S. 4).

2. Originalorden und Ehrenzeichen, außer in Brillanten, nicht deren Duplikate und Verleihungsurkunden, sind herauszugeben; Brand 59; s. auch GS. 1815 S. 10 und JMBl. 1840 S. 195 u. 252.

3. Ein solches Vorzugsrecht (Ziff. 2) steht dem Fiskus weder in noch außer dem Konkurse zu.

§ 21. Reichsbeamte, deren dienstlicher Wohnsitz sich im Auslande befindet, behalten den ordentlichen persönlichen Gerichtsstand, welchen sie in ihrem Heimatsstaate hatten. In Ermangelung eines solchen Gerichtsstandes ist ihr ordentlicher persönlicher Gerichtsstand in der Hauptstadt des Heimatsstaats und in Ermangelung eines Heimatsstaats vor dem Amtsgerichte Berlin-Mitte beziehungsweise dem Landgericht I zu Berlin begründet. Ist die Hauptstadt in mehrere Gerichtsbezirke geteilt, so wird das zuständige Gericht im Wege der Justizverwaltung durch allgemeine Anordnung bestimmt.

Auf Wahlkonsuln finden diese Bestimmungen keine Anwendung.

1. Die prozeßrechtlichen Vorschriften des § 21 gelten noch; § 13 EinfG. z. ZPO.; § 5 EinfG. z. StrPO.; a. A. rücksichtlich des Strafprozesses Löwe-Rosenberg, Anm. 5 zu § 11 GVG.; s. zu § 21 noch ZPO. § 15, StrPO. § 11, FreiwGerG. § 3.

2. Dienstlicher Wohnsitz ist gleich Amtssitz, nicht gleich allgemeines persönliches Domizil. Der Heimatsstaat, nicht der Staat, in dem der Reichsbeamte vor der Versetzung ins Ausland seinen Wohnsitz hatte, entscheidet. Ein zuletzt im Auswärtigen oder im Reichsjustizamt beschäftigter und ins Ausland versetzter Bayer z. B. erhält nach seiner Versetzung ins Ausland seinen persönlichen Gerichtsstand hiernach in München; Brand 60; Pieper 174; Laband I § 53.

3. Im Sinne des § 20 waren die deutschen Schutzgebiete Inland; v. Stengel in HirthsAnn. 1895, 613; Pieper 174; Brand 61; Köbner in Holtzendorffs Enzyklop. 1094; Arndt 762; a. A. Laband I § 70; Schulze 117. Die deutschen Schiffe, insbesondere die Kriegsschiffe, gelten stets als Inland.

4. Wahlkonsuln haben den Gerichtsstand ihres Wohnsitzes.

5. S. zu § 21 ZPO. §§ 752, 811 Ziffer 8, 904, 905.

§ 22. Befindet sich der dienstliche Wohnsitz des Beamten (§ 21) in einem Lande, in welchem Reichs-Konsulargerichtsbarkeit besteht, so wird durch die vorstehende Bestimmung nicht ausgeschlossen, daß der Beamte zugleich der Reichs-Konsulargerichtsbarkeit nach Maßgabe des Gesetzes vom 7. April 1900 (Reichs-Gesetzbl. S. 213) unterliegt.

Der Beamte unterliegt neben der in § 21 erwähnten Gerichtsbarkeit noch der Konsulargerichtsbarkeit.

Versetzung in ein anderes Amt.

§ 23. Jeder Reichsbeamte muß die Versetzung in ein anderes Amt von nicht geringerem Range und etatsmäßigen Diensteinkommen mit Vergütung der vorschriftsmäßigen Umzugskosten sich gefallen lassen, wenn es das dienstliche Bedürfnis erfordert.

Als eine Verkürzung im Einkommen ist es nicht anzusehen, wenn die Gelegenheit zur Verwaltung von Nebenämtern entzogen wird oder die Ortszulage oder endlich die Beziehung der für Dienstunkosten besonders ausgesetzten Einnahmen mit diesen Unkosten fortfällt.

1. Nach Art. 129 RVf. können die Beamten nur unter den gesetzlich bestimmten Voraussetzungen und Formen vorläufig ihres Amtes enthoben, einstweilen oder endgültig in den Ruhestand oder in ein anderes Amt mit geringerem Gehalt versetzt werden. Die Versetzung in ein Amt mit geringerem Rang soll danach unstatthaft sein; Abg. Steinkopf in den StenB. der NVers. 1630; Arndt, Anm. 3 zu § 129 RVf.

§ 23 gilt nicht für richterliche Beamte; GVG. § 8; RBG. § 158; doch schreibt RVf. Art. 104 Abs. 3 vor, daß bei einer Änderung in der Einrichtung der Gerichte oder ihrer Bezirke die Landesjustizverwaltung unfreiwillige Versetzungen an ein anderes Gericht oder Entfernungen vom Amte, jedoch nur unter Belassung des vollen Gehalts, verfügen kann.

2. § 23 gilt ferner auch nicht für nicht etatsmäßig — wenn auch lebenslänglich — angestellte Beamte, insofern diese lediglich unter Gewährung der vorgeschriebenen Tagegelder und Fuhrkosten, ohne Umzugskosten, ohne weiteres versetzt werden können, da sie ein Amt im Sinne des § 23 nicht haben; Arndt 650; Pieper 179; Brand 64; V. v. 25. Juni 1901 (RGBl. 241), § 18; Schulze 123.

3. Daß der Beamte seinen persönlichen Rang behält, genügt nicht; DJZ. Jahrg. 3 S. 447; Arndt 650; Pieper 178; Brand 63; doch sind innerhalb derselben Rangklasse des Amts geringfügige Rangverschiedenheiten unerheblich; RDH. 22. Jan. 1876, Schulze Nr. 43 S. 141; Perels-Spilling 52. Selbstredend muß das neue Amt der Berufsbildung des Beamten entsprechen; Pieper 178; Arndt 650; s. auch RGZ. 92, 431. Das dienstliche Interesse braucht dem Beamten nicht mitgeteilt zu werden; RDH. 24. Nov. 1877, Schulze RDH. 138. Darüber entscheidet allein die vorgesetzte Behörde. Die Beschwerde gegen eine Versetzungsverfügung hat keine aufschiebende Wirkung, Nichtbefolgung ist Disziplinierungsgrund; RDH. 22. Jan. 1876, Schulze RDH. 140 f.

4. Servis und Wohnungsgeldzuschuß kommen bezüglich der Höhe des Diensteinkommens nicht in Betracht; v. Rheinbaben 300; ebensowenig Repräsentationsgelder, Orts- und Teuerungszulagen; s. auch v. Rheinbaben 300. Zu berücksichtigen sind dagegen auch zukünftige sichere Gehaltszulagen (DJZ. 3, 447; Brand 63), aber nicht jede denkbare Verkürzung, die sich später unter gewissen Voraussetzungen ergeben kann; RGZ. 59, 520.

5. Die zuvorige Anhörung des Beamten ist nicht notwendig. Der Rechtsweg ist nicht wegen der Versetzung, wohl aber wegen der etwaigen Verkürzung zulässig. Auch kann der Beamte sein bisheriges Gehalt einklagen, wenn die neue Stelle nicht dem § 23 entspricht. Darüber, ob ein dienstliches Bedürfnis im Sinne des § 23 vorliegt, ist der Rechtsweg ausgeschlossen und entscheidet lediglich die vorgesetzte Behörde: Erk. d. DiszH. v. 24. Nov. 1877, Schulze RDH. 138, Perels-Spilling, Anm. 6, und Pieper, Anm. 6; vgl. indes auch Schulze 120. Ein Rechtsanspruch auf Versetzung oder auf Schadensersatz, weil seinem Versetzungsanspruche nicht stattgegeben, steht dem Beamten nicht zu; RGZ. 92, 431; ebensowenig steht ihm ein Rechtsanspruch auf Belassung in seinem Amte zu; RGZ. 92, 431.

6. Reichsdienst im Sinne des § 23 ist auch der Dienst der Reichsbank; RGZ. 45, 128.

Einstweilige Versetzung in den Ruhestand.

§ 24. Jeder Reichsbeamte kann unter Bewilligung des gesetzlichen Wartegeldes einstweilig in den Ruhestand versetzt werden, wenn das von ihm verwaltete Amt infolge einer Umbildung der Reichsbehörden aufhört.

1. § 24 gilt nicht für die in § 158 bezeichneten Beamten; s. Anm. 1 zu § 23. Bei nicht lebenslänglich angestellten Reichsbeamten kann statt der Entlassung nach Kündigung oder Widerruf auch die Zurdispositionstellung gemäß § 24 eintreten; Arndt 650; Brand 67; Pieper 185. Der Beamte behält Titel, Rang und Uniform, auch seinen Pensionsanspruch; Schulze 125.

2. Die Umbildung setzt eine organische Änderung eines Dienstzweigs oder einer Kategorie von Behörden voraus; die bloße Veräußerung oder Betriebseinstellung oder Aufhebung eines staatlichen Werks oder Amts genügt nicht; OTr. 62, 218. Pieper 184; Kannegießer 102; Brand 66; v. Rheinbaben a. a. O.

3. Ob eine Umbildung im Sinne des § 24 vorliegt, entscheidet das Gericht (bei Festsetzung der Entschädigungsansprüche), im übrigen, ob z. B. der Beamte bei einer solchen Umbildung mit Recht in den einstweiligen Ruhestand versetzt ist, ist der Rechtsweg ausgeschlossen; RGZ. 12, 70; Arndt StR. 650; Anm. 6 zu § 23. S. auch § 46. S. zu § 24 noch RVf. Art. 104 Abs. 1, 129 Abs. 2; ferner §§ 155, 158.

§ 25. Außer dem im § 24 bezeichneten Falle können durch Kaiserliche Verfügung die nachbenannten Beamten jederzeit mit Gewährung des gesetzlichen Wartegeldes einstweilig in den Ruhestand versetzt werden: der Reichskanzler, die Staatssekretäre, die Unterstaatssekretäre, Direktoren und Abteilungschefs in den dem Reichskanzler unmittelbar unterstellten obersten Reichsbehörden, in der Reichskanzlei und in den Ministerien, die vortragenden Räte und etatsmäßigen Hilfsarbeiter in der Reichskanzlei und im Auswärtigen Amte, die Militär- und Marine-Intendanten, die Ressortdirektoren für Schiffbau und die Ressortdirektoren für Maschinenbau in der Kaiserlichen Marine, die Vorsteher der diplomatischen Missionen und der Konsulate sowie die Legationssekretäre.

1. § 25 beruht auf G. v. 17. Mai 1907. Die Vorschrift in § 25 ist in den Mot. z. RBG. S. 71 und zum G. v. 17. Mai 1907 S. 9 durch die Notwendigkeit einer fortdauernden Übereinstimmung in prinzipiellen Ansichten zwischen der leitenden Autorität und den ihr zunächst stehenden Beamten begründet. Die Unterstaatssekretäre heißen jetzt Staatssekretäre, die Staatssekretäre heißen jetzt Minister. Unter Konsulaten sind hier nur Berufskonsulate zu verstehen, Wahlkonsuln können jederzeit ohne Entschädigung entlassen werden. Selbstredend ist an Stelle des Kaisers der Reichspräsident getreten.

2. Außer den in § 25 können jederzeit in den einstweiligen Ruhestand gegen Wartegeld versetzt werden der Präsident des Reichseisenbahnamts; G. v. 27. Juni 1873 (RGBl. 164) § 2 Abs 12; Reichsanwälte, § 150 GVG.; Ober-Militäranwalt und Militäranwälte beim Reichsmiltärgericht, § 107 Abs. 2 Mil.-StrGO.; s. auch Pieper 189; Schulze 128.

3. Hier ist zu beachten: Art. IV des des G. über die Pflichten der Beamten zum Schutze der Republik v. 21. Juli 1922 (RGBl. 590).

Auf Grund des Artikels III wird für nichtrichterliche Reichsbeamte folgendes bestimmt:

Durch die vorgesetzte oberste Reichsbehörde können mit Gewährung des gesetzlichen Wartegeldes im Interesse der Festigung der verfassungsmäßigen republikanischen Staatsform jederzeit einstweilen in den Ruhestand versetzt werden:

1. Leiter von Reichsbehörden und ihre Stellvertreter, die der jetzigen Besoldungsgruppe A XIII oder einer höheren Gruppe angehören,

2. Ministerialräte in Dirigentenstellungen,
3. Bchmte, die den jetzigen Besoldungsgruppen von A XII an aufwärts angehören, wenn sie mit Aufgaben zum Schutze der Republik besonders betraut sind.

Diese Beamtenstellungen sind in dem anliegenden Verzeichnis aufgeführt. Die Reichsregierung kann das Verzeichnis unter Mitwirkung eines Ausschusses des Reichstags ändern.

Artikel V.

Beamten, die auf Grund dieses Gesetzes oder des § 25 des Reichsbeamtengesetzes in der Fassung vom 18. Mai 1907 (RGBl. 245) in den einstweiligen Ruhestand versetzt werden, sind die Kosten des Umzugs nach den für Reichsbeamte geltenden allgemeinen Vorschriften zu gewähren, sofern der Umzug bis zum Ablauf eines Jahres seit der Versetzung in den einstweiligen Ruhestand ausgeführt wird. Kann der Umzug aus wichtigen Gründen innerhalb dieser Frist nicht erfolgen, so bleibt der Anspruch auf Gewährung der Umzugskosten bei Ausführung des Umzugs innerhalb einer angemessenen Frist seit Wegfall der wichtigen Gründe unberührt.

Verzeichnis
zum Art. IV Nr. 3 des Gesetzes über die Pflichten der Beamten zum Schutze der Republik.

Dem Art. IV Nr. 3 des Gesetzes über die Pflichten der Beamten zum Schutze der Republik unterfallen folgende Beamte:

der Reichskommissar für die Überwachung der öffentlichen Ordnung,
die planmäßigen und außerplanmäßigen Referenten des Büros des Reichspräsidenten,
der Reichskanzlei,

der Abteilungen für Politik und Verfassung und für öffentliche Ordnung im Reichsministerium des Innern,
der Presseabteilung der Reichsregierung,
des Reichskommissars für die Überwachung der öffentlichen Ordnung,
die Zivilamtchefs und die planmäßigen und außerplanmäßigen Referenten des Reichswehrministeriums,
die Ministerialbürodirektoren des Büros des Reichspräsidenten, der Reichskanzlei, des Reichsministeriums des Innern und des Reichswehrministeriums.

Vgl. auch Art. III.

§ 26. Das Wartegeld beträgt drei Vierteile des bei Berechnung der Pension zugrunde zu legenden Diensteinkommens.

Der Jahresbetrag ist nach oben so abzurunden, daß bei Teilung durch drei sich volle Markbeträge ergeben.

Das Wartegeld beträgt höchstens 60000 Mark. Hat der Beamte indessen zur Zeit seiner einstweiligen Versetzung in den Ruhestand bereits eine höhere Pension erdient, so erhält er ein Wartegeld in Höhe der zu diesem Zeitpunkt erdienten Pension.

1. Auf die Berechnung des Wartegeldes kommen hiernach die §§ 42—44 zur Anwendung (RGZ. 7, 73), also wird der Wohnungsgeldzuschuß nach seinem Durchschnittssatze berechnet; Brand 68; Schulze 129. Freie Dienstwohnung s. Anm. 3 zu § 42; s. auch § 40. Statt 12000 ist im Besoldungsges. v. 21. Nov. 1921, s. oben vor § 1, die Ziffer 60000 eingestellt; s. im übrigen dort §§ 1 und 15, die inhaltlich nichts geändert haben.

2. Wegen Abtretung und Verpfändung s. § 6.

§ 27. Die Zahlung des Wartegeldes erfolgt im voraus in derselben Weise, in welcher bis dahin die Zahlung des Gehalts stattgefunden hat. Die Gehaltszahlung hört auf und die Zahlung des Wartegeldes beginnt mit dem Ablaufe des Vierteljahrs, welches auf den Monat folgt, in welchem dem Beamten die Entscheidung über seine einstweilige Versetzung in den Ruhestand, der Zeitpunkt derselben und die Höhe des Wartegeldes bekanntgemacht worden ist. Vom Zeitpunkte der einstweiligen Versetzung in den Ruhestand bis zum Beginne der Zahlung des Wartegeldes stehen dem Beamten die zur Bestreitung von Dienstaufwandskosten gewährten Einkünfte nicht zu und von den zur Bestreitung von Repräsentationskosten gewährten kommen 20 vom Hundert in Abzug.

1. § 27, wie § 26, beruht in jetziger Fassung auf G. v. 17. Mai 1907.

2. Der Zeitpunkt der einstweiligen Versetzung in den Ruhestand ist (erst) der Tag, an dem die amtliche Tätigkeit ingestellt ist; Begründung zum G. v. 17. Mai 1907 S. 11.

§ 28. Die einstweilig in den Ruhestand versetzten Beamten sind bei Verlust des Wartegeldes zur Annahme eines ihnen übertragenen Reichsamts, welches ihrer Berufsbildung entspricht, unter denselben Voraussetzungen verpflichtet, unter denen nach § 23 ein Reichsbeamter die Versetzung in ein anderes Amt sich gefallen lassen muß.

1. Der einstweilig in den Ruhestand versetzte und der suspendierte Beamte ist Beamter ohne Amt; als solcher hat er die allgemeinen außeramtlichen Standespflichten (§ 10), die Pflicht zur jederzeitigen Übernahme eines Amtes gemäß § 28, die Pflichten nach § 11 (Amtsverschwiegenheit), zur Einholung der Genehmigung vor Abgabe von Zeugnissen und Gutachten gemäß § 12, zum Gehorsam, RDH. 9. Juli 1900 Schulze RDH. 46 und die Pflicht, im Inlande Wohnsitz zu behalten. Er bleibt der förmlichen Disziplinar-, nicht der Ordnungsstrafgewalt unterworfen (§ 119 a. a. O.), er kann,

wie ein aktiver Beamter, zwangsweise pensioniert werden. Andererseits ist er befreit von Dienstgeschäften, darf Nebenämter und Nebenbeschäftigungen aller Art übernehmen, er behält die Ehrenrechte seiner Stellung, hat Anspruch auf Umzugskosten bei Wiederanstellung (v. Rheinbaben 305), auf das Gnadenquartal. Die Zeit des einstweiligen Ruhestandes gilt für die Berechnung der Pension als Dienstzeit; s. Arndt 651; Kannegießer 101 a. a. O.; Perels-Spilling, Anm. 1, 7; Brand, 64 f., 70; Pieper 182; s. auch § 41. Die Vorschriften über Amtssuspension finden auf ihn keine Anwendung.

2. Das neue Amt braucht nicht lebenslänglich übertragen zu werden, Pieper 195; vgl. dagegen Kannegießer 113; Thudichum 290; Brand 70. Jedenfalls muß es sich um ein Amt und nicht bloß um die Erledigung einzelner Geschäfte handeln.

3. Die zuvorige Anhörung des Beamten ist nicht vorgeschrieben. Ob der Beamte das neue Amt annehmen mußte hat der Richter, wegen des Wartegeldes, zu prüfen; Schulze 132; a. M. Pieper, Anm. 4 u. 5, und Brand, Anm. 2a.

4. Bei Zuwiderhandlung gegen § 28 verliert der Beamte sein Wartegeld durch Ausspruch der Anstellungsbehörde, gegen welchen Beschwerde und Rechtsweg (dieser aber nur wegen des Wartegeldes) ihm zustehen. Er setzt sich auch der Gefahr des förmlichen Disziplinarverfahrens aus (Schulze 132; Pieper 196), bis zu dessen Ablauf er die Pflichten und (abgesehen vom Wartegelde) alle Rechte eines zur Disposition stehenden Beamten behält; s. auch § 132; Schulze 135. Für die verdrängten els.-lothr. Beamten gilt hier § 3 des G. v. 17. Jan. 1912 (RGBl. 29), s. oben S. 19.

§ 29. Das Recht auf den Bezug des Wartegeldes hört auf:

1. wenn der Beamte im Reichsdienste mit einem dem früher von ihm bezogenen Diensteinkommen mindestens gleichen Diensteinkommen wieder angestellt wird,

2. wenn der Beamte das deutsche Indigenat verliert,
3. wenn der Beamte ohne Genehmigung des Reichskanzlers seinen Wohnsitz außerhalb der Bundesstaaten nimmt,
4. wenn der Beamte des Dienstes entlassen wird.

1. Das Recht hört im Falle des § 29 dauernd auf (anders § 30), und zwar mit dem Tag des Eintritts der Fälle zu 1 bis 4.

2. Reichsdienst im Sinne des § 29 ist auch der bei der Reichsbank; RGZ. 36, 141; 45, 23; Schulze 120, 133; s. auch Anm. 6 zu § 23; Pieper 197; Brand 71. Auf Rang oder sonstigen Charakter des betr. Amts kommt für § 29 nichts an; Perels-Spilling, Anm. 1; s. indes Anm. 1 zu § 23.

3. Der Verlust des Indigenats bestimmt sich nach dem Staatsangehörigkeitsges. v. 22. Juli 1913 (RGBl. 583).

4. Unter Wohnsitz im Sinne der Ziffer 4 gilt nicht bloß ein vorübergehender Aufenthalt; s. auch Pieper 188; Arndt 762; Schulze 134.

5. Die Dienstentlassung kann durch straf- oder disziplinargerichtliches Urteil, evtl. durch Kündigung oder Widerruf erfolgen; s. auch § 31.

6. Das Aufhören des Wartegelds verfügt im Falle von Ziffer 1 die wiederanstellende, in den übrigen die (zuletzt) vorgesetzte Behörde; Pieper 197. Für elf.-lothr. Beamte gilt hier § 6 d. Ges. vom 11. Jan. 1922 (RGBl. 29); vgl. oben S. 19.

§ 30. Das Recht auf den Bezug des Wartegeldes ruht, wenn und solange der einstweilig in den Ruhestand versetzte Beamte infolge einer Wiederanstellung oder Beschäftigung in einer der im § 57 Nr. 2 bezeichneten Stellen ein Diensteinkommen bezieht, insoweit als der Betrag dieses neuen Diensteinkommens unter Hinzurechnung des Wartegeldes den Betrag des von dem Beamten vor der einstweiligen Versetzung in den Ruhestand bezogenen Diensteinkommens übersteigt. Hinsichtlich des Zeitpunkts der Einziehung, Kürzung und Wiedergewährung des Wartegelds finden die Vorschriften des § 60 entsprechende Anwendung.

1. § 57 Nr. 2 liegt vor, wenn mit der neuen Stelle ein geringeres Diensteinkommen verbunden ist als mit der alten.

2. Als „Beschäftigung" in diesem Sinne gilt die nur vorübergehende und die rein privatliche nicht; ME. vom 19. Aug. 1880 (BMBl. 261): Pieper 201: s. auch RGZ. 89, 267.

3. S. auch zu §§ 57 und 60.

4. Eine Kürzung des Wartegeldes findet während der Dauer einer Freiheitsstrafe nicht statt; Anm. 6 zu § 14.

5. Für die verdrängten elf.-lothr. Beamten gelten hier §§ 7, 8 und 9 (Ges. v. 11. Januar 1922) [RGBl. 29].

§ 31. Nach dem Tode eines einstweilig in den Ruhestand versetzten Beamten erfolgt die Gewährung des Gnadenvierteljahrs vom Wartegeld an die Hinterbliebenen nach den in den §§ 7 und 8 enthaltenen Grundsätzen.

Die Hinterbliebenen erhalten diese Bezüge auch, wenn das Wartegeld beim Tode des Beamten ruhte (ebenso Schulze 136; s. indes § 30), nicht, wenn es verwirkt war; Arndt 652; Pieper 205. Im letzteren Falle entfallen auch die Ansprüche auf Witwen- und Waisengeld wie auf das Gnadenquartal; ebenso Schulze 137 und Brand, Anm. 2; a. A. Pieper, Anm. 7d zu § 7. S. auch wegen der Witwen- und Waisengelder § 7.

Entlassung der auf Probe, Kündigung oder auf Widerruf angestellten Beamten.

§ 32. Die Entlassung der auf Probe, auf Kündigung oder sonst auf Widerruf angestellten Beamten erfolgt durch diejenige Behörde, welche die Anstellung verfügt hat.

1. § 32 bedeutet, daß ein Disziplinarverfahren zwar nicht ausgeschlossen, aber bei den auf Probe, auf Kündigung oder sonst auf Widerruf angestellten Beamten meist nicht nötig ist. Disziplinarverfahren ist nur nötig, um die sofortige Enthebung aus dem Amt zu verhängen oder um evtl. einen Pensionsanspruch des Beamten aufzuheben; s. § 37. Auch die Anstellung auf Probe, Kündigung oder Widerruf begründet Beamtenstellung im Sinne § 1 (RBG.) RDH. 24. Februar 1913, Schulze RDH. S. 32.

2. Gegen die Kündigung bzw. Entlassung findet eine Beschwerde ohne Suspensivaffekt statt. Mit Ablauf der Kündigungsfrist bzw. mit der Entlassung enden alle Ansprüche des Beamten auf Ehren- und Vermögensrechte, auch die auf Pensionsansprüche, soweit diese nicht schon erworben sind; s. § 37.

3. Nur die Behörde, nicht der Beamte hat das Recht der Kündigung, letzterer kann seine Entlassung fordern, die ihm nicht verweigert werden darf, wenn seine Amtsgeschäfte ordnungsmäßig erledigt sind; oben Anm. 1.

4. Behauptet der Beamte, daß er lebenslänglich angestellt oder die Probe- bzw. Kündigungszeit noch nicht abgelaufen sei, so kann er (nur) auf Fortzahlung des Diensteinkommens klagen; §§ 149, 155. Die etwaigen Motive des Widerrufs sind rechtlich belanglos; Schulze 138, a. A. Pieper; Anm. 2 u § 155. Solche Entlassungen sind nicht Entfernungen aus dem Dienst im Sinne des § 155; RGZ. 3, 91; Schulze 138; s. auch RGZ. 82, 48.

Wiederanstellung ausgeschiedener Beamten.

§ 33. Zur Wiederanstellung von Beamten, welche aus dem Reichsdienste freiwillig oder unfreiwillig ausgeschieden sind, bedarf es der Genehmigung der obersten Reichsbehörde.

1. § 33 bezieht sich nur auf die aus dem Reichsdienste ausgeschiedenen und wieder in den Reichsdienst aufzunehmen-

den Beamten, gleichviel ob die Wiederaufnahme etatsmäßig oder nicht, lebenslänglich oder widerruflich erfolgen soll. § 33 bezieht sich nicht auf die in den einstweiligen oder in den dauernden Ruhestand versetzten Beamten; Pieper, Anm. 1; Schulze 139; s. auch RGZ. 89, 267.

2. Auch aus § 33 ergibt sich das Recht des Beamten, unter Aufgabe an alle Ansprüche auf Ehren- und Vermögensrechte, nach Erledigung seiner Amtsgeschäfte, seine Entlassung zu fordern; Arndt 635; Kannegießer 116; Pieper 210; Laband I 478; OTr. v. 4. Nov. 1867, Opp. 8, 660. Ehrenrechte, Titel und Rang bleiben dem Beamten nur, wenn er in Ehren entlassen wird (Pieper 210), nicht bloß dann, wenn ihm Titel und Rang ausdrücklich belassen sind; s. indes Brand 77 Anm. 3. Anders das Recht, die Uniform zu tragen; Anm. 3 zu § 17.

3. Erfolgte die Entlassung auf Grund strafgerichtlichen Urteils, so kann die Anstellung erst genehmigt werden, nachdem die Wirkungen des strafgerichtlichen Urteils im Gnadenwege oder durch Ablauf der im Urteil festgesetzten Zeit beseitigt sind. Perels-Spilling Anm. 14 zu § 75. Wegen der Berechnung des Dienstalters s. § 45.

4. Oberste Reichsbehörde s. § 159.

Pensionierung der Beamten.

Anspruch auf Pension.

§ 34. Jeder Beamte, welcher sein Diensteinkommen aus der Reichskasse bezieht, erhält aus der letzteren eine lebenslängliche Pension, wenn er nach einer Dienstzeit von wenigstens zehn Jahren infolge eines körperlichen Gebrechens oder wegen Schwäche seiner körperlichen oder geistigen Kräfte zu der Erfüllung seiner Amtspflichten dauernd unfähig ist und deshalb in den Ruhestand versetzt wird.

1. S. §§ 1, 15, 22 BesoldG. v. 30. April 1920 und PensionsergänzG. v. 21. Dez. 1920. S. auch G. betr. die Pensionierung von Reichsbeamten infolge der Umgestaltung des

Staatswesens vom 12. Sept. 1919 (RGBl. 1654). Die Vorschriften der §§ 34f. (s. zu § 34 auch RGZ. 82, 409, 412; 96, 303, 305) über Pension, welche das Pensionswesen der Reichsbeamten erschöpfend regeln (s. RGZ. 43, 13, 131), sind zwingendes Recht; Arndt 640, 667; Pieper 211; Kannegießer § 41 Abs. 2; Laband I 506f.; Perels-Spilling, Anm. 2 vor § 34; Schulze 13, Anm. Widersprechende Abreden oder Reverse sind rechtlich bedeutungslos. Die Pensionsfestsetzung wirkt deklarativ, nicht konstitutiv; RGZ. 91, 376. Die Oberrechnungskammer kann die Zurücknahme der Pensionsverfügung veranlassen; RGZ. 85, 194. Die Pensionsverfügung ist selbst dann widerruflich, wenn sie mit Einverständnis des Beamten erfolgt; sie kann jederzeit im Verwaltungswege abgeändert werden; RGZ. 85, 192. Doch ist Rückforderung der bezahlten Pension im Falle des BGB. § 818 Abs. 3 ausgeschlossen; RGZ. 85, 194.

Die Pension bildet einen Teil des Diensteinkommens, die Anwartschaft auf die Pension ist schon eine mit dem Amtsantritt evtl. erworbene Fortsetzung des Gehaltsanspruchs; s. auch RGZ. 21, 187; 38, 321; 91, 371. Diese Anwartschaft geht durch Verlust des Amtes infolge strafgerichtlichen (§ 78) oder disziplinargerichtlichen (§ 75) Urteils, unter Umständen auch infolge Kündigung oder Widerrufs (§§ 32, 155) verloren. Der Anspruch auf die einmal bewilligte Pension kann auch durch straf- oder disziplinargerichtliches Urteil nicht verloren werden; Arndt 672; Pieper 214; Kannegießer 120, 142; Thudichum 302; Brand 79; Perels-Spilling, Anm. 1 zu § 57; RGZ. 17, 240; 21, 186; 38, 323; JW. 1896 S. 677 Nr. 26; Schulze 141; anders bei Militärpensionären.

2. Pensionäre sind frei von jeder Dienstpflicht. Es bleibt nur die Pflicht zur Amtsverschwiegenheit; §§ 11, 12; Schulze 140. Ob sie im Reichsdienst oder sonst eine Wiederbeschäftigung annehmen wollen, hängt auch bei Wiedererlangung der vollen Dienstfähigkeit von ihrem freien Willen ab; Arndt 672; Perels-Spilling, Anm. zu § 34; Schulze 140; Brand 78; Kannegießer 120;

Thudichum 292; Pieper 212. In allen Fällen, wo ein Pensionär wieder im Reichsdienst beschäftigt wird, bedarf es keiner neuen Anstellung; Arndt 672; Pieper 212; Schulze 140; s. indes Perels-Spilling, Vorbemerkung zu § 34 Anm. 1. Der Pensionär ist auch frei in der Wahl seines Aufenthaltes, unterliegt nicht mehr der Disziplinargewalt; Arndt 668; Brand 78; Pieper 212.

3. Über Abtretung und Pfändung der Pension s. § 6, über das Ruhen der Pension § 57. Auf die Unfallrente wird die Pension in Anrechnung gebracht; G. v. 18. Juni 1901 (RGBl. 211), Anl. II. Ein Armenverband, der einen hilfsbedürftigen Pensionär unterstützt, hat Ersatz von der Reichskasse zu beanspruchen; § 62 G. v. 6. Juni 1870 (RGBl. 360); Arndt 219; vgl. dagegen Brand 79; RGZ. 19, 186.

Wegen der Mitglieder des Reichsgerichts s. § 158 und GVG. §§ 130, 131.

4. Wahlkonsuln, da sie kein Diensteinkommen aus der Reichskasse beziehen, sind nicht pensionsberechtigt; Pieper 213; Arndt 668 Anm. 1; Brand 79. Das Diensteinkommen braucht nicht aus einem etatsmäßigen Amt zu sein; Ausnahme § 37; s. Kannegießer § 37 Anm. 1; Pieper 213; OTr. v. 7. Sept. 1868 StriethA. 72 S. 132. Auch das Wartegeld (§ 35) gilt als Diensteinkommen; Brand 80; Pieper 214; Perels-Spilling, Anm. zu § 34; Kannegießer 122; Thudichum 292.

5. Dienstunfähigkeit (nicht erforderlich in den Fällen §§ 34a und 35) braucht nur in bezug auf das innegehabte oder ein nach Rang, Vorbildung usw. gleichstehendes Amt vorzuliegen; s. BMBl. 1884 S. 194; Brand 80; Perels-Spilling; Anm. zu §§ 34, 35; Pieper 215; s. auch Anm. 4 zu § 58. Auch selbstverschuldete schließt die Pension nicht aus; Schulze 143; Gegensatz s. § 36.

6. Über die Berechnung der Zeit zur Erlangung der Pension s. §§ 47, 51; s. auch RGZ. 92, 116; 94, 199, 355; 95, 296. Bezüglich der Pension bei kürzerer Zeit s. §§ 36, 39, 68.

7. Die Pensionierungsgründe sind im Gesetze erschöpfend aufgeführt; andere, z. B. Interesse des Dienstes, öffentliches Wohl, sind nicht anzuerkennen; s. Anm. 1. S. auch GVG. § 130 wegen des Reichsgerichts.

Für Ruhegehalt und Hinterbliebenengebührnisse der verdrängten elf.-lothr. Beamten gelten die §§ 10 bis 14 des G. vom 11. Januar 1922 (s. oben). Darin ist u. a. bestimmt, daß die Professoren der Kaiser Wilhelm Universität Straßburg als Ruhegehalt das volle pensionsfähige Diensteinkommen sowie Kinder- und Teuerungszuschläge wie im Amt befindliche Reichsbeamte erhalten. Im allgemeinen gelten, § 10, die jeweils geltenden reichsgesetzlichen Bestimmungen, soweit nicht in § 11 des gen. Gesetzes ein anderes bestimmt ist. Nach Ablauf der Frist, während welcher dem Beamten nach § 2 des gen. Ges. Wartegeld zustand, wird an dessen Stelle Ruhegehalt gewährt, über dessen Bewilligung der RMin. d. Innern entscheidet § 11, die Fürsorge für die Hinterbliebenen eines Beamten, der zur Zeit des Todes auf Grund der §§ 2, 9, 11 Bezüge aus der Reichskasse zustanden, richtet sich nach den für die Hinterbliebenen von Reichsbeamten jeweils geltenden gesetzlichen Bestimmungen. Für die Hinterbliebenen der Straßburger Professoren gilt als Ruhegehalt der, den der Verstorbene bezogen hätte, wenn er am Todes- bzw. Emeritierungstage nach Maßgabe der reichsgesetzlichen Bestimmungen in den Ruhestand versetzt wäre. Den verdrängten elf.-lothr. Beamten wird, wenn sie beim Inkrafttreten des Friedensvertrages weniger als zehn Dienstjahre zurückgelegt haben, eine Übergangsbeihilfe in Höhe des Wartegeldes nebst Kinder- und Teuerungszuschlägen gewährt.

§ 34a. Bei denjenigen aus dem Dienste scheidenden Beamten, welche das fünfundsechzigste Lebensjahr vollendet haben, ist eingetretene Dienstunfähigkeit nicht Vorbedingung des Anspruchs auf Pension.

§ 34a beruht auf G. v. 21. April 1886 (RGBl. 80). Er gibt den Beamten einen Rechtsanspruch, der allerdings nur wegen des Geldanspruchs im Rechtswege verfolgbar ist; §§ 149, 155. Umgekehrt kann der Beamte über 65 Jahre gegen seinen Willen nur in den Fällen und Formen der §§ 35, 54 bzw. 34 pensioniert werden; s. § 60a; s. auch RGZ. 82, 262. Für die Mitglieder des Reichsgerichts gilt § 34a nicht, im übrigen gilt er auch für die richterlichen Beamten; s. § 158.

§ 35. Der Reichskanzler und die Staatssekretäre können jederzeit ihre Entlassung erhalten und fordern. Auch ohne eingetretene Dienstunfähigkeit erhalten sie Pension, wenn sie entweder ihr Amt mindestens zwei Jahre bekleidet oder sich mindestens zehn Jahre im Dienste befunden haben.

§ 35 betrifft die sog. politischen Beamten. Er findet nicht Anwendung auf den Präsidenten des Reichseisenbahnamts; G. v. 27. Juni 1873 (RGBl. 164) § 2. Der § 35 schließt die Anwendbarkeit der allgemeinen Pensionierungsvorschriften §§ 34, 34a, 36 usw. nicht aus; ebenso gelten §§ 41, 42, 45—52, 55—60 a. a. O.; s. auch Schulze 146; doch tritt der Mindestbetrag der gesetzlichen Pension (§ 41) schon evtl. nach zweijähriger Dienstzeit ein; indes beginnt die Steigerung über diesen Betrag hinaus erst mit dem 11. Dienstjahr; s. Pieper 222. Zur Erlangung der Pension genügt nach der jetzigen Fassung des § 35 entweder zweijährige Bekleidung eines Amts oder mehrerer Ämter (s. StenB. 1873 S. 913; Pieper 222) im Sinne des § 35 oder zehnjährige Dienstzeit; die Wartegeldzeit gilt als Dienstzeit (§§ 46 Nr. 1, 42).

§ 35 gibt einen im Rechtswege verfolgbaren Anspruch auf die evtl. verdiente Pension (§ 149); in seiner jetzigen Form beruht er auf Novelle v. 17. Mai 1907; s. auch RGZ. 91 20; 82, 262. Die Staatssekretäre heißen jetzt Reichsminister, die ehemaligen Unterstaatssekretäre heißen Staatssekretäre. Reichskanzler, Reichsminister und Reichsstaatssekretär können jederzeit ihre Entlassung nicht nur erhalten, sondern auch verlangen; s. die Kommentare zu Art. 54 RVf. von Poetzsch, Giese, Anschütz, Arndt.

S. noch § 155 und oben hinter § 25.

§ 36. Ist die Dienstunfähigkeit (§ 34) die Folge einer Krankheit, Verwundung oder sonstigen Beschädigung, welche der Beamte bei Ausübung des Dienstes oder aus Veranlassung desselben ohne eigene Verschuldung sich zugezogen hat, so tritt die Pensionsberechtigung auch bei kürzerer als zehnjähriger Dienstzeit ein.

1. Die Ausübung des Dienstes setzt einen, wenn auch nur mittelbaren, Kausalzusammenhang zwischen der Dienstverrichtung und der Dienstunfähigkeit voraus; Kannegießer 124; Brand 80. Dies liegt z. B. vor, wenn der Beamte seiner Stellung wegen bei einem Tumult oder sonst verletzt wird; Pieper 224; s. auch RGZ. 82, 258; 89, 421.

2. Im Falle des § 36 trifft auch das Unfallfürsorgesetz für Beamte und für Personen des Soldatenstandes v. 18. Juni 1901 (RGBl. 211) zu; s. Anl. II.

§ 37. Die unter dem Vorbehalte des Widerrufs oder der Kündigung angestellten Beamten haben einen Anspruch auf Pension nach Maßgabe dieses Gesetzes nur dann, wenn sie eine in den Besoldungsetats aufgeführte Stelle bekleiden; es kann ihnen jedoch, wenn sie eine solche Stelle nicht bekleiden, bei ihrer Versetzung in den Ruhestand eine Pension bis auf Höhe der durch dieses Gesetz bestimmten Sätze bewilligt werden.

1. Die Höhe der Pension nach § 37 beträgt nach § 41 Abs. 3 höchstens $^{20}/_{60}$ des Diensteinkommens. Die Pension kann auf Lebenszeit oder auf bestimmte Zeit (aber nur auf volle Jahre) bewilligt werden. Die Bewilligung ist Gnadenakt, auf dessen Erlaß eine Klage im Rechtswege ausgeschlossen ist. Wird die Pension im Falle des § 37 auf Lebenszeit bewilligt,

so haben auch die Hinterbliebenen Anspruch auf Witwen= und Waisengeld; G. v. 17. Mai 1907 (RGBl. 208); s. auch Anl. I.

2. Den unter dem Vorbehalte des Widerrufs oder der Kündigung angestellten Beamten, wenn sie auch keine in den Besoldungsetats aufgeführte Stelle bekleiden, kann auf Grund § 39 (also schon vor Vollendung des 10. Dienstjahres) Pension bewilligt werden; s. Anm. 2 zu § 39; Schulze 151; Perels=Spilling, Anm. 4; Pieper, Anm. 4.

Bedürftigkeit ist nicht Voraussetzung der Gnadenbewilligung nach § 37; Schulze 151. Die Pension braucht nicht auf Lebenszeit gewährt zu werden; Perels=Spilling, Anm. 7; a. A. Schulze 151. Dies folgt aus der Gnadennatur der Bewilligung.

§ 38. Reichsbeamte, deren Zeit und Kräfte durch die ihnen übertragenen Geschäfte nur nebenbei in Anspruch genommen, oder welche ausdrücklich nur auf eine bestimmte Zeit oder für ein, seiner Natur nach vorübergehendes Geschäft angenommen werden, erwerben keinen Anspruch auf eine Pension nach den Bestimmungen dieses Gesetzes.

Darüber, ob eine Dienststellung eine solche ist, daß sie die Zeit und die Kräfte eines Beamten nur nebenbei in Anspruch nimmt, entscheidet bei der Dienstübertragung die dem Beamten vorgesetzte Dienstbehörde.

1. § 38 betrifft Nebenämter, die ohne Hauptamt geführt werden, wie z. B. die der Postagenten und Vorsteher von Postämtern III. Klasse, die nichtständigen Mitglieder des Reichspatentamts und Reichsversicherungsamts; Pieper 229; Brand 85. Solche können auch im Gnadenwege keine Pension erhalten (§ 39); ebenso Schulze 154. Auch zählt die Dienstzeit im Sinne des § 38 nicht mit, wenn der Beamte später in eine pensionsberechtigende Tätigkeit (in ein Hauptamt) eintritt: § 45; Pieper 229.

2. Ist die Entscheidung im Sinne des Abs. 2 nicht sogleich bei der Dienstübertragung (in der Anstellungsurkunde) getroffen, so kann der Beamte den Rechtsweg über die Frage betreten, ob seine Tätigkeit unter § 38 gefallen, er also pensionsberechtigt geworden ist; vgl. RGZ. 43, 930; 84, 56; Kannegießer 126; Pieper 230; Thudichum 295; Perels-Spilling zu § 38; Brand 86; Schulze 154.

§ 39. Wird außer dem im § 36 bezeichneten Falle ein Beamter vor Vollendung des zehnten Dienstjahrs dienstunfähig und deshalb in den Ruhestand versetzt, so kann demselben bei vorhandener Bedürftigkeit durch Beschluß des Bundesrats eine Pension entweder auf bestimmte Zeit oder lebenslänglich bewilligt werden.

1. Die Höhe der Pension nach § 39 beträgt gemäß § 41 Abs. 3 höchstens $^{20}/_{60}$ des Diensteinkommens. Die Pension kann auf Lebenszeit oder auf bestimmte Zeit (nur volle Jahre) bewilligt werden. Die Bewilligung ist freier Gnadenakt. Es kann also darauf nicht geklagt werden. Wird die Pension im Falle des § 39 auf Lebenszeit bewilligt, so haben auch die Hinterbliebenen Anspruch auf Witwen- und Waisengeld; Ges. v. 17. Mai 1907 (RGBl. 208); RGZ. 98, 31; Schulze 155; anders, wenn die Pension nur auf Zeit bewilligt war.

2. Auch den unter dem Vorbehalte des Widerrufs oder der Kündigung angestellten Beamten, wenn sie selbst keine in den Besoldungsetats aufgeführte Stelle bekleiden, kann auf Grund § 39 (also vor Ablauf von 10 Dienstjahren) eine Pension bewilligt werden; ebenso Bundesratsprotokolle 1895 § 581 und 1898 § 607; Perels-Spilling, Anm. 3; Thudichum 296; Schulze 153; a. A. Pieper 232; Brand 86. Die Pension kann auch in dem Falle gewährt werden, daß der Beamte seine Dienstunfähigkeit selbst verschuldet hat.

3. An die Stelle des Bundesrats ist der Reichsrat getreten.

Anspruch auf Umzugskosten.

§ 40. Hat der in den Ruhestand oder in den einstweiligen Ruhestand versetzte Beamte seinen dienstlichen Wohnsitz im Auslande, so sind demselben die Kosten des Umzugs nach dem innerhalb des Reichs von ihm gewählten Wohnorte zu gewähren.

1. Über Wohnsitz s. § 21, Umzugskosten s. zu § 18.

2. Ausland im Sinne des § 40 sind auch die Konsulargerichtsbezirke; s. Pieper 223f.; Schulze 156.

3. Die Familien der pensionsberechtigten im Reichsausland verstorbenen Reichsbeamten und Berufskonsuln erhalten nur die wirklich entstandenen Unkosten für die Reise und die Beförderung des Umzugsguts (Mot. Drucks. 87/88; RT. Nr. 37 S. 5); s. indes auch § 19 V. v. 25. Juni 1901 (RGBl. 241); Schulze 156.

S. zu § 40 noch G. betr. die Organisation der Bundeskonsulate usw. v. 8. Nov. 1867 (BGBl. 137) § 8 Abs. 3 und G. v. 1. April 1888 (RGBl. 131).

Betrag der Pension.

§ 41. Die Pension beträgt bei vollendeter zehnjähriger oder kürzerer Dienstzeit $^{20}/_{60}$ und steigt nach vollendetem zehnten Dienstjahre mit jedem weiter zurückgelegten Dienstjahre bis zum vollendeten dreißigsten Dienstjahre um $^{1}/_{60}$ und von da ab um $^{1}/_{120}$ des in den §§ 42 bis 44 bestimmten Diensteinkommens.

Über den Betrag von $^{45}/_{60}$ dieses Einkommens hinaus findet eine Steigerung nicht statt.

In dem im § 39 erwähnten Falle beträgt die Pension höchstens $^{20}/_{60}$ des vorbezeichneten Diensteinkommens.

Der Jahresbetrag der Pension ist nach oben so abzurunden, daß bei Teilung durch drei sich volle Markbeträge ergeben.

1. § 41 beruht für die seit 1. April 1907 pensionierten Beamten auf G. v. 17. Mai 1907 (RGBl. 210). Vorher begann die Pension mit $^{15}/_{60}$ und stieg nach vollendetem zehnten Dienstjahre mit jedem weiter zurückgelegten Dienstjahre bis zum 40. um je $^{1}/_{60}$, also bis auf $^{45}/_{60}$. Für Reichsgerichtsräte s. § 139 GVG., für Mitglieder des Reichsmilitärgerichts s. § 81 MilStrGO. Für frühere Angehörige der dänischen, schleswig-holsteinischen oder französischen Armee s Art. 2 Abs. 3 G. v. 17. Mai 1907.

Den vor 1. April 1907 Pensionierten kann im Falle der Bedürftigkeit, wenn ihr jährliches Gesamteinkommen hinter den Sätzen des G. v. 17. Mai 1907 und unter 3000 M. zurückbleibt, eine Beihilfe von höchstens $^{5}/_{60}$ und mindestens $^{1}/_{120}$ ihres pensionsfähigen Diensteinkommens je nach der Anzahl ihrer Dienstjahre gewährt werden; Art. 2 Abs. 7 G. v. 17. Mai 1907.

S. zu § 41 noch G. betr. Erhöhung der Pensionen von Reichsbeamten, die das 65. Lebensjahr vollendet haben, vom 12. September 1919 (RGBl. 1654), Pensionsergänzungsgesetz vom 21. Dezember 1920 (RGBl. 2109) mit Ausführungsbestimmungen vom 9. Juli 1921 (RGBl. 886), dazu G. vom 4. Juli 1921 (RGBl. 825) und vom 6. April 1922 (RGBl. 331) Art. 2.

2. Bei Bemessung der Pension kommen nur bis auf den letzten Tag vollendete Dienstjahre in Betracht; s. auch BMBl. 1901 S. 2; Pieper 226; Schulze 157.

3. Über die Abrundung des Pensionsteils im Disziplinarverfahren (§ 75) s. BMBl. 1884 S. 194, 1885 S. 104.

§ 42. Der Berechnung der Pension wird das von dem Beamten zuletzt bezogene gesamte Diensteinkommen nach Maßgabe der folgenden näheren Bestimmungen zugrunde gelegt:

1. Der Wohnungsgeldzuschuß kommt nach den hierfür geltenden gesetzlichen Bestimmungen zur Anrechnung; ist im Reichshaltsetat für eine freie Dienstwohnung

ein Wert ausdrücklich als anrechnungsfähig bezeichnet, so kommt dieser zur Anrechnung.

2. Funktions-, Stellen-, Teuerungs- und andere Zulagen kommen, sofern im Haushaltsetat nicht etwas anderes bestimmt ist, dann zur Anrechnung, wenn sie unter den Besoldungstiteln ausgebracht sind.

3. Weitere feststehende Bezüge, namentlich Feuerungs- und Erleuchtungsmaterial, Naturalbezüge an Getreide, Winterfutter und dergleichen, sowie der Ertrag von Dienstgrundstücken, kommen nur insoweit zur Anrechnung, als ihr Wert im Reichshaushaltsetat unter den Besoldungstiteln auf die Geldbesoldung in Rechnung gestellt oder zu einem bestimmten Geldbetrag als anrechnungsfähig bezeichnet ist.

4. Bezüge, die ihrer Natur nach steigend und fallend sind, werden nur, sofern sie als pensionsfähig gewährt oder im Reichshaushaltsetat bezeichnet sind, zur Anrechnung gebracht, und zwar nach den im Reichshaushaltsetat unter den Besoldungstiteln oder sonst bei Verleihung des Rechtes auf sie deshalb getroffenen Festsetzungen oder in Ermangelung solcher Festsetzungen nach ihrem durchschnittlichen Betrage während der drei letzten Rechnungsjahre vor dem Rechnungsjahr, in welchem die Pension festgesetzt wird.

5. Die zur Bestreitung von Dienstaufwands- und Repräsentationskosten bestimmten Einkünfte sowie die Ortszulage der Auslandsbeamten kommen nicht zur Anrechnung.

6. Bloß zufällige Diensteinkünfte, wie widerrufliche Gewinnanteile, Auftragsgebühren, außerordentliche Remunerationen und dergleichen, kommen nicht zur Anrechnung.

Die Pension für die einstweilen in den Ruhestand versetzten Beamten wird von dem zur Zeit ihrer Versetzung in den Ruhestand bezogenen gesamten Diensteinkommen berechnet.

1. „Zuletzt" bezogen heißt im Zeitpunkt der Pensionierungsverfügung (§ 54), im Zeitpunkt der Bekanntmachung dieser Verfügung; s. auch § 43. Doch werden (ohne daß der Beamte darauf ein Klagerecht hat) Dienstalterszulagen, die planmäßig bis zum Beginn des Ruhestandes gewährt würden, mitberücksichtigt; Pieper 239; Brand 90; Perels-Spilling, Anm. 1; v. Rönne, Preuß. Staatsr. I 383 Anm. 1; Kannegießer 131; Schulze 163; RGZ. 11, 289 f.; s. auch RGZ. 94, 226.

2. Bei gesandtschaftlichen und Konsulats-, im Ausland beschäftigten Post- und Telegraphenbeamten, bei Beamten in den Schutzgebieten wird nur der im Etat für die Pensionsberechnung angesetzte Teil des Diensteinkommens berücksichtigt; s. G. v. 18. Juli 1896 (RGBl. 653) § 7. Für Heeresbeamte s. §§ 32 bis 36 G. v. 31. Mai 1906 (RGBl. 565).

3. Der Wohnungsgeldzuschuß wird auch bei Inhabern von Dienstwohnungen oder den Empfängern von Mietsentschädigungen für die Pensionshöhe nach dem Durchschnitt der Klassen I bis IV (unter Weglassung von A) berechnet; s. G. v. 30. Juni 1873 (RGBl. 166). Voraussetzung für die Berücksichtigung des Wohnungsgeldzuschusses sind dienstlicher Wohnsitz im Deutschen Reich, etatsmäßige Stelle und, abgesehen von Reichsbankbeamten, § 1 V. v. 23. Dez. 1875 (RGBl. 1875 S. 380), Besoldung aus der Reichskasse. Der Wohnungsgeldzuschuß bleibt ferner außer Betracht bei den Beamten der Reichseisenbahn in Elsaß-Lothringen (§ 9 G. v. 30. Juni 1873, RGBl. 166; Pieper 241), und den im Rang über den Direktoren der obersten Reichsbehörden stehenden Beamten (deren Dienstwohnungen als zur Repräsentation verliehen gelten); Pieper 240 f.; s. auch Anm. 8 und Schulze 163.

4. Unter Ziff. 3 fallen evtl. z. B. die Dienstbekleidung der Pförtner und Brotportionen der unteren Militärbeamten; Brand 92; BMBl. S. 306; Pieper 244 u. 245; Perels-Spilling zu § 3; Schulze 164.

5. Repräsentations- und Dienstaufwandsgelder sind auch nicht insoweit anrechnungsfähig, als der Beamte daran Ersparnisse macht; ROHG. 16, 177; 21, 378; Brand 92; vgl. auch Perels-Spilling zu Z. 5; JW. 1894 S. 73; vgl. auch RGZ. 7, 93 und Schulze 165.

6. Ortszulagen und lokale Teuerungszulagen auch der Inlandsbeamten sind nur anrechnungsfähig, soweit sie im Etat als pensionsfähig bezeichnet werden; vgl. Kannegießer 132; Perels-Spilling 76; Brand 93. Dies gilt namentlich für die Landesbeamten in Elsaß-Lothringen (§ 18 G. v 24. März 1881, GBl. f. ElsLothr. 15) und die (meist widerruflichen) Teuerungszulagen der internen Postbeamten; Brand 93.

7. Nach dem Sinn des letzten Absatzes kommen Gehaltserhöhungen nach der Zurdispositionstellung bei Berechnung der Pension nicht in Ansatz; s. zu § 24, ferner StenB. des RT. S. 185 f., 914; Pieper 249.

8. Über die Anrechnungsfähigkeit der in § 42 erwähnten Einkommen ist der Rechtsweg nach § 149 offen; die Bestimmungen des § 42 gelten auch für die Berechnung des Wartegeldes (§ 20) und der Pension auf Grund des Beamtenunfallfürsorgegesetzes v. 18. Juni 1901 (RGBl, 211), Anl. II.

Das Besoldungsgesetz v. 30. April 1920 (RGBl. 803) bestimmt in § 1, daß das der Berechnung der Pension zugrunde zu legende Diensteinkommen unbeschadet des Haushalts aus dem Grundgehalt und dem Ortszuschlag besteht, letzterer wird dabei gemäß § 15 nach dem Durchschnittssatz sämtlicher Ortsklassen berechnet; s. RGBl. 1920 S. 815; wegen der Nebenbezüge s. § 19 des BesoldGes.

§ 43. Ein Beamter, welcher früher ein mit einem höheren Diensteinkommen verbundenes Amt bekleidet und dieses Einkommen wenigstens ein Jahr bezogen hat, erhält, sofern der Eintritt oder die Versetzung in ein Amt von geringerem Diensteinkommen nicht lediglich auf seinen im eigenen Interesse gestellten Antrag erfolgt oder aber als Strafe auf Grund des § 75 gegen ihn verhängt ist, bei seiner Versetzung in den Ruhestand eine nach Maßgabe des früheren höheren Diensteinkommens unter Berücksichtigung der gesamten Dienstzeit berechnete Pension. Jedoch soll die gesamte Pension das letzte pensionsberechtigte Diensteinkommen nicht übersteigen.

1. § 43 bezieht sich nicht auf ausgeschiedene, pensionierte oder entlassene Beamte, die später (§ 33) wieder angestellt sind, sondern auf solche, die ununterbrochen weiter beschäftigt werden; Pieper 250; Perels-Spilling, Anm. 1 und 2.

2. § 43 setzt voraus, daß sowohl das bisherige (frühere) wie das jetzige Diensteinkommen pensionsberechtigt sind. Zum letzten Satz s. auch Schulze 167.

§ 44. Das mit Nebenämtern oder Nebengeschäften verbundene Einkommen begründet nur dann einen Anspruch auf Pension, wenn eine etatsmäßige Stelle als Nebenamt bleibend verliehen ist.

1. § 44 setzt nicht notwendig ein reichsdienstliches Hauptamt voraus, auch ein unmittelbares oder mittelbares Staatsamt genügt; Mot. 73, RGZ. 43, 130; JW. 1899 S. 283 Nr. 21; ebenso Schulze 167; s. auch § 16.

2. Bleibend bedeutet „lebenslänglich" verliehen, wenn auch ihm von seiner vorgesetzten Behörde des Hauptamts die Erlaubnis zur Übernahme des Nebenamts widerruflich erteilt wird (§ 33); s. Pieper 252; Schulze 167. Ein Beispiel für § 44 bildet die Mitgliedschaft des Bundesamts für das Heimatwesen; § 42 G. v. 6. Juli 1870 (BGBl. 360). § 44 kann, da das Beamtenrecht zwingend ist (s. oben), nicht dadurch umgangen werden, daß das Nebenamt im Haushalt

als nicht pensionsfähig bezeichnet wird; Schulze 168; Brand, Anm. 2; a. A. Perels-Spilling, Anm. 2.

3. Hat zur Zeit der Pensionierung der Beamte, z. B. wegen Versetzung im Hauptamt, das Nebenamt bereits verloren, so kommt dieses bei der Pension nicht in Betracht; Laband I § 49; Brand 96; Pieper 253; Bundesratsprot. 1875 § 73.

Berechnung der Dienstzeit.

§ 45. Die Dienstzeit wird vom Tage der ersten eidlichen Verpflichtung für den Reichsdienst an gerechnet.

Kann jedoch ein Beamter nachweisen, daß seine Vereidigung erst nach seinem Eintritt in den Reichsdienst stattgefunden hat, so wird die Dienstzeit von dem letzteren Zeitpunkt an gerechnet.

Unberücksichtigt bleibt diejenige Zeit, in welcher der Beamte ohne bleibende Verleihung einer etatsmäßigen Stelle nur in der im § 38 angegebenen Weise beschäftigt gewesen ist. Die Zeit unentgeltlicher Beschäftigung wird nur insoweit berücksichtigt, als die Beschäftigung zur Erreichung eines mit einem Diensteinkommen aus der Reichskasse verbundenen Amtes bestimmt war.

1. Vereidigung für den Reichsdienst ist auch die Ableistung des Fahneneides. Reichsdienst ist ferner der Landesdienst in Elsaß-Lothringen und der nach mindestens einjähriger Dauer gemäß Art. I Z. 1 V. v. 23. Mai 1901 (RGBl. 189) doppelt rechnende in den deutschen Schutzgebieten (Arndt 670; Pieper 258); auch der Reichsbankdienst; RGZ. 45, 123; 51, 295. Die Vereidigung muß für den Reichsdienst erfolgen, also genügt nicht die Vereidigung als bloßer Bahnpolizeibeamter gemäß der Bahnordnung; vgl. Arndt 336; Brand 97; Pieper 257; BMBl. 1893, S. 106; s. auch § 4. Die Dienstzeit beginnt schon mit dem Vereidigungstage, nicht nach dessen Ablauf; BGB. § 187; Perels-Spilling, Anm. 6; Schulze 169; Brand, Anm. 5.

2. Es ist unerheblich, ob das erste Amt besoldet war oder nicht, pensionsberechtigt oder nicht; RG. 28, 196; 43, 130; JW. 1899 S. 283 Nr. 2; s. indes § 38; RGZ. 43, 133; Perels-Spilling, Anm. 3 zu § 38; Schulze 171. S. auch RGZ. 84, 368.

3. Für die Beschäftigung im Reichsdienst s. § 46 Z. 2, für Berechnung der Dienstzeit s. § 46.

4. Ein ununterbrochener Lauf der Dienstzeit ist nicht erforderlich; s. auch Pieper 259. Deshalb ist Krankheits- und Urlaubszeit, selbst Strafhaft, wie lange auch immer, einzurechnen; RGZ. 41, 410; JW. 1898, S. 391 Nr. 22; RGZ. 47, 287; JW. 1900, S. 792 Nr. 23; s. auch RGZ. 51, 105; Schulze 171; s. indes Perels-Spilling, Anm. 8; s. auch Anm. 2 zu § 46.

5. Über alle in § 45 beregten Gegenstände ist der Rechtsweg nach § 149 offen.

§ 46. Bei Berechnung der Dienstzeit kommt auch die Zeit in Anrechnung, während welcher ein Beamter

1. unter Bezug von Wartegeld im einstweiligen Ruhestand, oder
2. im Dienste eines Bundesstaats oder der Regierung eines zu einem Bundesstaate gehörenden Gebiets sich befunden hat, oder
3. als anstellungsberechtigte ehemalige Militärperson nur vorläufig oder auf Probe im Zivildienste des Reichs, eines Bundesstaats oder der Regierung eines zu einem Bundesstaate gehörenden Gebiets beschäftigt worden ist, oder
4. eine praktische Beschäftigung außerhalb des Dienstes des Reichs oder eines Bundesstaats ausübte, insofern und insoweit diese Beschäftigung vor Erlangung der Anstellung in einem Reichs- oder unmittelbaren Staatsamte behufs der technischen Ausbildung in den Prüfungsvorschriften ausdrücklich angeordnet ist.

Im Falle der Nr. 2 wird die Dienstzeit nach den für die Berechnung der Dienstzeit im Reichsdienste gegebenen Bestimmungen berechnet.

1. Nicht in Anrechnung kommt die Zeit, während welcher ein Beamter in Pension war, wenn er wieder in ein Amt eintritt. Doch ist die Zeit einzurechnen, die ein (wiederangestellter) Beamter vor seinem Ausscheiden im Dienst bzw. vor seiner Entlassung aus dem Zivil- oder Militärdienst verbracht hat; Perels-Spilling, Anm. 2; Pieper 259; Brand 99; a. A. Seydel S. 79, 111; Kannegießer 136.

2. Auch die Zeit, während der der Beamte beurlaubt oder selbst unerlaubt vom Amt ferngeblieben oder gefänglich eingezogen oder suspendiert war, ist anzurechnen; s. auch Anm. 4 zu § 43; RGZ. 47, 287; 51, 505, Perels-Spilling, Anm. 8; Brand 98; Pieper 259; Schulze 171.

Auch die Zeit, die der Beamte nur auf Probe oder Widerruf angestellt war, ist einzurechnen; s. Pieper Anm. 5; Schulze 173.

3. Als praktische Beschäftigung im Sinne der Ziff. 4 gilt nicht die Studienzeit, wohl aber z. B. die praktische Beschäftigung der Bergbaubeflissenen. Die Beschäftigung muß ausdrücklich vorgeschrieben sein, dann, wenn sie nur herkömmlich war; s. § 52 Nr. 2. Den oberen Marinebeamten wird die Hälfte der in der Handelsmarine vom 21. Lebensjahre ab zugebrachten Fahrzeit als Dienstzeit angerechnet; § 9 G. v. 4. April 1874 (RGBl. 25); Art. II G. v. 21. April 1886 (RGBl. 80); V. v. 12. Aug. 1901 (RGBl. 283). Den Mitgliedern des Reichsgerichts und des Reichsmilitärgerichts wird auch die Zeit mitgerechnet, die sie im Inland als Anwalt, Notar oder öffentlicher Lehrer des Rechts an einer deutschen Universität gewirkt haben; GVG. § 130 Abs. 3, MilStrGO. § 81. Die Anrechnung der im privatrechtlichen Dienstverhältnis verbrachten Zeit auf die pensionsfähige Dienstzeit nach § 52 Nr. 4 bzw. § 11 Beamten-HinterblG. ist eine Verwaltungsmaßregel, deren Unterlagen vom Gericht nicht nachzuprüfen sind; § 155; RGZ. 84, 221.

§ 47. Der Zivildienstzeit wird die Zeit des aktiven Militärdienstes hinzugerechnet.

Aktiver Militärdienst für die Pensionierung (nicht für Feststellung des Besoldungsdienstalters [JW. 1900 S. 257]) ist nicht die Zeit des Beurlaubtenstandes, wohl aber die Abkommandierung zum Zivilprobedienst; Pieper 217. Unerheblich ist, ob der Militärdienst als Gemeiner, Einjährig-Freiwilliger, Offizier oder Militärbeamter geleistet ist (MilG. § 38). Für die Dienstzeit vor dem 21. Lebensjahr s. § 48, Kriegszeiten § 49, Gefangenschaft § 50, Dienst in außereuropäischen Ländern § 51, s. für die mit Genehmigung des Bundesrats anrechnungsfähige Zeit § 52. S. auch Perels-Spilling, Anm. 1, 3; Brand, Anm. 2; Pieper, Anm. 2, 3; Schulze 175 und § 51.

§ 48. Die Dienstzeit, welche vor den Beginn des achtzehnten Lebensjahrs fällt, bleibt außer Berechnung.

Nur im Kriegsfalle wird die Militärdienstzeit vom Beginne des Krieges, beim Eintritt in den Militärdienst während des Krieges vom Tage des Eintritts ab gerechnet.

Als Kriegszeit gilt in dieser Beziehung die Zeit vom Tage einer angeordneten Mobilmachung, auf welche ein Krieg folgt, bis zum Tage der Demobilmachung.

Die Vorschrift in Abs. 1 gilt auch für die außeramtliche Tätigkeit und die praktische Beschäftigung im Sinne des § 46. Wegen der Kriegszeit s. auch unten § 49. Bei Feststellung des Dienstjubiläums (als welches einzig und allein das 50jährige gilt) ist auch die Zivil- oder Militärdienstzeit vor dem 18. Lebensjahr mitzurechnen; s. ME. v. 3. Juni 1870 (BMBl. 264) s. auch v. Rönne-Zorn-Preuß. Staatsr. I 483.

§ 49. Für jeden Krieg, an welchem ein Beamter im Reichsheer, in der Kaiserlichen Marine oder bei den

Kaiserlichen Schutztruppen oder in der bewaffneten Macht eines Bundesstaats teilgenommen hat, wird zu der wirklichen Dauer der Dienstzeit ein Jahr (Kriegsjahr) hinzugerechnet; jedoch ist für mehrere in ein Kalenderjahr fallende Kriege die Anrechnung nur eines Kriegsjahrs zulässig.

Wer als Teilnehmer an einem Kriege anzusehen ist, unter welchen Voraussetzungen bei Kriegen von längerer Dauer mehrere Kriegsjahre anzurechnen sind, welche militärische Unternehmung als ein Krieg im Sinne dieses Gesetzes anzusehen und welche Zeit als Kriegszeit zu rechnen ist, wenn keine Mobilmachung oder Demobilmachung stattgefunden hat, dafür ist die nach § 17 des Offizierpensionsgesetzes vom 31. Mai 1906 in jedem Falle ergehende Bestimmung des Kaisers maßgebend. Für die Vergangenheit bewendet es bei den hierüber in den einzelnen Bundesstaaten getroffenen Bestimmungen.

1. Für Teilnahme an Feldzügen einer fremden Macht s. Art. 17 G. v. 22. Mai 1893 (RGBl. 171).

2. S. RGBl. 1907 S. 39 (Ostafrika), S. 154 (Südwestafrika); s. auch RGBl. 1906 S. 430 (Südwestafrika). Die früheren Bestimmungen s. BMBl. 1848 S. 395, 1849 S. 59 u. 292, 1850 S. 87, 1858 S. 149, 1865 S. 21 (Dänemark); JMBl. 1871 S. 150 und BMBl. 1875 S. 154 (Österreich); BMBl. 1871 S. 159; ArmeeverordnBl. 1871 S. 113, 1872 S. 183; MRBl. 1872 S 33, 1883 S. 58 u. 257 (Frankreich). Über den Begriff Teilnehmer an einem Kriege s. auch Bundesratsbestimmungen v. 24. April 1905 (RZBl. 101) und bezüglich der Militärbeamten aus den 1866 erworbenen Landesteilen BMBl. 1867 S. 51 u. 1869 S. 113. Näheres bei Pieper 275. S. auch All. Erlasse vom 7. September 1915 (RGBl. 599); 24. Januar und 26. Juni 1916 (RGBl. S. 83, S. 653) 30. Januar 1917 (RGBl. 149); 20. März 1917 (RGBl. 315; v. 21. Januar 1918 (RGBl. 73).

Nach Ges. v. 4. Juli 1921 (RGBl. 825) wird zu der in dem Zeitabschnitte vom 1. Aug. 1914 bis 31. Dez. 1918 im Reichs- oder Militärdienst wirklich verbrachten Zeit, sofern sie mindestens 6 Monate betragen hat, die Hälfte hinzugerechnet. Dies gilt nicht für 1. die Zeit, die nach § 46 Abs. 1 Nr. 1, 2, 4, §§ 50, 52 RBG., den §§ 15 und 18 des Offizierspensionsges. sowie dem § 8 des Mannschaftsversorgungsges. als Dienstzeit angerechnet wird; 2. die Dienstzeit, die in ein Kalenderjahr fällt, in welchem der Versorgungsberechtigte als Kriegsteilnehmer den Anspruch auf Anrechnung eines Kriegsjahrs erworben hat, 3. die Dienstzeit, die doppelt angerechnet wird. Halbe Tage werden nicht mitgerechnet. Dieses Gesetz tritt mit Wirkung vom 1. Aug. 1914 in Kraft. Nachzahlungen für die Zeit vor dem 1. April 1920 finden nicht statt.

§ 50. Inwieweit die Zeit eines Festungsarrestes oder einer Kriegsgefangenschaft angerechnet werden könne, ist nach den für die Pensionierung der Militärpersonen des Reichsheeres und der Kaiserlichen Marine geltenden gesetzlichen Bestimmungen zu bemessen.

Die fraglichen Bestimmungen sind jetzt in § 18 des Ges. über die Pensionierung der Offiziere usw. v. 31. Mai 1906 (RGBl. 565) in Fassung des Ges. v. 4. Aug. 1914 (RGBl. 335) enthalten:

„Von der Anrechnung als Dienstzeit ist die Zeit einer Freiheitsstrafe von mindestens einjähriger Dauer sowie die Zeit einer Kriegsgefangenschaft ausgeschlossen.

Unter besonderen Umständen kann die Zeit der Freiheitsstrafe mit Genehmigung des Kontingentsherrn, die Zeit der Kriegsgefangenschaft mit Genehmigung des Kaisers angerechnet werden."

Ebenso § 8 G. über die Versorgung der Unterklassen usw. v. 31. Mai 1906 (RGBl. 593).

Für die französische Kriegsgefangenschaft 1870/71 s. Kais. Erlaß v. 11. April 1871 (ABBl. 60); v. 18. Mai 1871 (BMBl. 159) und v. 17. Mai 1872 (ABBl. 183).

S. jetzt V. über Anrechnung der Zeit der Kriegsgefangenschaft als Dienstzeit v. 30. Nov. 1918 (RGBl. 1919 S. 183): Die Angehörigen des deutschen Heeres, der Marine, der Schutz- und Landesverteidigungstruppen in den Schutzgebieten, die während des Krieges — gleichviel, ob bei den deutschen Streitkräften oder den Streitkräften eines mit dem Deutschen Reiche verbündeten oder befreundeten Staates — in Kriegsgefangenschaft geraten sind oder noch geraten, ist die Zeit der Kriegsgefangenschaft als Dienstzeit anzurechnen, wenn nicht nachgewiesen ist, daß eigenes Verschulden vorgelegen hat. Die hiernach als Dienstzeit anzurechnende Zeit der Kriegsgefangenschaft ist auch bei der Feststellung des für die Anrechnung von Kriegsjahren (§§ 16, 17 OffPensG. und §§ 6, 7 Mannschaftsversorgungsges.) erforderlichen Zeitraums zu berücksichtigen, soweit der Betreffende während der Kriegsgefangenschaft besonderen Gefahren für Leben und Gesundheit ausgesetzt war.

§ 51. Den Beamten, welche in außereuropäischen Ländern eine längere als einjährige Verwendung gefunden haben, wird die daselbst zugebrachte Dienstzeit bei Verwendung in Ost- und Mittelasien, Mittel- und Südamerika bei der Pensionierung doppelt in Anrechnung gebracht.

Bei Verwendung von Beamten in anderen außereuropäischen Ländern als den vorbezeichneten ist es dem Beschlusse des Bundesrats vorbehalten, dem Vorstehenden entsprechende Bestimmungen zu treffen.

1. § 51 in jetziger Fassung beruht auf G. v. 17. Mai 1907.

2. Abs. 1 ist durch Bundesratsbeschlüsse v. 18. November 1880 (RGBl. 773), v. 8. März 1886 (RGBl. 55), v. 12. Oktober 1905 (RGBl. 1906) ausgedehnt gemäß Abs. 2 u. a. auf

a) die besoldeten Konsulatsbeamten auf Inseln der Südsee, RZBl. 1880 S. 3;
b) die besoldeten, mit konsularischen Befugnissen angestellten Beamten und alle übrigen Kaiserlichen Beamten in den deutschen Schutzgebieten; RZBl. 1886 S. 35; KolBl. 1892 S. 1;
c) die gesandtschaftlichen und die besoldeten Konsulatsbeamten in außereuropäischen Ländern, auch bei Verwendung in den östlich des Euphrat gelegenen persischen und türkischen Gebieten, in den portugiesischen Besitzungen von Angola und Mozambique und in der Republik Liberia; RZBl. 1906 S. 2;

ferner u. a. durch folgende Reichsgesetze bzw. Kais. V.:
a) Art. 1 und 2 G. v. 24. März 1887 (RGBl. 149) für die Beamten der Kaiserlichen Marine außerhalb der Ost- und Nordsee;
b) Art. 1 V. v. 23. Mai 1901 (RGBl. 189) s. auch Kais. V. v. 9. August 1896 (RGBl. 691), für die Landesbeamten aller Schutzgebiete;
c) § 11 G. v. 18. Juli 1896 (RGBl. 653) bzw. § 69 G. v. 31. Mai 1906 (RGBl. 565) für die Beamten der Kaiserlichen Schutztruppen (ausgenommen für die schon als Kriegszeit doppelt zu rechnende Zeit);
d) Art. 17 Nr. 2 G. v. 22. Mai 1893 (RGBl. 171) für die Beamten des Reichsheeres und der Kaiserlichen Marine, die, ohne zur Besatzung eines Schiffes der Kaiserlichen Marine zu gehören, in den deutschen Schutzgebieten und deren Hinterländern in dem Dienst des Reichs, auch zu wissenschaftlichen oder militärischen Zwecken, verwendet werden;
e) G. v. 27. Mai 1903 (RGBl. 241) auf die Post- und Telegraphenbeamten.

Die Vergünstigungen des § 51 finden jetzt wohl ausnahmslos auf alle Beamten Anwendung, die im Auslande beschäftigt werden, jedoch in allen Fällen zu a und einzelnen Fällen zu b nur, wenn die Verwendung länger als 1 Jahr, sonst, wenn die Verwendung länger als 6 Monate ununterbrochen gedauert hat;

S. auch Schulze 179 f.

§ 52. Mit Genehmigung des Bundesrats kann nach Maßgabe der Bestimmungen in den §§ 45 bis 49 die Zeit angerechnet werden, während welcher ein Beamter

1. sei es im In- oder Ausland als Sachwalter oder Notar fungiert, im Gemeinde-, Kirchen- oder Schuldienst oder im Dienste einer landesherrlichen Haus- oder Hofverwaltung sich befunden, oder
2. im Dienste eines dem Reiche nicht angehörigen Staates gestanden hat, oder
3. außerhalb des Dienstes des Reichs oder eines Bundesstaats praktisch beschäftigt gewesen ist, insofern und insoweit diese Beschäftigung vor Erlangung der Anstellung in einem Reichs- oder unmittelbaren Staatsamte herkömmlich war,
4. vor seiner Anstellung ununterbrochen im privatrechtlichen Vertragsverhältnis eines Dienstverpflichteten dem Reiche oder einem Bundesstaate gegen unmittelbare Bezahlung aus der Reichs- oder einer Staatskasse Dienste geleistet hat, insofern er mit Aussicht auf dauernde Verwendung ständig und hauptsächlich mit den Dienstverrichtungen eines Beamten betraut gewesen ist und diese Beschäftigung zu seiner Anstellung geführt hat.

1. Ziffer 4 ist eingeschaltet durch G. v. 17. Mai 1907 und betrifft namentlich in der Eisenbahnverwaltung beschäftigte frühere Hilfsheizer, Hilfsbremser, Schaffner usw.

2. § 52 trägt einen durchaus exzeptionellen Charakter. Der Bundesrat entscheidet im Rahmen der §§ 45 bis 49 (also z. B. nicht, ob die Zeit vor dem 18. Lebensjahre ausgeschlossen ist) nach freiem Ermessen bei Würdigkeit und Be-

dürftigkeit des Beamten. Die Entscheidung ist erst bei Verfügung der Pensionierung einzuholen.

3. Der Bundesrat hat seine Befugnis dem Reichskanzler subdelegiert, bezüglich der aus der Klasse der Militäranwärter hervorgegangenen Beamten (BRProt. 1873 § 595) und der aus den Telegraphenvorarbeitern hervorgegangenen Unterbeamten der Post- und Telegraphenverwaltung; BRProt. 1880 S. 220; s. Pieper 284. Die Entscheidung des Reichskanzlers ist vom Gericht nicht nachprüfbar; s. § 155 und RGZ. 84, 221.

4. Ziffer 3 bezieht sich zurzeit auf Beamte des Lotsenwesens, die früher im Privatdienste, z. B. Kauffahrteischiffen, tätig waren, auch auf die vormals schleswig-holsteinischen (im Privatvertragsverhältnisse) gestandenen Amtssekretäre; s. RGZ. 47, 288; Pieper 285; s. zu Ziff. 4 Anm. 3 und RGZ. 84, 369.

5. Zu Kirchendienst s. Arndt, Komm. z. a. pr. Vf. Anm. 1 zu Art. 13; OVG. 20, 451; 22, 36. Wegen Kaiserlicher Bestallung s. VO. v. 23. Nov. 1874 (RGBl. 735).

Nachweis der Dienstunfähigkeit.

§ 53. Zum Erweise der Dienstunfähigkeit eines seine Versetzung in den Ruhestand nachsuchenden Reichsbeamten ist die Erklärung der demselben unmittelbar vorgesetzten Dienstbehörde erforderlich, daß sie nach pflichtmäßigem Ermessen den Beamten für unfähig halte, seine Amtspflichten ferner zu erfüllen.

Inwieweit andere Beweismittel zu erfordern oder der Erklärung der unmittelbar vorgesetzten Behörde entgegen für ausreichend zu erachten sind, hängt von dem Ermessen der über die Versetzung in den Ruhestand entscheidenden Behörde ab.

1. Bezüglich der Wartegeldempfänger gibt die fragliche Erklärung die zuletzt unmittelbar vorgesetzt gewesene Dienstbehörde ab; s. auch §§ 12 u. 119 Abs. 2; Schulze 185.

2. Es handelt sich nicht bloß um die Pflichten des bekleideten, sondern auch um die eines gleichstehenden anderen Amts; s. Anm. 5 zu § 34. Der Beamte muß sich bei Vereidung disziplinarrechtlicher Folgen von dem ihm durch die vorgesetzte Behörde bezeichneten Arzt untersuchen lassen, Schulze RDH. 15, 266.

3. Die Entscheidungen nach § 53 sind Sache des pflichtmäßigen Ermessens: an Erklärungen der unmittelbar vorgesetzten Behörde oder an ärztliche Atteste usw. ist die Entscheidung nicht (unbedingt) gebunden; sie sind für das Gericht bindend (s. § 155; Perels-Spilling, Anm. 4), auch für den Grad der Dienstunfähigkeit wegen Betriebsunfalls (RGZ. 44, 35; JW. 1899 S. 344 Nr. 43), nicht aber für den Grad der Erwerbsunfähigkeit; s. JW. 1907 S. 495 Nr. 39; Schulze 183. Bezüglich des Zeitpunkts der Pensionierung sollen Härten vermieden und Wünsche berücksichtigt werden, falls dienstliches Interesse nicht entgegensteht; vgl. Perels-Spilling Anm. 2 zu § 54; vgl. auch Pieper 289; Kannegießer, Anm. 3 zu § 61.

§ 54. Die Bestimmung darüber, ob und zu welchem Zeitpunkte dem Antrag eines Beamten auf Versetzung in den Ruhestand stattzugeben ist, sowie ob und welche Pension demselben zusteht, erfolgt durch die oberste Reichsbehörde, welche die Befugnis zu solcher Bestimmung auf die höhere Reichsbehörde übertragen kann. Bei denjenigen Beamten, welche eine Kaiserliche Bestallung erhalten haben, ist die Genehmigung des Kaisers zur Versetzung in den Ruhestand erforderlich.

1. Erfolgt die Bestimmung nicht durch die oberste Reichsbehörde, so steht die Beschwerde an diese offen, die nicht den Lauf der im § 55 festgesetzten Frist hemmt; RDHG. 24, 411; Schulze 186.

2. Während eines Straf- oder Disziplinarverfahrens soll das Pensionierungsverfahren nicht eingeleitet bzw. nicht fort-

gesetzt werden; s. BMBl. 1884 S. 194; 1885 S. 104; Pieper 289.

3. Kaiserliche bzw. des Reichspräsidenten Bestallung (d. h. Ernennung) nicht bloß verliehener Titel oder Charakter werden erfordert; v. Zedlitz 33; Perels-Spilling, Anm. 2; Pieper 290; Brand 111; s. auch §§ 2, 3 V. v. 23. Nov. 1874 (RGBl. 135); Art. 2 V. v. 22. April 1894 (RGBl. 115).

4. Der Kaiser, jetzt der Reichspräsident, genehmigt nur den Abschied; die Höhe der Pension wird durch die oberste Reichsbehörde festgesetzt; s. §§ 25, 35, 66; ferner Pieper 291; Brand 111; Schulze 187.

5. Wegen der Rechtsbehelfe s. unten zu §§ 150 und 155.

Zahlbarkeit der Pensionen.

§ 55. Die Versetzung in den Ruhestand tritt, sofern nicht auf den Antrag oder mit ausdrücklicher Zustimmung des Reichsbeamten ein früherer Zeitpunkt festgesetzt wird, mit dem Ablaufe des Vierteljahrs ein, welches auf den Monat folgt, in welchem dem Beamten die Entscheidung über seine Versetzung in den Ruhestand und die Höhe der ihm etwa zustehenden Pension (§ 54) bekanntgemacht worden ist.

1. Die Dienstzeit wie die Amtspflichten dauern bis zu dem in § 55 bezeichneten Zeitpunkt; Pieper 292; oben Anm. 2 zu § 34. Bis dahin wird das Gehalt und von da ab evtl. das Gnadenquartal gewährt, § 7; Schulze 187. Wird er vor diesem Zeitpunkte im Wege des Disziplinar- oder Strafverfahrens entlassen, so verliert er den Pensionsanspruch; RGZ. 17, 242; Perels-Spilling, Anm. 8; Brand 113.

2. § 55 gilt auch für die auf Kündigung angestellten Beamten, wenn sie gemäß § 37 einen Rechtsanspruch auf Pension haben; s. BMBl. 1874 S. 237; EisBBl. 1880 S. 520; JMBl. 1885 S. 104; Brand 112.

3. Verletzungen des § 55 bezüglich des Zeitpunktes der Pensionierung können nicht im Rechtswege angefochten werden, § 155; RGZ. 38, 293.

4. Die Versetzung in den Ruhestand ist dem Beamten, evtl. dessen Pfleger (s. § 62 Anm. 2) auf dem gewöhnlichen Verwaltungswege zuzustellen, § 133 kommt nur für die Fälle der unfreiwilligen Pensionierung (§§ 61 f.) zur Anwendung; Pieper 293.

§ 56. Die Pensionen werden vierteljährlich im voraus gezahlt.

1. Die Vorschrift gilt für alle vom 1. April 1907 ab zahlbaren Pensionen gemäß Ges. v. 17. Mai 1907 Art. 2 Abs. 5; s. auch BesoldGes. v. 20. April 1920 (RGBl. 805) und AusfBest. dazu (RGBl. 1921 S. 257).

2. Für Verjährung der Pension gelten §§ 197, 198, 201 BGB.; maßgebend ist die Fälligkeit; RGZ. 31, 129; s. auch § 34.

Kürzung, Einziehung und Wiedergewährung der Pension.

§ 57. Das Recht auf den Bezug der Pension ruht:

1. wenn ein Pensionär das deutsche Indigenat verliert, bis zu etwaiger Wiedererlangung desselben;
2. wenn und solange ein Pensionär im Reichs- oder im Staatsdienst ein Diensteinkommen bezieht, insoweit, als der Betrag dieses neuen Diensteinkommens unter Hinzurechnung der Pension den Betrag des von dem Beamten vor der Pensionierung bezogenen Diensteinkommens übersteigt.

Als Reichs- oder Staatsdienst im Sinne dieser Vorschrift gilt neben dem Militärdienste jede Anstellung oder Beschäftigung als Beamter oder in der Eigenschaft eines Beamten im Reichs-, Staats- oder Kommunaldienste, bei den Versicherungsanstalten für die Invalidenversicherung, bei ständischen oder solchen Instituten, welche ganz oder zum Teil aus Mitteln des Reichs, eines Bundesstaats oder einer Gemeinde unterhalten werden.

Bei Berechnung des früheren und des neuen Diensteinkommens sind diejenigen Beträge, welche für die Bestreitung von Dienstaufwands- oder Repräsentationskosten sowie zur Entschädigung für außergewöhnliche Teuerungsverhältnisse gewährt werden, und die Ortszulagen der Auslandsbeamten nicht in Ansatz zu bringen; die Dienstwohnung ist mit dem pensionsfähigen oder sonst hierfür festgesetzten Werte, der Wohnungsgeldzuschuß oder eine dementsprechende Zulage mit dem pensionsfähigen Betrag oder, sofern er nicht pensionsfähig ist, mit dem Durchschnittssatz anzurechnen. Ist jedoch bei dem neuen Diensteinkommen der wirkliche Betrag des Wohnungsgeldzuschusses oder der Zulage geringer, so ist nur dieser anzurechnen.

1. Die jetzigen Vorschriften in den §§ 47—60 beruhen auf G. v. 17. Mai 1907 (Art. 2) und gelten für alle bereits pensionierten Beamten vom 1. April 1907 ab, die nach diesem Tage aus der neuen Stelle ausscheiden.

2. S. Anm. 1 zu § 34, wonach die einmal erworbene Pension nicht verloren geht. Anders bei den Wartegeldern, s. oben §§ 28 f. Die einmal erworbene Pension geht auch nicht durch die Verlegung des Wohnsitzes in das Ausland verloren. Anders bei Wartegeldempfängern; § 29 Ziff. 3.

3. Das deutsche Indigenat geht nach näherer Vorschrift des Staatsangehörigkeitsges. v. 22. Juli 1913 (RGBl. 383) verloren.

4. Der neue Dienst kann auch nur ein vorübergehender, ohne Pensionsberechtigung sein. Als Staatsdienst gilt auch der bei einer vom Staate verwalteten Privatbahn; s. Gruchot 26, 1116; BMBl. 1880 S. 105; als Reichsdienst gilt hier selbstredend der in Elsaß-Lothringen und in den deutschen Schutz-

gebieten, nicht in der Reichsbank; s. Pieper 296 f. Der Dienst muß ein neuer, nicht z. B. in einem schon vor der Pensionierung bekleideten Nebenamt sein; vgl. indes RGZ. 28, 105.

5. § 57 bezieht sich auch auf die im Gnadenwege (§§ 37, 39, 68) oder im Disziplinarverfahren (§ 75) bewilligten Pensionen; Arndt 672.

6. Über die Frage, ob die Voraussetzungen des § 57 vorliegen, ist der Rechtsweg zulässig; s. §§ 149, 155; ferner RGZ. 36, 78; s. auch RGZ. 92, 397, wonach § 57 Abs. 1 Ziff. 2 auf Reichsbeamte Anwendung findet, die vor ihrem Eintritt in den Reichsdienst Staatsbeamte waren und das Staatsbeamtenverhältnis nach ihrem Ausscheiden aus dem Reichsdienst fortsetzen; RGZ. 95, 318; auch RDH. 19. Mai 1884, Schulze RDH. 25.

7. Die Fälle des Ruhens der Pension sind in § 57 erschöpfend aufgeführt, also findet es in anderen Fällen, z. B. bei Untersuchungs- oder Strafhaft, Eintritt in den Kriegsdienst, nicht statt, außer bei Offiziersbesoldungen im Falle des § 66 RMilG., s. JMBl. 1888 S. 170 und Anm. 3 zu § 30; und Offizierspensionen, s. § 22 Ziff. 2, § 23 Ziff. 2 G. v. 31. Mai 1906 (RGBl. 565); s. hierzu V. v. 9. Febr. 1919 (RGBl. 149); s. auch G. v. 4. Aug. 1914 (RGBl. 335); s. zu § 57 noch RGZ. 84, 367; 89, 267.

8. Über den Zeitpunkt der Einziehung oder Kürzung der Pension s. § 60. Wegen Dienstwohnung s. noch Nr. 100 der Besoldungsvorschriften (RGBl. 1921 S. 257).

§ 58. Ein Pensionär, welcher in eine an sich zur Pension berechtigende Stellung des Reichsdienstes wieder eingetreten ist (§ 57 Nr. 2), erwirbt für den Fall des Zurücktretens in den Ruhestand den Anspruch auf Gewährung einer nach Maßgabe seiner nunmehrigen verlängerten Dienstzeit und des in der neuen Stellung bezogenen Diensteinkommens berechneten Pension nur dann, wenn die neu hinzutretende Dienstzeit wenigstens ein Jahr betragen hat.

Neben einer hiernach neu berechneten Pension ist die alte Pension nur bis zur Erreichung desjenigen Pensionsbetrags zu zahlen, welcher sich für die Gesamtdienstzeit aus dem der Festsetzung der alten Pension zugrunde gelegten Diensteinkommen ergibt.

1. Reichsdienst im Sinne des § 58 ist auch der Landesdienst in den Schutzgebieten (Art. 1 Nr. 3 V. v. 23. Mai 1901, RGBl. 189) und in Elsaß-Lothringen (G. v. 41. Mai 1898 GBl. f. ElsLothr. 51), nicht Dienst bei der Reichsbank; Pieper 301, 307 und Nachträge XXXVII; s. auch RGZ. 92, 397; 95, 322.

2. § 58 setzt eine neue Pensionierung voraus. Die neue Pension wird berechnet nach der um die neue Dienstzeit verlängerten Gesamtdienstzeit (§ 45) und nach dem neuen (letzten) Diensteinkommen (§ 42); Pieper 304.

3. Die neue Pension kann evtl. im Gnadenwege gemäß § 37 gewährt werden; Perels-Spilling, Anm. zu § 58; Brand 119.

4. Die Landesbeamten in den deutschen Schutzgebieten, welche dauernd oder vorübergehend nicht mehr zum Tropendienst, wohl aber zum Dienste in der Heimat fähig waren, verlieren die im Dienste des Schutzgebietes erworbenen Ansprüche auf Gehalt, Pension, Wartegeld und Hinterbliebenenversorgung, sofern sie die Übernahme einer Stelle im Reichs- oder Staatsdienst ablehnen, deren Diensteinkommen das im Schutzgebiet zuständige persönliche pensionsberechtigende Gehalt erreicht oder übersteigt, oder wenn sie das Anerbieten ablehnen, sie unter Wahrung ihres früheren Ranges und Dienstalters in den Reichs-, Staats- oder Kommunaldienst, je nachdem sie aus dem Reichs-, Staats- oder Kommunaldienst übernommen sind, wieder aufzunehmen; Art. III V. v. 23. Mai 1901 (RGBl. 189); s. auch Anm. 5 zu § 34.

5. Ist die neue Pension gleich hoch oder höher als die frühere, so fällt diese fort, ist sie niedriger, so wird zur Erfüllung des Mehrbetrages der erforderliche Zuschuß gewährt; s. § 57 Ziff. 2; Pieper 307 f); s. auch Schulze 195 f.

§ 59. Erdient ein Pensionär außerhalb des Reichsdienstes in einer der im § 57 Nr. 2 bezeichneten Stellen eine Pension, so ist neben ihr die Reichspension nur bis zur Erreichung des im § 58 Abs. 2 angegebenen Betrags zu zahlen.

1. Reichsdienst s. Anm. 4 zu § 57, Anm. 1 zu § 58.

2. Staatsdienst war hier nur der unmittelbare (RGZ. 44, 203, 206), seit G. v. 17. Mai 1901 auch der Kommunaldienst usw., auch der Landesdienst in Elsaß-Lothringen, aber nicht in den deutschen Schutzgebieten; s. Art. 1 Nr. 4 V. v. 23. Mai 1901 (RGBl. 189): „Der § 59 des G. v. 31. März 1873 (RGBl. 61) bleibt außer Anwendung. Ein Pensionär eines Schutzgebiets, welcher im Dienste eines anderen Schutzgebiets oder im Reichs- oder Staatsdienst eine Pension verdient, steht dem Pensionär gleich, der eine neue Pension in dem betreffenden Schutzgebiete selbst verdient (§ 58 Abs. 2 des G. v. 31. März 1873)".

3. Da durch den Grundsatz des Reichsrechts das eine einmal zuerkannte Reichspension auch nicht durch straf- oder disziplinargerichtliches Urteil wieder entzogen werden kann, abweichende Vorschriften des Landespensionsrechts nicht berührt werden (RGZ. 2, 66; s. auch 21, 186), z. B. in Meiningen, Anhalt, so muß die Reichspension, soweit sie infolge des Bezugs jener Landespension entzogen wird, wieder aufleben; s. auch Pieper 309f.

4. Beginn des Ruhens und der Kürzung s. in § 60.

§ 60. Die Einziehung oder Kürzung der Pension auf Grund der Bestimmungen in den §§ 57 bis 59 tritt mit dem Ende des Monats ein, in welchem das eine solche Veränderung bedingende Ereignis sich zugetragen hat; tritt dieses Ereignis am ersten Tage eines Monats ein, so hört die Zahlung mit dem Beginne dieses Monats auf.

Bei vorübergehender Wiederbeschäftigung gegen Tagegelder oder eine andere Entschädigung beginnt die Einziehung oder Kürzung mit dem Ablaufe von sechs Monaten vom ersten Tage des Monats der Beschäftigung ab gerechnet.

Die Wiedergewährung der Pension hebt mit dem Beginne des Monats an, in welchem das eine solche Veränderung bedingende Ereignis sich zugetragen hat.

1. Alle Vorschriften des RBG. über Verlust, Abzüge und Kürzungen an sich begründeter Gehalts- und Pensionsansprüche sind nicht ausdehnend auszulegen; RGZ. 96, 308.

2. Wiederbeschäftigung im Sinne des Abs. 2 ist nur eine amtliche; eine außeramtliche (wie privatrechtliche), auch wenn für den Reichs- oder Landesfiskus, ist auf den Bezug der Pension einflußlos; RGZ. 28, 80; 33, 409; 44, 85; ME. v. 9. April 1895; BMBl. 88; Brand 120; Pieper 311 f.

§ 60a. Sucht ein Beamter, welcher das fünfundsechzigste Lebensjahr vollendet hat, seine Versetzung in den Ruhestand nicht nach, so kann diese nach Anhörung des Beamten unter Beobachtung der Vorschriften der §§ 53 ff. in der nämlichen Weise verfügt werden, wie wenn der Beamte seine Pensionierung selbst beantragt hätte.

1. §§ 61—68 entsprechen §§ 88—93 PrDiszG. (Mot. 75), § 60a dem Art. I Pr. G. v. 31. März 1882 (GS. 133); sie gelten nicht für die Beamten im § 158. Bei den nicht lebenslänglich, also bei den nur widerruflich oder kündbar angestellten Beamten kann die Zurruhesetzung ohne die formelle Beobachtung der §§ 60a—68, d. h. durch Widerruf oder Kündigung bewirkt, doch sollen (instruktionell!) diese Beamten, evtl. auch über die Höhe der Pension, gehört werden.

§ 60a korrespondiert mit § 34a und beruht wie dieser auf G. v. 21. April 1886. Die richterlichen Beamten (§ 158) haben zwar die Rechte des § 34a, unterliegen aber nicht dem § 60a. Bei den nichtrichterlichen Beamten kann nach zurückgelegtem 65. Lebensjahre die Pensionierung in den einfacheren Formen der §§ 53f. statt der §§ 61f. erfolgen; s. auch Rheinbaben 309. S. zu §§ 60a bis 68 Art. 104 Abs. 1; Art. 129 Abs. 2 RV.

2. Die §§ 60a, 80 und 82 finden gegenüber dem Präsidenten und den Mitgliedern des Reichsbankdirektoriums keine Anwendung; G. über die Autonomie der Reichsbank v. 26. Mai 1922 (RGBl. 135) § 28.

Zwangsweise Versetzung in den Ruhestand.

§ 61. Ein Reichsbeamter, welcher durch Blindheit, Taubheit oder ein sonstiges körperliches Gebrechen oder wegen Schwäche seiner körperlichen oder geistigen Kräfte zu der Erfüllung seiner Amtspflichten dauernd unfähig ist, soll in den Ruhestand versetzt werden.

1. Die dauernde Unfähigkeit setzt Ausschluß der Besserung und vollständige Dienstunfähigkeit bezüglich des innegehabten oder eines ähnlichen Amts voraus; s. auch Perels-Spilling, Anm. 2 und 3; Schulze 202; Thudichum 304; Brand 122; Kannegießer 144. Es genügt indes, wenn die Krankheit Aussicht auf Besserung für absehbare Zeit nicht bietet; v. Rheinbaben 311; a. A. Perels-Spilling l. c., Schulze 202. Im Rechtswege ist dies nicht nachzuprüfen; § 155.

2. Die Versetzung in den Ruhestand im Fall des § 61 soll bewirkt werden; es ist nicht Sache des bloßen Ermessens, doch sollen in bezug auf den Zeitpunkt Billigkeitserwägungen statthaben; s. auch oben Anm. zu § 34a. S. auch GVG. § 131 (Reichsgericht); MilStrGO. § 111; bez. Rechnungshofs s. pr. G. über die Oberrechnungskammer v. 27. März 1872 (GS. 278).

3. S. zu §§ 61 bis 132 auch RGZ. 89, 112.

§ 62. Sucht der Beamte in einem solchen Falle seine Versetzung in den Ruhestand nicht nach, so wird ihm oder seinem nötigenfalls hierzu besonders zu bestellenden

Kurator von der vorgesetzten Dienstbehörde unter Angabe der Gründe der Pensionierung und des zu gewährenden Pensionsbetrags eröffnet, daß der Fall seiner Versetzung in den Ruhestand vorliege.

1. Sucht der Beamte selbst seine Versetzung nach, so wird von der vorgesetzten Dienstbehörde gemäß §§ 53 f. verfahren.

2. Ein Kurator ist nicht zu bestellen, falls der Beamte einen Vormund oder Pfleger schon hat. Ist dies nicht der Fall, so ist das für den Wohnsitz des Beamten zuständige Amtsgericht bzw. die nach Art. 147 EinfG. z. BGB. sonst zuständige Behörde um Bestellung eines Pflegers (§§ 1910, 1918 BGB.) zu ersuchen; s. auch §§ 35—38 und 190 FGG.; ebenso KG. v. 22. Jan. 1900 und DJZ. 5, 142. Nach einer (bestrittenen) Ansicht soll auch die vorgesetzte Dienstbehörde einen Kurator ad hoc bestellen dürfen; so Brand 123; Kannegießer 145; ME. v. 22. Okt. 1884 Nr. 7 (EisVBl. 385); v. Rheinbaben 312; s. auch Schulze 204; Pieper, Anm. 2; Perels-Spilling, Anm. 2. Vorgesetzte Behörde s. § 159.

3. Die Eröffnung kann zu Protokoll oder durch nach § 133 zuzustellende Verfügung erfolgen.

§ 63. Wenn der Beamte gegen die ihm gemachte Eröffnung (§ 62) innerhalb sechs Wochen keine Einwendung erhoben hat, so wird in derselben Weise verfügt, als wenn er seine Pensionierung selbst nachgesucht hätte.

Die Zahlung des vollen Gehalts dauert bis zum Ablaufe desjenigen Vierteljahrs, welches auf den Monat folgt, in dem ihm die Verfügung über die erfolgte Versetzung in den Ruhestand mitgeteilt ist.

1. Die Frist der sechs Wochen ist nicht präklusivisch, doch hat der Beamte nach Ablauf dieser Frist keinen Rechtsanspruch auf Berücksichtigung seiner Einwendungen (§ 64). Der Nichterhebung von Einwendungen steht gleich, wenn der Beamte

nur wegen der Pension Einwendungen erhebt; s. Pieper 318; Perels-Spilling, Anm. 3; Schulze 206.

2. Die Entschädigung für Dienstaufwand hört schon zugleich mit der Amtsführung auf; Pieper 318.

3. Solange dem Beamten sein Gehalt zu zahlen ist, besteht seine Dienstpflicht fort; s. auch § 53.

4. Als Verfügung im Sinne des Abs. 2 gilt die, welche die erste Entscheidung über die Pensionierung ausspricht. Eine etwa zulässige (und eingereichte) Beschwerde hält den Ablauf des Gehaltsvierteljahrs nicht auf (§§ 54, 55); s. auch § 64; ferner Pieper 320; s. auch Anm. 2 zu § 67. Wegen der Gehaltzahlung ist der Rechtsweg offen, § 149; s. auch Schulze 207.

§ 64. Werden von dem Beamten gegen die Versetzung in den Ruhestand Einwendungen erhoben, so beschließt die oberste Reichsbehörde, ob dem Verfahren Fortgang zu geben sei.

In diesem Falle hat der damit von der obersten Reichsbehörde zu beauftragende Beamte die streitigen Tatsachen zu erörtern, die erforderlichen Zeugen und Sachverständigen eidlich zu vernehmen und dem zu pensionierenden Beamten oder dessen Kurator zu gestatten, den Vernehmungen beizuwohnen.

Zum Schlusse ist der zu pensionierende Beamte oder dessen Kurator über das Ergebnis der Ermittelungen mit seiner Erklärung und seinem Antrage zu hören.

Zu den Verhandlungen ist ein vereideter Protokollführer zuzuziehen.

1. Wendet sich der Beamte nur gegen die Nichtbewilligung bzw. gegen die Höhe der Pension, auch nicht gegen den Zeitpunkt der Pensionierung, so hält das die Entscheidung nach § 63 nicht auf; s. auch § 149; Perels-Spilling, Anm. 1; Thudichum 304; Brand 125; v. Rheinbaben 313; Schulze 206.

2. Die Einwendungen können sowohl bei der Behörde, die ihm die Eröffnung gemäß § 62 gemacht hat, wie bei der unmittelbar vorgesetzten Dienstbehörde angebracht werden, § 53.

3. Oberste Reichsbehörde s. Anm. 1 zu § 16. Die Beschlußfassung erfolgt nach freiem (pflichtmäßigen) Ermessen.

4. Ladungen, Zustellungen, Mitteilungen erfolgen gemäß § 133.

5. Vereideter Protokollführer s. § 95. Es genügt im Sinne des § 64, wenn der zugezogene Beamte durch Handschlag an Eides Statt unter Hinweis auf den geleisteten Diensteid verpflichtet wird; ME. v. 2. Nov. 1852 (VMBl. 285); OVG. v. 11. Jan. 1888 (VMBl. 1888 S. 33). Wegen der Kosten s. § 65.

§ 65. Die geschlossenen Akten werden der obersten Reichsbehörde eingereicht, welche geeigneten Falles eine Vervollständigung der Ermittelungen anordnet.

Die baren Auslagen für die durch die Schuld des zu pensionierenden Beamten veranlaßten erfolglosen Ermittelungen fallen demselben zur Last.

1. Über bare Auslagen s. § 124.

2. „Durch Schuld" heißt durch Absicht der Verschleppung veranlaßte Ermittlungen; Perels-Spilling, Anm. 2; Schulze 209; Pieper 323; Brand 126, X^2 § 318 PDA. Über die Kostenpflicht entscheidet mit Ausschluß des Rechtsweges die oberste Reichsbehörde; Pieper, Anm. 2; Schulze 206.

§ 66. Hat der Beamte eine Kaiserliche Bestallung erhalten, so erfolgt die Entscheidung über die Versetzung in den Ruhestand vom Kaiser im Einvernehmen mit dem Bundesrate.

In betreff der übrigen Beamten steht die Entscheidung der obersten Reichsbehörde zu. Gegen diese Entscheidung hat der Beamte binnen einer Frist von vier

Wochen nach deren Empfange den Rekurs an den Bundesrat. Des Rekursrechts ungeachtet kann der Beamte von der obersten Reichsbehörde sofort der weiteren Amtsverwaltung vorläufig enthoben werden.

1. Kaiserliche Bestallung s. § 54 Anm. 3.

2. „Im Einvernehmen" bedeutet unter Zustimmung des Bundesrats; nach Ansicht von Pieper 324, Brand 126, Thudichum 267, Kannegießer 148 nur „nach Anhörung".

3. An die Stelle des Kaisers ist der Reichspräsident, an die des Bundesrats ist der Reichsrat getreten; RVf. Art. 60f.

4. Die vier Wochen sind Präklusivfrist, Berechnung nach §§ 30, 63 und 150. Die Frist ist gewahrt, auch wenn der Rekurs bei der obersten Reichsbehörde (rechtzeitig) eingeht; Perels-Spilling, Anm. zu § 66; Brand 127.

5. Der Rekurs (auf dessen Benennung es nicht ankommt) richtet sich nur gegen die Versetzung in den Ruhestand, nicht gegen die finanziellen Folgen, s. § 149. Aufschiebende Wirkung hat der Rekurs nicht; ebenso Schulze 210, Pieper, Anm. 2 zu § 67 und Laband I 468f.; s. auch § 67 Anm. 2 und 4 zu § 63.

6. Der Rechtsweg ist ausgeschlossen, § 155; Loening, Verwaltungsrecht § 135; Schulze 210.

§ 67. Die Zahlung des vollen Gehalts dauert bis zum Ablaufe des Vierteljahrs, das auf den Monat folgt, in welchem dem in Ruhestand versetzten Beamten die Entscheidung des Kaisers oder der obersten Reichsbehörde zugestellt worden ist.

1. S. § 63 Anm. 2 wegen vollen Gehalts und Dienstaufwands. Das volle Gehalt ist auch für die Zeit eines etwaigen Urlaubs zu zahlen; s. auch § 55.

2. Die Zahlung des vollen Gehalts hindert nicht die gemäß § 66 getroffene (vorläufige bzw. endgültige) Pensionierung; diese läßt sich als eine durch das Dienstinteresse gebotene unfreiwillige Beurlaubung auffassen. Andererseits ist die Einlegung des Rekurses (§ 66) für den Anspruch auf

volles Gehalt bedeutungslos; s. auch Anm. 5 zu § 66. Der Tag, mit dem die Zahlung des vollen Gehalts aufhört, ist zugleich der Zeitpunkt des Eintritts in den Ruhestand; v. Rheinbaben 317.

§ 68. Ist ein Beamter vor dem Zeitpunkte, mit welchem die Pensionsberechtigung für ihn eingetreten sein würde, dienstunfähig geworden, so kann er gegen seinen Willen nur unter Beobachtung derjenigen Formen, welche für das förmliche Disziplinarverfahren vorgeschrieben sind, in den Ruhestand versetzt werden.

Wird es jedoch von der obersten Reichsbehörde mit Zustimmung des Bundesrats angemessen befunden, dem Beamten eine Pension zu dem Betrage zu bewilligen, welcher ihm bei Erreichung des vorgedachten Zeitpunkts zustehen würde, so kann die Pensionierung desselben nach den Vorschriften der §§ 61 bis 67 erfolgen.

1. § 68 entspricht § 93 des PrRDiszG. und will Beamten, die ohne Pension in den Ruhestand versetzt werden sollen, durch die größeren Garantien eines förmlichen Verfahrens (z. B. persönliches Erscheinendürfen) in den Stand setzen, ihren Widerspruch gegen die Annahme ihrer Dienstunfähigkeit geltend zu machen; v. Rheinbaben 318. Das Disziplinarverfahren betrifft nur die Frage der Dienstunfähigkeit, nicht die der Pension; OVG. v. 28. Dez. 1895 und 8. Juli 1898 bei v. Rheinbaben 320; s. auch Thudichum 307; Laband I 506 f.; Brand 129.

2. Tritt während des Verfahrens die Pensionsberechtigung ein, so ist es einzustellen; Perels-Spilling, Anm. 3; a. A. Pieper, Anm. 4; Schulze 212.

3. S auch Anm. 3 zu § 66.

4. Ist der Beamte einverstanden, ohne Pension abzugehen, so bedarf es nicht der Formen des § 66; s. § 2; Schulze 213.

Bewilligung für Hinterbliebene.

§ 69. Hinterläßt ein Pensionär eine Witwe oder eheliche oder legitimierte Abkömmlinge, so wird die Pension einschließlich einer etwaigen auf Grund des Offizierpensionsgesetzes vom 31. Mai 1906 gewährten Verstümmelungszulage, Kriegszulage und Alterszulage, Pensionserhöhung und Tropenzulage noch für das auf den Sterbemonat folgende Vierteljahr unter Anrechnung des vor dem Tode des Pensionärs fällig gewordenen Betrags gezahlt. Die Zahlung erfolgt im voraus in einer Summe. An wen die Zahlung erfolgt, bestimmt die oberste Reichsbehörde.

Die Zahlung kann mit Genehmigung der obersten Reichsbehörde auch dann stattfinden, wenn der Verstorbene Verwandte der aufsteigenden Linie, Geschwister, Geschwisterkinder oder Pflegekinder, deren Ernährer er ganz oder überwiegend gewesen ist, in Bedürftigkeit hinterläßt oder wenn und soweit der Nachlaß nicht ausreicht, um die Kosten der letzten Krankheit und der Beerdigung zu decken.

Die oberste Reichsbehörde kann die ihr zustehenden Befugnisse auf andere Behörden übertragen.

Der über den Sterbemonat hinaus gewährte Betrag ist der Pfändung nicht unterworfen.

1. Die jetzige Fassung des § 69, der nur für die nach dem 1. April 1907 gestorbenen, wenn auch vor diesem Tage pensionierten Beamten Geltung hat, beruht auf G. v. 17. Mai 1907; s. auch G. v. 31. Mai 1906 (RGBl. 565).

2. S. zu § 69 oben §§ 6 und 7 nebst Anmerkungen; ferner Schulze 214; Brand, Anm. 3; Perels-Spilling, Anm. 5. Über die bez. Fragen ist der Rechtsweg offen, § 149.

3. ZPO. § 850 in Fassung G. v. 23. Dez. 1921 (RGBl. 1658), s. auch oben § 6.

Transitorische Bestimmungen.

§ 70. Ist die nach Maßgabe dieses Gesetzes bemessene Pension geringer als die Pension, welche dem Beamten hätte gewährt werden müssen, wenn er vor dem Erlasse dieses Gesetzes nach den damals für ihn geltenden Bestimmungen pensioniert worden wäre, so wird die letztere Pension an Stelle der ersteren bewilligt.

1. Nach Maßgabe dieses (am 18. April 1873 in Kraft getretenen) Gesetzes bedeutet auch nach Maßgabe der an die Stelle dieses Gesetzes getretenen Gesetze, der Novellen v. 21. April 1886, 17. Mai 1907; § 70 entspricht dem Art. 18 Abs. 2 der a. RBf. Die Nov. v. 17. Mai 1907 gilt grundsätzlich gemäß Art. 2 für alle Pensionierungen nach dem 1. April 1907, unbeschadet der Vorschrift in § 70.

2. Günstigere Pensionsbestimmungen galten z. B. in Hamburg; RGZ. 38, 148.

3. § 70 bedeutet (nur) daß, wenn die zur Zeit der Pensionierung nach den Bestimmungen des RBG. und der G. v. 21. April 1886 und 17. Mai 1907 von dem zuletzt bezogenen Diensteinkommen berechnete Pension niedriger als die ist, welche der Beamte zu beanspruchen hätte, wenn er am 18. April 1873 von dem damals bezogenen Diensteinkommen (also ohne Berücksichtigung späterer Gehaltserhöhungen) nach dem damals für ihn geltenden Landesgesetze pensioniert wäre, ihm die nach letzterem zu bemessende (höhere) Pension zusteht; RGZ. 1, 317; 14. Dez. 1888 und 12. Sept. 1891; JW. 1889 S. 45 Nr. 15 und 91; 1891 S. 476 Nr. 32; Pieper 331; Perels-Spilling, Anm. zu § 10; Brand 131; Schulze 216.

§ 71. Insofern vor der Übernahme eines Beamten in den Reichsdienst hinsichtlich der aus den früheren Dienstverhältnissen demselben erwachsenden Pensionsansprüche mittels eines vor dem Erlasse dieses Gesetzes abgeschlossenen Staatsvertrags besondere Festsetzungen getroffen sind, sollen diese Festsetzungen auch für die Berechnung der jenem Beamten demnächst aus der Reichskasse zu gewährenden Pension maßgebend sein. Indes sollen statt der gedachten besonderen Bestimmungen die im gegenwärtigen Gesetz enthaltenen Vorschriften insoweit Anwendung finden, als sie für den Beamten günstiger sind.

1. In Betracht kommen:

a) Art. IX und X des Prager Friedens v. 23. Aug. 1866;

b) Postverträge des Norddeutschen Bundes mit Dänemark v. 7. Sept. 1868 (BGBl. 152), mit Thurn und Taxis v. 23. Jan. und 6. Febr. 1867 (GS. 354); s. hierzu RGZ. 10, 81; JW. 1891 S. 476;

c) Zusatzkonvention v. 11. Dez. 1871 (RGBl. 1872 S. 9) zum Frankfurter Friedensvertrag v. 10. Mai 1871 (RGBl. 233).

Näheres bei Pieper 333; s. ferner die gemäß Art. 170 und 171 RVf. abgeschlossenen Verträge; s. G. v. 27. April 1920 (RGBl. 643) und v. 30. April 1920 (RGBl. 773) und die in diesen Gesetzen genehmigten Staatsverträge.

2. Die Vorschriften des § 71 bedeuten bei Witwen- und Waisengeldern nicht die Kumulation, sondern nur die Wahl der günstigeren Sätze; RGZ. 10, 81; Perels-Spilling, Anm. zu § 71; Pieper 336; Schulze 219.

3. Nach RG. 23. Jan. 1891 (JW. 142) können gleichzeitig das allgemeine und das besondere Recht zur Geltung gelangen, insofern nämlich die jedesmal günstigeren Sätze gewählt werden können; Pieper, Anm. 6; Schulze 219. Dagegen (unzutreffend) Pieper 335.

4. Bezüglich der sogenannten Altpensionäre, d. i. der vor dem 1. April 1920 Pensionierten, bestimmt das Pensionsergänzungsgesetz v. 21. Dez. 1920 (RGBl. 2109), daß sie einen Zuschlag erhalten, der gleich dem Unterschiede zwischen dem ihnen gesetzlich zustehenden und dem Ruhegehalt ist, wenn sie bei der Pensionierung die von ihnen bekleidete Stelle am 1. April 1920 innegehabt hätten. Einen gleichen Zuschuß

erhalten auch die mit Wirkung vom 1. April 1920 oder einem früheren Zeitpunkt mit Wartegeld in den Ruhestand versetzten Beamten. Ein entsprechender Zuschuß wird den Witwen und Waisen der vorbenannten Personen sowie der vor dem 1. April 1920 verstorbenen aktiven Beamten gewährt. Ebenso erhalten die Altpensionäre die Kinderzuschläge und den halben Teuerungszuschlag.

S. auch die AusfBest. v. 9. Juli 1921 (RGBl. 886).

Allgemeine Bestimmungen über Dienstvergehen und deren Bestrafung.

§ 72. Ein Reichsbeamter, welcher die ihm obliegenden Pflichten (§§ 10, 10a, 10b) verletzt, begeht ein Dienstvergehen und hat die Disziplinarbestrafung verwirkt.

1. § 72 in Fassung des G. über die Pflichten der Beamten zum Schutze der Republik vom 21. Juli 1922 (RGBl. 590). Das Disziplinarrecht ist kein Spezialstrafrecht für Beamte, die Disziplinarstrafe keine Strafe im Sinne des Strafrechts. Der Strafe im Sinne des Strafrechts, wie der sog. Militärdisziplinarstrafe, kann sich niemand etwa durch Austritt aus dem Staats- und Militärverband entziehen, wohl aber kann der Beamte sich seiner disziplinaren Bestrafung durch den Austritt aus dem Amte (§§ 75, 100) beliebig entziehen. Disziplinarentscheidungen machen daher (abgesehen von militärischen, RGSt. 21, 1; Arndt, Staatsr. 566 f.; Arndt, Selbst. VR. S. 86 f.) keine res judicata; es gilt also auch nicht (immer abgesehen von militärischen) der Satz „ne bis in idem"; es gelten auch nicht die Verjährungsvorschriften des Strafgesetzbuchs, noch subsidiär das allgemeine Strafrecht oder schlechthin die Strafprozeßordnung; noch kommt es bei Antragsdelikten auf die Stellung des Strafantrags an, noch kommt es für das Disziplinarverfahren auf den Ort der Tat an (Ausland), noch ist endlich das Disziplinarstrafverfahren eine Art Strafverfahren. Das Disziplinarverfahren regelt hauptsächlich im Interesse der Beamten die Vorschriften, auf Grund deren ein Beamter seines Amts enthoben oder mit

einem anderen (geringeren) Nachteil belegt werden kann, während der Privatbeamte in Fällen solcher Art kurzerhand entlassen oder ihm sein Amt aufgekündigt wird.

Der gleichen Ansicht sind im wesentlichen Pieper 337; Brand 135; Rehm in HirthsAnn. 1885 S. 191; Seydel, Bayr. Staatsr. 4, 63; Laband I § 48; v. Rheinbaben 57; der entgegengesetzten OVG. 22, 445; Hugo Meyer, Lehrb. des Strafr. § 204: Labes in HirthsAnn. 1889 S. 213; Loening, Verwaltungsr. 127; G. Meyer, Staatsr. 143; Zorn-v. Rönne I 469; Jellineck, System der subjektiven öff. Rechte S. 203; Giese zu Art. 129 RVf.; Schulze 220; Hatschek, Inst. § 41 u. a.

Die unter das allgemeine Strafrecht, z. B. Strafgesetzbuch, fallenden Vergehen der Beamten haben zugleich, weil sie die Würde und die Pflichten des Amtes verletzen, auch eine disziplinäre Natur (Mot. 74); ebenso Loening, Verwaltungsrecht I 27; Schulze 220; a. A. Laband § 48. Die Beamtendisziplin ist sowohl korrektiver Natur, indem sie durch Strafen außerhalb des Gebietes der Kriminalität vorhandene Unordnungen beseitigt, wie epurierend, indem sie die schädlichen und unbrauchbaren Elemente entfernt (Mot. 73).

Die Vorschriften des RBG. sind dem pr. G. v. 21. Juli 1852 (GS. 465) nachgebildet.

Die §§ 72 bis 76 betreffen das materielle, die §§ 77 bis 118 das formelle Disziplinarrecht; sie finden keine Anwendung auf die in § 158 aufgeführten Beamten, noch auf Personen des Soldatenstandes (s. § 157), noch auf Pensionäre oder ausgeschiedene Beamte. Bezüglich der Beamten auf Kündigung oder Widerruf erübrigt sich meist das Disziplinarverfahren; s. Anm. zu § 84 und Anm. 1 zu § 34.

2. § 72 wie §§ 10, 10a, 10b beziehen sich nur auf die dem Reichsbeamten obliegenden Pflichten, also wohl auf solche, die er in einem anderen Reichsamt zu erfüllen hatte, nicht aber auf solche vor dem ersten Eintritt in ein Reichsamt; Arndt 654; Labes, HirthsAnn. 89, 292; Brand 134;

Pieper 341; Perels-Spilling, Anm. 2; RDiszH. v. 19. Mai 1884; Schulze RDH. 23 und 18. März 1876 (JMBl. 27); OVG. 22, 425; 49, 415; v. Rheinhaben 72; a. A. Seydel 42; Preuß. Staatsmin. v. 23. Dez. 1882, 7. Jan. 1893 u. a. bei v. Rheinbaben 71; selbst auch nicht auf die in einem anderen Staatsamt; RDiszH. v. 19. Mai 1884 Schulze RDH. 23; Brand 135; Schulze 221; a. M. Seydel 44 und AllErl. v. 2. Febr. 1881 (BMBl. 46).

Soweit eine verjährte Straftat den Tatbestand eines (nicht militärischen) Disziplinarvergehens bildet, kann sie jederzeit geahndet werden; Arndt 654; Brand 135; Seydel 63; Perels-Spilling, Anm. 1; Pieper 338; Laband I 463; Labes in HirthsAnn. 1889 S. 264; v. Rheinbaben 74; RDiszH. v. 28. Nov. 1898; Schulze RDH. 290 und 19. Febr. 1900; Schulze RDH. 96; (auch ebendort S. 202, 208, 251; Hatschek, Inst. § 41.

Es gilt Opportunitäts-, nicht Legalitätsprinzip; s. Schulze 222; Laband § 48. Es hängt also stets vom Belieben der Behörde ab, ob Disziplinarbestrafung und Disziplinarverfahren eintreten.

Wegen der durch ein Disziplinarverfahren (Amtssuspension) etwa nötigen Stellvertretungskosten s. § 128 und RGZ. 83 149; s. auch RGZ. 92, 431.

§ 73. Die Disziplinarstrafen bestehen in:

1. Ordnungsstrafen,
2. Entfernung aus dem Amte.

Sogenannte Exekutivstrafen (§ 82 Abs. 3), bloße Vermahnungen, Rügen, Tadel usw., die jederzeit und ohne besonderes, selbst summarisches, Verfahren von dem Vorgesetzten erfolgen können (Arndt 658; Brand 137; Pieper 344; v. Rheinbaben 140), außer wenn sie unter ausdrücklicher Bezugnahme auf das Disziplinargesetz erteilt werden (OVG. v. 12. Oktober 1900; s. auch 5. Juli 1898 u. 3. Jan. 1899; Mot. 34), fallen nicht unter die Ordnungsstrafen des § 73; Ordnungsstrafen (§ 74) können (abgesehen bei richterlichen

Militärjustizbeamten), im summarischen Verfahren des § 82 verhängt werden; ebenso Schulze 224. Die Ordnungsstrafen im Sinne des § 73 sind in § 74, die Strafen der Entfernung aus dem Amt in § 75 spezifiziert.

Die Strafen der Entfernung aus dem Amt werden als epurierend (reinigend), die anderen Disziplinarstrafen als korrektionell (bessernsollend) bezeichnet.

§ 74. Ordnungsstrafen sind:

1. Warnung,
2. Verweis,
3. Geldstrafe,

bei besoldeten Beamten bis zum Betrage des einmonatlichen Diensteinkommens, bei unbesoldeten bis zu neunzig Mark.

Geldstrafe kann mit Verweis verbunden werden.

1. Die Reihenfolge entspricht der Schwere; s. Perels-Spilling, Anm. 2; Pieper, Anm. 4; Schulze, Anm. 1. Die Verhängung jeder Ordnungsstrafe im Sinne des § 74 ist (mindestens) an die Formen des § 82 geknüpft; Mot. 74; Pieper 343. Es ist auch beim Vorliegen mehrerer Verfehlungen stets nur auf eine Strafe zu erkennen; RDH. 10. Juni 1912; Schulze, RDH. 176. Eine Realkonkurrenz von Dienstvergehen findet nicht statt; RDH. 3. März 1903; Schulze, RDH. 170; ebenso RDH. 24. Februar 1913 und 10. Februar 1903; Schulze RDH. 172, 173.

2. Das Diensteinkommen berechnet sich nach § 7, bei mehreren Ämtern bestimmt sich der Maximalbetrag der Strafe durch die Summe des Einkommens aller Ämter, dies auch, wenn die vorgesetzte Behörde nicht aller Ämter die Strafe verhängt; OVG. 25, 412; Arndt 655; Pieper 344; Brand 136; Perels-Spilling, Anm. 4.

3. Die Arreststrafe ist dem RBG. fremd; StenB. S. 701, Drucks. des RT. Nr. 107 S. 491; Perels-Spilling, Anm. 1.

4. Die Einziehung der Geldstrafe erfolgt evtl. durch Abzug vom Gehalt; Pfändung wie nach § 6. Umwandlung in Freiheitsstrafe ist unzulässig; s. auch Schulze 225.

§ 75. Die Entfernung aus dem Amte kann bestehen:

1. In Strafversetzung.

Dieselbe erfolgt durch Versetzung in ein anderes Amt von gleichem Range, jedoch mit Verminderung des Diensteinkommens um höchstens ein Fünftel. Statt der Verminderung des Diensteinkommens kann eine Geldstrafe verhängt werden, welche ein Drittel des Diensteinkommens eines Jahres nicht übersteigt.

Die Strafversetzung wird durch die oberste Reichsbehörde in Ausführung gebracht.

2. In Dienstentlassung.

Dieselbe hat den Verlust des Titels und Pensionsanspruchs von Rechts wegen zur Folge. Hat vor Beendigung des Disziplinarverfahrens das Amtsverhältnis bereits aufgehört, so wird, falls nicht der Angeschuldigte unter Übernahme der Kosten freiwillig auf Titel und Pensionsanspruch verzichtet, auf deren Verlust an Stelle der Dienstentlassung erkannt.

Gehört der Angeschuldigte zu den Beamten, welche einen Anspruch auf Pension haben, und lassen besondere Umstände eine mildere Beurteilung zu, so ist die Disziplinarbehörde ermächtigt, in ihrer Entscheidung zugleich festzusetzen, daß dem Angeschuldigten ein Teil des gesetzlichen Pensionsbetrags auf Lebenszeit oder auf gewisse Jahre zu belassen sei.

1. Die Entfernung aus dem Amt als Strafe im Sinne des § 75 setzt ein förmliches Disziplinarstrafverfahren nach §§ 84f. voraus. Das neue Amt darf kein niedrigeres sein (keine Degradation!), (s. auch Arndt zu Art. 129 RVf.), muß der Qualifikation des Beamten entsprechen; gleichartig

braucht es nicht zu sein; Mot. 72, 74. Die Bestimmung dieses Amts liegt der obersten Reichsbehörde (nicht dem Disziplinarrichter) ob; s. Perels-Spilling, Anm. 2 und 3; Pieper 348; Brand 138; Schulze 228. Der Satz ne bis in idem gilt auch für das Disziplinarstrafrecht. Ist eine Ordnungsstrafe verhängt, bezahlt und das Verfahren abgeschlossen, so kann nicht hinterher das Disziplinarverfahren mit dem Zweck auf Amtsentsetzung eingeleitet werden. Anders liegt es, wenn das Verfahren mit Verhängung der Ordnungsstrafe noch nicht abgeschlossen war und die vorgesetzte oberste Reichsbehörde die Ordnungsstrafe aufgehoben oder die eingezogene hat zurückzahlen lassen; s. hierzu RDH. bei Schulze RDH. 91, 258f., 263; JW. 1922, 751; dazu Arndt in JW. 1922, 751.

2. Mit der Straffestsetzung ist stets ein Vermögensnachteil verbunden, der, wenn dies nicht vom Disziplinarrichter geschehen ist, von der obersten Reichsbehörde (§ 159) nach Anhörung des Beamten festgesetzt wird; vgl. BMBl. 1881 S. 46; Schulze 227. Als Vermögensnachteil in diesem Sinne gelten nicht Verlust von Ortszulagen oder Mangel an Gelegenheit zu Nebenbeschäftigungen. Der Vermögensnachteil braucht nicht dauernd zu sein. Tritt der Beamte während der Dauer des herabgeminderten Gehalts in Pension, so ist sie nach diesem zu berechnen; Pieper 348. S. auch Schulze RDH. 38, 80, 152, 336. S. hierzu Nr. 116f. der Reichsbesoldungsvorschriften v. 21. März 1921: Wird ein Beamter auf Grund eines Disziplinarurteils in eine Stelle derselben Besoldungsgruppe versetzt, so ist, wenn auf Strafversetzung ohne Verminderung des Diensteinkommens erkannt ist, dem Beamten sein Grundgehalt und Besoldungsdienstalter auch in der neuen Stelle unverkürzt zu belassen, — wenn (Nr. 117) mit Verminderung des Diensteinkommens, so ist zwar das Beamtendienstalter unverkürzt zu belassen, in jeder Dienstaltersstufe aber das ihm danach zustehende Grundgehalt um den Betrag der in dem Urteil festgesetzten Einkommensverminderung zu kürzen; es ist an die oberste Reichsbehörde zu berichten. Im gleichen Verhältnis wie das Grundgehalt

wird der Ortszuschlag gekürzt oder einbehalten, wogegen die Kinderzuschläge in vollem Umfange auszuzahlen sind; der Teuerungszuschlag wird nach dem gekürzten Grundgehalt und Ortszuschlag gewährt.

3. Die Umzugskosten, Tagegelder usw. können dem strafversetzten Reichsbeamten nicht vorenthalten werden; vgl. v. Rheinbaben 121 f.; Schulze 228.

4. Die Dienstentlassung bezieht sich nur auf das innegehabte Reichsamt, unbeschadet des Rechts, auch wegen Entlassung aus den übrigen Ämtern durch die die dafür zuständigen Behörden ein Disziplinarverfahren einzuleiten (Perels-Spilling, Anm. 6; Pieper 348; Brand 140), hebt vom Tage der Rechtskraft (RGZ. 42, 184; RDiszH. v. 25. März 1899 F. I/99) dauernd alle Rechtswirkungen des bestandenen Reichsdienstverhältnisses auf, ohne rechtlich der Neuanstellung in das gleiche oder ein anderes Reichs- oder Staatsamt entgegenzustehen; s. auch § 33; Schulze 231. Die herrschende Meinung (Brand 142) nimmt an, daß nur durch Gnade des Kaisers bzw. des Reichspräsidenten die Wiederanstellung im Disziplinarwege Entlassener im früheren Amte zulässig sei; gegen diese Meinung spricht, daß sich das Urteil nur auf die Vergangenheit bezieht, daß man Fälle berücksichtigen muß, in denen sonst das Wiederaufnahmeverfahren angemessen ist (unten Anm. zu § 117); daß man auch an Beamte nach Art der Briefträger usw. denken muß, bei denen der Wiederanstellung nach gewisser Frist Bedenken oft nicht entgegenstehen; s. auch RDiszH. v. 20. Jan. 1873 JN. 10; EisVBl. 1887 S. 272. Verdiente Pensionen können durch Disziplinarurteil nicht aberkannt werden. (RGZ. 17, 242; 21, 186; oben Anm. 1 zu § 34), auch nicht Ansprüche aus dem Unfallfürsorgeges. für Beamte v. 18. Juni 1901 (RGBl. 211); s. Anl. II.

Der etwa zugesprochene Teil der Pension fällt unter § 6 (er ist nicht pfändbar noch abtretbar), kann auf Lebenszeit oder auf (nur volle) Jahre (RDiszH. v. 25. März 1899 F. I/99) zugesprochen werden wegen in oder außer dem

Disziplinarfalle (sonstige Führung, Bedürftigkeit, Erwerbsunfähigkeit usw.) liegenden, im Urteil anzugebenden (BMBl. 1899 S. 1) Gründen. Der Richter übt dabei keinen Gnaden-, sondern einen richterlichen Akt aus. Der Anspruch auf die Rente ist im Rechtswege verfolgbar; Schulze 230; s. auch Pieper Anm. 16. Ein Anspruch auf Witwen- und Waisengeld folgt aus dieser Rente nicht. Für die Bewilligung der Pension können auch die Arbeitsfähigkeit des Beamten, die Bedürftigkeit seiner Familie und ähnliches, obgleich in § 76 unerwähnt, berücksichtigt werden; Schulze 232; RDH. bei Schulze RDH. 160, woselbst bemerkt wird, daß diese Art Pension nur gegen die äußerste Not schützen soll; a. A. Brand, Anm. 5b. Tritt der Verlust des Amts kraft Gesetzes infolge strafgerichtlichen Urteils ein oder infolge Kündigung oder Widerrufs der Anstellung, so kann dem Beamten kein Teil der Pensionen zugesprochen werden; Pieper 356. Die Pension beginnt mit Beginn der Rechtskraft; RDH. 25. März 1899; Schulze, RDH. 166. Das Disziplinargericht kann auf Amtsverlust auch erkennen, wenn das Gericht die Fähigkeit dazu nicht aberkannt hat; RDH. 10. Juli 1895; Schulze RDH. 249.

S. auch § 100.

§ 76. Welche der in den §§ 73 bis 75 bestimmten Strafen anzuwenden sei, ist nach der größeren oder geringeren Erheblichkeit des Dienstvergehens mit besonderer Rücksicht auf die gesamte Führung des Angeschuldigten zu ermessen.

Liegt ein Vergehen gegen § 10a Abs. 2 und 3 im Rückfall vor, so ist auf Dienstentlassung zu erkennen.

Abs. 2 ist eingeschaltet durch G. v. 21. Juli 1922 (RGBl. 590).

Auch die außeramtliche Führung ist zu berücksichtigen; s. Perels-Spilling, Anm. 3 zu § 76. Für mehrere Dienstvergehen ist die Gesamtstrafe zu setzen, evtl. ist für das zuletzt abgeurteilte die neue Strafe zu bemessen, als ob das

Vergehen schon in den früheren Verfahren mit erörtert wäre; OVG. v. 17. Juni 1893 und 2. Nov. 1897, DJZ. 3, 167; E. 25, 412; 32, 429. Disziplinare Vorstrafen sind in bezug auf ihre Rechtmäßigkeit nicht nachzuprüfen; sie dienen zur Würdigung der gesamten Führung des Angeschuldigten; RDiszH. v. 20. Nov. 1877, 23. Nov. 1878, 10. Febr. 1881, 14. Jan. 1884, 4. Febr. 1884, 21. April 1884, 16. Dez. 1902 und 14. März 1910, Schulze RDH. 169 f. u. a.; s. auch Perels-Spilling, Anm. 3; Brand 142 f.; Mot. 75; Pieper 357; Schulze 232.

§ 77. Im Laufe einer gerichtlichen Untersuchung darf gegen den Angeschuldigten ein Disziplinarverfahren wegen der nämlichen Tatsachen nicht eingeleitet werden.

Wenn im Laufe eines Disziplinarverfahrens wegen der nämlichen Tatsachen eine gerichtliche Untersuchung gegen den Angeschuldigten eröffnet wird, so muß das Disziplinarverfahren bis zur Beendigung des gerichtlichen Verfahrens ausgesetzt werden.

1. „Der Kriminalprozedur ist (Mot. 74) die Priorität vor dem Disziplinarverfahren eingeräumt, weil die Lage des Beamten erschwert wird, wenn er sich gleichzeitig in zwei Untersuchungen verantworten soll. Auch ist das Strafverfahren in manchen Fällen präjudiziell für das Disziplinarverfahren teils, falls dasselbe zu einer Freisprechung führt, unter gewissen Modifikationen (§ 78), teils, wenn es eine Verurteilung herbeiführt, aus welcher der Verlust des Amtes ohnehin folgt". S. zu § 77 Schulze RDH. 31, 174, 205, 213, 220, 334.

2. Gerichtliche Untersuchung ist die, wenn nicht mehr die Staatsanwaltschaft die Verfügung hat, wie beim Vorbereitungsverfahren (StPO. §§ 156 f.), sondern das Gericht, also wenn die Voruntersuchung oder das Hauptverfahren eröffnet (StPO. §§ 179, 201) oder (StPO. § 447) ein richterlicher Strafbefehl erlassen ist; vgl. analog Arndt, PrVf. Anm. 3 zu Art. 54; Arndt, Anm. zu RVf. Art. 49; s. auch Schulze 233.

3. Die Staatsanwaltschaft hat der Disziplinarbehörde, nicht diese jener von der Verfolgung strafbarer Handlungen Mitteilung zu machen (Perels-Spilling, Anm. 3; Brand 143; JMBl. 1879 S. 251, 1900 S. 86; BMBl. 1879 S. 223); s. indes auch Schulze 234, der eine Anzeigepflicht der Disziplinarbehörde annimmt.

4. Im Falle einer gerichtlichen Untersuchung ist das ordentliche wie das summarische Disziplinarverfahren einzustellen; a. A. bezüglich des letzteren Perels-Spilling, Anm. 1; Brand 143. Die Amtssuspension kann (und muß evtl., s. §§ 125—127) während der gerichtlichen Untersuchung erfolgen.

5. Wird das Disziplinarverfahren nach Abschluß der gerichtlichen Untersuchung nicht fortgesetzt, so fallen, auch wenn infolge des gerichtlichen Urteils der Beamte ohne weiteres sein Amt verliert, die Kosten des Disziplinarverfahrens der Staatskasse zu (weil anderenfalls ein sie dem Beamten auferlegendes Urteil fehlt, der Beamte auch durch den Verlust des Amtes schon hinreichend bestraft ist); Kannegießer 166; Pieper 360.

Die §§ 77, 78 sind (die alleinigen) Ausnahmen von § 108 (freie Beweiswürdigung); RDH. 3. Mai 1908, Schulze 201. Der Disziplinarrichter hat in jedem Fall zu prüfen, ob unbeschadet des strafgerichtlichen Urteils und bei Voraussetzung seiner Richtigkeit noch ein Dienstvergehen in den erörterten Tatsachen gefunden werden kann (RDH. 6 Mai 1907, Schulze RDH. 181).

§ 78. Wenn von den gewöhnlichen Strafgerichten auf Freisprechung erkannt ist, so findet wegen derjenigen Tatsachen, welche in der gerichtlichen Untersuchung zur Erörterung gekommen sind, ein Disziplinarverfahren nur noch insofern statt, als dieselben an sich und ohne ihre Beziehung zu dem gesetzlichen Tatbestande der strafbaren Handlung, welche den Gegenstand der Untersuchung bildete, ein Dienstvergehen enthalten.

Ist in einer gerichtlichen Untersuchung eine Verurteilung ergangen, welche den Verlust des Amtes nicht zur Folge gehabt hat, so bleibt derjenigen Behörde, welche über die Einleitung des Disziplinarverfahrens zu verfügen hat (§ 84 Abs. 1), die Entscheidung darüber vorbehalten, ob außerdem ein Disziplinarverfahren einzuleiten oder fortzusetzen sei.

1. Das im gerichtlichen Verfahren ergehende Urteil ist zugunsten wie zuungunsten des Angeschuldigten auch für das Disziplinarverfahren maßgebend (Arndt 656; OVG. 22, 429; RDiszH. v. 1. April 1874, RZBl. 143; 24. Febr. 1902, DJZ. 263; 2. April 1883 F. I/83 und sonst in ständiger Rechtsprechung; z. B. vom 13. Nov. 1878 Schulze RDH. 190; 1. April 1876, Schulze l. c. S. 221; Seydel 74; Perels-Spilling, Anm. 2 f.; v. Rönne-Zorn I 472), während das pr. Staatsministerium, Beschl. v. 23. März 1891, BMBl. 134, KG. v. 25. April 1899, s. v. Rheinbaben 87, Brand 147, Schulze 236 annehmen, daß im Fall der gerichtlichen Verurteilung der Disziplinarrichter eine selbständige Prüfung und Erörterung des dem Strafverfahren zugrunde liegenden Sachverhalts vorzunehmen hat. Gegen letzteres spricht u. a., daß schon die Tatsache der gerichtlichen Verurteilung an sich und allein einen Beamten des Ansehens verlustig erscheinen läßt und daß die vorgesetzte Behörde, falls sie die Überzeugung von der Unschuld des Beamten erlangt, Mittel und Wege besitzt, dem im Disziplinarwege bestraften Beamten durch Wiederanstellung (§ 33) zur Restitution zu verhelfen, eine Divergenz zwischen Justiz und Disziplinarbehörde auch die Autorität verletzt; s. auch Pieper 363. Daraus folgert RDH. 7. Dez. 1908 bei Schulze RDH. 281: „Das Strafurteil bindet den Disziplinarrichter nun in der Entscheidung der Schuldfrage. — Dieser hat mithin die ein Strafurteil für erwiesen erklärten Tatumstände, die die äußeren und inneren Tatbestände, die die festgestellten strafbaren Handlungen verwirklichen, auch seinerseits als unumstößlich feststehend an-

zuerkennen. Ebenso ist er an die rechtliche Würdigung, die ihnen vom Strafrichter zuteil geworden ist, gebunden. Allein darüber hinaus tritt eine Bindung des disziplinarischen Richters in das Strafurteil nicht ein. Er darf mithin Feststellungen gegen den Inhalt des Strafurteils treffen und ebenso anderweit getroffene Feststellungen, auch wenn sie von dem des Strafurteils abweichen, zur Bildung seiner richterlichen Feststellungen, auch wenn sie von denen des Strafurteils abweichen, zur Bildung seiner richterlichen Ansicht zu verwerten." A. Ans. Hatschek Inst. § 41.

2 Amtsverlust tritt mit der Rechtskraft des gerichtlichen Urteils kraft Gesetzes ein bei Verurteilung zu Zuchthaus, Aberkennung der bürgerlichen Ehrenrechte oder der bekleideten öffentlichen Ämter oder der Fähigkeit zur Bekleidung öffentlicher Ämter; StrGB. §§ 31, 33, 35, 81, 83, 84, 87 bis 91, 94, 95, 128, 129, 315 bis 319, 331, 339, 340, 341, 352, 353, 357, 358; MilStrGB. §§ 43, 153. Wird ein dem Amtsverlust nach sich ziehendes Urteil im Wiederaufnahmeverfahren aufgehoben und der Beamte freigesprochen, (StrPO. §§ 399 f., 413), so erhält er weder sein Amt noch die entgangenen Bezüge; RGZ. 22, 43; Perels-Spilling, Anm. 8; Pieper 366; Brand 146; es bedarf evtl. der Neuanstellung; s. auch Löwe-Rosenberg zu § 413 StrPO. Anm. 4a Abs. 2; Olshausen, StrGB. § 36 Anm. 2; RGZ. 22, 40; 42, 281, bei Gruchot 43, 1034; v. Rheinbaben 94; Schulze 229.

3. Der Freisprechung steht gleich ein den Beamten außer Verfolgung setzender Gerichtsbeschluß gemäß §§ 172, 178, 202 StrPO. (nicht gemäß §§ 203, 208, 239 StrPO.), da dieser (§ 210 das.) der gerichtlichen Freisprechung gleichsteht; a. A. eine bei Perels-Spilling, Anm. 6, mitgeteilte Entscheidung des RDiszH. v. 8. Juli 1903; s. auch RDH. 8. Juli 1901 bei Schulze RDH. 198; Pieper 362; Brand 145 u. a. Die Ablehnung des Antrags des Staatsanwalts auf Eröffnung der Voruntersuchung (§§ 168 Abs. 2, 178 StrPO.) oder auf Eröffnung des Hauptverfahrens (§ 202 StrPO.) oder gar die Einstellung des Verfahrens durch den Staatsanwalt stehen

der gerichtlichen Freisprechung nicht gleich; s. auch RDiszH. v. 4. Febr. 1901 F. 10/1900; Schulze 236.

4. Bei vorläufiger Einstellung des Strafverfahrens wegen Abwesenheit oder Geisteskrankheit (StrPO. § 203) kann das Disziplinarverfahren eröffnet oder wieder eröffnet werden; Perels-Spilling l. c.

5. Die selbst vollständige Begnadigung steht der Freisprechung nicht gleich; s. auch v. Rheinbaben 95.

§ 79. Spricht das Gesetz bei Dienstvergehen, welche Gegenstand eines Disziplinarverfahrens werden, die Verpflichtung zur Wiedererstattung oder zum Schadensersatz oder eine sonstige zivilrechtliche Verpflichtung aus, so gehört die Klage der Beteiligten vor das Zivilgericht. Die Befugnis der vorgesetzten Behörde, einen Beamten zur Erstattung eines widerrechtlich erhobenen oder vorenthaltenen Wertbetrags anzuhalten, wird hierdurch nicht ausgeschlossen.

1. Zivil- und Disziplinargericht sind unabhängig voneinander; Schulze 232. Die Ansicht des einen bindet (bezüglich der Frage, ob eine Verpflichtung zur Wiederanstellung oder zum Schadenersatz besteht) das andere nicht; s. indes Anm. 1 § 78.

2. Die im zweiten Satze gegebene Befugnis schließt das Recht zur Zwangsvollstreckung nicht in sich; StenB. S. 915; Perels-Spilling zu § 79; Brand 148; Pieper 368; Kannegießer, Anm. zu § 79; Schulze 238.

3. Für die privatrechtliche Verantwortlichkeit des Beamten s. §§ 839 f. BGB. und oben § 13.

Von dem Disziplinarverfahren.

§ 80. Jeder Dienstvorgesetzte ist zu Warnungen und Verweisen gegen die ihm untergeordneten Reichsbeamten befugt.

1. S. Anm. zu §§ 74 und 76; desgleichen §§ 82 und 83. S. auch Anm. 2 zu § 60.

2. Die §§ 80 bis 83 betreffen das summarische, die §§ 84 bis 119 das ordentliche (förmliche) Disziplinarverfahren; letzteres wird die oberste Reichsbehörde nur einleiten, wenn die Entfernung aus dem Amt (§ 75) beabsichtigt wird; BMBl. 1869 S. 72. Doch kann auch im förmlichen Verfahren auf Warnung und Verweis erkannt werden.

3. Wegen der Wartegeldempfänger s. § 119.

4. Der Vorgesetzte im Hauptamt ist zu Warnungen und Verweisen wegen des außeramtlichen Verhaltens und des Verhaltens im Nebenamte, falls auch dies ein Reichsamt ist, befugt; vgl. OVG. 5, 41; v. Rheinbaben 137f.

5. Wegen der Militärbeamten s. § 123.

6. Das Ordnungsstrafrecht ist nicht übertragbar; BMBl. 1843 S. 23; Schulze, Anm. 3 zu § 81. Für Ordnungswidrigkeiten können bis zur Abstellung wiederholte Ordnungsstrafen verhängt werden; OVG. v. 4. Febr. 1880 bei v. Rheinbaben 139.

7. Ordnungsstrafen können auch gegen probeweise (von ihrer vorgesetzten Dienstbehörde und beurlaubte) Beschäftigte verhängt und vollstreckt werden, außer gegen Militärpersonen; BMBl. 1891 S. 180.

8. Die Oberrechnungskammer (Rechnungshof) ist nicht Dienstvorgesetzter im Sinne des § 80; StenB. des AbgH. 1871/72, Anl. Bd. I S. 140 zu § 15 des Oberrechnungskammerges. v. 27. März 1872 (GS. 278).

§ 81. Geldstrafen können

1. von der obersten Reichsbehörde gegen alle Reichsbeamte, und zwar bis zum höchsten zulässigen Betrage (§ 74 Nr. 3),
2. von den derselben unmittelbar untergeordneten Behörden und Vorstehern von Behörden bis zum Betrage von dreißig Mark,

3. von den den letzteren untergeordneten Behörden und Vorstehern von Behörden bis zum Betrage von neun Mark

verhängt werden.

1. Umwandlung der Geld- in Freiheitsstrafe ist unzulässig; BMBl. 1850 S. 30.

2. Die Geldstrafe fließt zur Reichskasse.

3. Das im § 81 vorgeschriebene Maximum darf nicht überschritten werden, wenn in einem und demselben Verfahren Geldstrafen für verschiedene Dienstvergehen verhängt werden; OVG. 25, 412; 32, 431. Untergeordnete Behörden müssen, wenn sie eine höhere Geldstrafe als angemessen halten, evtl. die höhere Behörde ersuchen; Schulze, Anm. 3 zu § 81.

4. Die Geldstrafen müssen stets in bestimmter Höhe festgesetzt werden.

5. Wegen der Landesbeamten in den Schutzgebieten s. Art. 8 Z. 2 V. v 9 Aug. 1896 (RGBl. 691).

6. S. § 74 (Verweis neben Geldstrafe).

§ 82. Vor der Verhängung einer Ordnungsstrafe ist dem Beamten Gelegenheit zu geben, sich über die ihm zur Last gelegte Verletzung seiner amtlichen Pflichten zu verantworten.

Die Verhängung der Ordnungsstrafen erfolgt unter Angabe der Gründe durch schriftliche Verfügung oder zu Protokoll.

Ist eine Geldstrafe für den Fall der Nichterledigung einer speziellen dienstlichen Verfügung binnen einer bestimmten Frist angedroht, so kann nach Ablauf der Frist die Geldstrafe ohne weiteres festgesetzt werden.

1. S. auch A. 2 zu § 60a. Die Kosten des Ordnungsstrafverfahrens treffen den Beamten nicht; BMBl. 1892 S. 79.

2. Gelegenheit zur Verantwortung kann mündlich oder schriftlich gegeben werden. Ob der Beamte von der Gelegen-

heit Gebrauch macht, ist unerheblich; Schulze 240. S. zu § 82 auch RDH. v. Febr. 1889, Schulze RDH. 106 f.

3. Ist die Ordnungsstrafe nicht gemäß Abs. 2 verfügt worden, so gilt sie nicht als gültig verhängt. Die Ordnungsstrafen im Sinne des § 82 sind zu den Personalakten mitzuteilen.

4. Ordnungsstrafen sind sofort vollstreckbar. Rechtsmittel § 83) haben keinen aufschiebenden Erfolg.

5. Die Strafe in Abs. 3 ist keine Disziplinarstrafe, sondern ein Zwangsmittel; s. §§ 73, 74. Dehalb ist ihre Höhe nicht durch § 83 begrenzt; ebenso Seydel 329, 330; BMBl. 1866 S. 133; Pieper 375; a. A. Brand 151; Perels-Spilling Anm. 4 und Schulze 241. Die Verhängung eines Zwangsmittels schließt bezüglich des dadurch betroffenen Falls Disziplinarstrafen aus; Pieper 377; s. auch Seydel 93.

§ 83. Gegen die Verhängung von Ordnungsstrafen findet nur Beschwerde im Instanzenzuge statt.

1. Die Beschwerde im Sinne des § 83 ist an Fristen und Formen nicht gebunden; ebenso Schulze 242. Die Einleitung des förmlichen Disziplinarverfahrens kann vom Beamten nicht verlangt werden; Seydel 125; Pieper 377; Brand 151; s. auch Perels-Spilling, Anm. 5.

2. Die Beschwerde kann bis in die höchste Instanz verfolgt werden. Die vorgesetzte Instanz kann auch von Amts wegen die Zulässigkeit von Ordnungsstrafen prüfen, diese mildern oder aufheben, auch wenn sie bereits vollstreckt sind (BMBl. 1891 S. 134), sie kann auch aufheben (wegen des ne bis in idem), um ein förmliches Disziplinarverfahren einzuleiten; Perels-Spilling, Anm. 5; Brand 151; v. Rheinbaben 152; BMBl. 1891 S. 134; RDiszH. v. 19. Febr. 1900 F. 9/99, s. auch A. 1 zu § 75, s. ferner RDH. bei Schulze, RDH. 96, 258 f.

3. Die vorgesetzte Behörde kann die Ordnungsstrafen auch verschärfen, von Amts wegen oder als Antwort auf die Beschwerde des Bestraften.

§ 84. Der Entfernung aus dem Amte muß ein förmliches Disziplinarverfahren vorhergehen. Die Einleitung desselben wird von der obersten Reichsbehörde verfügt.

Das Disziplinarverfahren besteht in einer schriftlichen Voruntersuchung und einer mündlichen Verhandlung.

1. Entfernung aus dem Amt, die entweder Strafversetzung oder Dienstentlassung ist, s. § 75.

2. Gegen die nur auf Probe oder Kündigung angestellten Beamten wird das förmliche Disziplinarverfahren nur ausnahmsweise einzuleiten sein, nämlich um eine Strafversetzung zu verhängen oder ihnen einen Pensionsteil zu entziehen oder gemäß § 75 zuzusprechen, oder wenn sonst die Schuld nicht zu beweisen ist; Anm. 1 zu § 32; Pieper 379; Brand 152; Schulze 243.

3. Die Vorschriften der RStrPO. kommen selbst, wo Vorschriften im RBG. fehlen, nicht ohne weiteres zur Anwendung, sondern nur da, wo dies als dem Willen des Beamtengesetzes entsprechend erkennbar; vgl. Arndt 656; Mot. 75; RGEntsch. 10, 3; Seydel 4; Schulze 243; Pieper 387; Brand 152 f.; v. Rheinbaben 154 f. und DJZ. 1908 S. 97.

4. Mit Einleitung des förmlichen Disziplinarverfahrens erlischt das Ordnungsstrafrecht (§ 80) hinsichtlich der Gegenstände dieses Verfahrens; OVG. 26, 42.

5. S. auch § 85 Abs. 2 (Gefahr im Verzuge). Die Einleitungsverfügung muß die Anschuldigungspunkte enthalten; s. auch § 94.

6. Ein Disziplinarverfahren ohne förmliche, schriftliche Voruntersuchung ist, auch wenn der Beamte geständig, nötig; OVG. 12, 430; 16, 398. Weder die Staatsanwaltschaft noch der Disziplinarrichter, nur die oberste Reichsbehörde hat darüber zu befinden, ob und welche Handlungen des Beamten zur förmlichen Disziplinaruntersuchung zu ziehen sind, RDH. 1. Jan. 1908; Schulze RDH. 301; s. auch das. 13, 24, 264, 272, 273, 279, 292.

7. Zur Ausübung der nach den §§ 84, 85, 96 bis 98, 101, 127, 128 des Reichsbeamtengesetzes der obersten Reichsbehörde beigelegten Funktionen ist in Bezug auf den Reichsbankpräsidenten und die Mitglieder des Reichsbankdirektoriums das Reichsbankkuratorium nach Anhörung der Reichsbankdirektion zuständig, § 28 des Gesetzes über die Autonomie der Reichsbanken vom 26. Mai 1922 (RGBl. 135).

§ 85. Die oberste Reichsbehörde ernennt den untersuchungsführenden Beamten und diejenigen Beamten, welche im Laufe des Disziplinarverfahrens die Verrichtungen der Staatsanwaltschaft wahrzunehmen haben.

Ist Gefahr im Verzuge, so kann die Verfügung der Einleitung des Disziplinarverfahrens und die Ernennung des untersuchungsführenden Beamten vorläufig von einer der im § 81 unter Nr. 2 bezeichneten Behörden oder einem der dort bezeichneten Beamten ausgehen. Es ist alsdann die Genehmigung der obersten Reichsbehörde einzuholen und, sofern diese versagt wird, das Verfahren einzustellen.

1. S. auch Art. 7 zu § 84. Oberste Reichsbehörde s. Anm. 1 zu § 16. Als der untersuchungsführende Beamte kann sowohl ein Reichs- wie ein Landesbeamter bestellt werden; RDiszH. v. 2. April 1883 bei Perels-Spilling Anm. 23; Pieper 380; v. Zedlitz-Neukirch S. 46, 104; StenB. 705, 907, 909; Schulze 245; a. A. Brand 154. Ein Anfechtungsrecht bezüglich des Untersuchungsführenden ist nicht gegeben; RDiszH. § 22 Ziff. 7 der GeschO. in Anl. IV. Wer Untersuchungsführender war, kann später zum Staatsanwalt bestellt werden; RDiszH. v. 28. Nov. 1898 F. 13/98. Gegen die Bestellung zum Untersuchungsführenden ist ein Rechtsmittel oder Beschwerde wegen Befangenheit nicht gegeben; RDiszH. v. 2. Juli 1883 bei Perels-Spilling zu § 85. Der Staatsanwalt kann auch zugunsten des Angeschuldigten auftreten; Mot. 72, 76; Perels-Spilling, Anm. 3; Brand, Anm. 4; Schulze 245.

Gefahr im Verzuge im Sinne des § 85 liegt nur vor, wenn Gefahr für die Untersuchung besteht, z. B. daß Beweise verloren gehen; Perels-Spilling, Anm. 3; Schulze 246; Brand 154; a. A. Pieper, Anm. 3; s. auch § 131.

2. Gegen pensionierte Beamte ist jedes Disziplinarverfahren ausgeschlossen; Anm. 1 zu § 34.

3. In der Zwischenzeit zwischen der vorläufigen Einleitung des Verfahrens und der Genehmigung der obersten Reichsbehörde kann das Verfahren ungehindert Fortgang nehmen. OVG. v. 28. Febr. 1899 D 37 bei v. Rheinbaben 161.

§ 86. Die entscheidenden Disziplinarbehörden, welche je nach Bedürfnis zusammentreten, sind

1. in erster Instanz die Disziplinarkammern,
2. in zweiter Instanz der Disziplinarhof.

Die Disziplinarbehörden des § 86 sind unständige Kollegien; ihre Mitglieder erhalten Tagegelder und Fuhrkosten (§ 18), sie sind als solche, auch wenn sie im übrigen Landesbeamte sind, Reichsbeamte; sie selbst sind Reichsbehörden. Ein Zwang zur Mitgliedschaft besteht außer für Reichsbeamte nicht.

Benennung V. v. 23. Juni 1919 (RGBl. 582).

§ 87. An folgenden Orten:

Potsdam, Frankfurt a. O., Königsberg, (Danzig), Stettin, Köslin, auch für Grenzmark Posen-Westpreußen, (Bromberg, Posen), Berlin, Magdeburg, Erfurt, Breslau, Liegnitz, Oppeln, Münster, Dormund, Düsseldorf, Köln, Trier, Darmstadt, Frankfurt a. M., Cassel, Hannover, Schleswig, Leipzig, Karlsruhe, Schwerin, Lübeck und Bremen

wird je eine Disziplinarkammer errichtet.

Durch Anordnung des Reichspräsidenten können im Einvernehmen mit dem Reichsrat einzelne Disziplinarkammern auch an anderen Orten errichtet oder nach anderen Orten verlegt werden.

Der Disziplinarhof tritt am Sitze des Reichsgerichts zusammen.

S. auch die Versprechungen der Reichsregierung in AöR. 43, 335.

In Berlin sind durch Präsidialverordn. v. 23. Mai 1922 (RGBl. 487) zwei Disziplinarkammern gebildet, die Disziplinarkammer in Arnsberg ist nach Dortmund verlegt; VO. v. 27. September 1922 (RGBl. 759).

Abs. 2 in Fassung G. v. 21. Juni 1922 (RGBl. 590).

S. Friedensverrtrag v. 28. Juni 1919 (RGBl. 839, 869) Art. 87, Art. 100.

1. Disziplinarkammern bestehen noch in Stuttgart gemäß V. v. 11. Juli 1873 (RGBl. 293); s. auch V. v. 29./31. März 1920 (RGBl. 661) Art. 10; desgleichen in Bayern V. v. 29./31. März 1920 (RGBl. 646) § 10, und zwar in München, Nürnberg und Zweibrücken V. des Reichspräsidenten v. 1. Dez. 1920 (RGBl. 2031).

2. Disziplinargericht I. Instanz für die Schutzgebiete war nach Art. 9 V. v. 9. Aug. 1896 (RGBl. 691) die Disziplinarkammer für die Schutzgebiete in Berlin.

3. Einvernehmen bedeutet soviel wie Zustimmung; a. A. u. a. Brand 156. An die Stelle des Kaisers ist der Reichspräsident, an die des Bundesrats der Reichsrat getreten.

§ 88. Die Bezirke der Disziplinarkammern werden vom Kaiser im Einvernehmen mit dem Bundesrat abgegrenzt.

Zuständig im einzelnen Falle ist die Disziplinarkammer, in deren Bezirke der Angeschuldigte zur Zeit der Einleitung des förmlichen Disziplinarverfahrens seinen dienstlichen Wohnsitz hat, und wenn dieser Wohnsitz im Auslande sich befindet, die Disziplinarkammer in Potsdam.

Streitigkeiten über die Zuständigkeit verschiedener Disziplinarkammern werden vom Disziplinarhof entschieden.

1. Die Abgrenzung der Bezirke ist durch V. v. 11. Juli 1873 und 7. Jan. 1874 (RGBl. 1873 S. 293, 1874 S. 3) erfolgt. S. auch Anm. 1 zu § 87. In der Regel umfassen die Bezirke die der bez. Regierungsbezirke.

2. Dienstlicher Wohnsitz s. § 19, bei Wartegeldempfängern § 11, bei Beamten der Reichseisenbahnverwaltung s. G. v. 5. Nov. 1874 (RGBl. 128) und Anm. 1 zu § 87.

3. Die Prüfung der Zuständigkeit erfolgt von Amts wegen. Prorogatio fori findet nicht statt; s. v. Rheinbaben 173. Analog 43 StPO. kann auch durch Konnexität die Zuständigkeit begründet werden; RDH. 25. Nov. 1895, Schulze RDH. 270.

§ 89. Jede Disziplinarkammer besteht aus sieben Mitgliedern. Der Präsident und wenigstens zwei andere Mitglieder müssen in richterlicher Stellung im Reich oder in einem Lande sein. Für den Präsidenten und jedes Mitglied sind Stellvertreter zu ernennen. Die übrigen Mitglieder werden aus dem Beamtenstand entnommen.

Die Disziplinarkammern entscheiden in einer Besetzung von fünf Mitgliedern mit Einschluß des Vorsitzenden. Der Vorsitzende und wenigstens ein Beisitzer müssen zu den richterlichen Mitgliedern gehören.

Auf das Verfahren sind die Gerichtsferien der ordentlichen Gerichte ohne Einfluß.

§ 89 beruht auf Ges. v. 25. Juli 1922, (RGBl. 520).

1. Ernennung § 93, Beschlußfähigkeit in Abs. 2. Die dort vorgeschriebene Zahl darf bei der mündlichen Verhandlung nicht überschritten werden (aber sonst).

2. Es können an der mündlichen Verhandlung auch mehr als zwei, es können auch nur richterliche Mitglieder teilnehmen (GeschO. §§ 3, 4, 5, 7, 8 a. a. O.).

§ 90. Wenn auf den Antrag des Beamten der Staatsanwaltschaft oder des Angeschuldigten der Disziplinarhof das Vorhandensein von Gründen anerkennt, welche die Unbefangenheit der zuständigen Disziplinarkammer zweifelhaft machen, so tritt eine andere durch den Disziplinarhof ernannte Disziplinarkammer an deren Stelle.

1. Die Befangenheit kann bis zum bis zum Schlusse der betr. Verhandlung gerügt werden, nachher ist nur Berufung zulässig; RDiszH. v. 5. Nov. 1883 bei Perels-Spilling zu § 90. Auch gegen einzelne Mitglieder kann Befangenheit gerügt werden: s. Perels-Spilling l. c. (z. B. weil sie durch den Angeschuldigten geschädigt oder persönlich beleidigt sind; die Mitwirkung in einem früheren Teile des Verfahrens begründet im Disziplinarverfahren nicht Befangenheit; RDiszH. v. 5. Mai 1883 F. 6/38; a. A. Brand 158.

2. Die §§ 23, 24 StrPO. finden überhaupt auch nicht analoge Anwendung; Arndt 657; Perels-Spilling l. c. Brand 158; Pieper 389; a. A. OVG. 16, 396; RDiszH. v. 5. Nov. 1883; Schulze RDH. 283.

3. Die Entscheidung über die Ablehnung einzelner Mitglieder steht der betr. Disziplinarkammer nach freiem Ermessen zu; Pieper 387.

§ 91. Der Disziplinarhof besteht aus elf Mitgliedern. Der Präsident und zwei Mitglieder müssen zu den Mitgliedern des Reichsgerichts gehören. Zwei weitere Mitglieder müssen Bevollmächtigte zum Reichsrat sein. Die übrigen Mitglieder werden aus dem Beamtenstande entnommen. Für jedes Mitglied sind vier Stellvertreter zu ernennen.

Die mündliche Verhandlung und Entscheidung in den einzelnen Disziplinarsachen erfolgt durch sieben Mitglieder. Der Vorsitzende und wenigstens ein Mitglied müssen zu den richterlichen Mitgliedern gehören.

1. § 91 beruht auf G. v. 21. Juli 1922 (RGBl. 590), oben § 10a f. Die Anm. zu § 86 finden analoge Anwendung.

2. S. hierzu § 23 der GeschO. für die Disziplinarbehörden in Anl. IV.

§ 92. Die Geschäftsordnung bei den Disziplinarbehörden, insbesondere die Befugnisse des Präsidenten und die Reihenfolge, in welcher die richterlichen Mitglieder an den einzelnen Sitzungen teilzunehmen haben, wird durch ein Regulativ geordnet, welches der Disziplinarhof zu entwerfen und dem Bundesrate zur Bestätigung einzureichen hat.

GeschO. v. 18. April 1880 (RZBl. 203), Anl. IV; die des Disziplinarhofs für die richterlichen Militärjustizbeamten beim Reichsmilitärgericht v. 30. Jan. 1902 (RZBl. 63). Die Geschäftsordnung ist kein Gesetz. Nichtbefolgung ist ohne Wirkung der Nichtigkeit, doch kann sie evtl. Wiederholung einer Prozeßhandlung statthaft erscheinen lassen; RDH. 22. Jan. 1876 u. 13. Juli 1881, Schulze RDH. 141, 286.

§ 93. Die Mitglieder der Disziplinarkammern und des Disziplinarhofs werden für die Dauer von drei Jahren vom Reichspräsidenten ernannt, die richterlichen Mitglieder und die des Reichsrats nach Anhörung des Reichsrats.

Die Amtsdauer der gegenwärtigen Mitglieder der Disziplinarkammern und des Disziplinarhofs findet mit dem 31. August 1922 ihr Ende.

§ 93 ist Fass. d. G. v. 21. Juli 1922 (RGBl. 590). S. auch RGBl. 1922, 331.

1. Der Reichspräsident ist an die Wahl des Reichsrats gebunden; s. auch Anm. 2 zu § 91. Ernennung für eine unbegrenzte Zeit ist unstatthaft. Reichsbeamte müssen, andere Beamte können die Ernennung annehmen; s. Pieper 392; Perels-Spilling Anm. 2 zu § 49; Thudichum 318; Schulze 254.

2. Das Amt als Disziplinarrichter geht mit dem Hauptamt verloren, oder wenn der Beamte auf Antrag aus dem

Nebenamte als Disziplinarrichter entlassen wird; s. auch Brand 160; Schulze 254.

3. Bei den Bevollmächtigten zum Reichsrat hört die Mitgliedschaft zum Disziplinarhof mit der Bevollmächtigung zum Reichsrat auf (also mit dem Verlust des Amts, mit Bezug worauf sie zum Bundesrat bevollmächtigt waren); vgl. Laband I § 47.

4. Die Mitglieder der Reichsdisziplinargerichte werden auf die Erfüllung ihrer diesbezüglichen Obliegenheiten verpflichtet; RDiszH. v. 2. April 1883 F. Vereidigung erfolgt nicht. Schulze RDH. 105.

5. Das Amt eines Disziplinarrichters ist ein unbesoldetes Ehrenamt; doch erhalten Beamte, die nicht am Sitze des Disziplinargerichts ihren dienstlichen Wohnsitz haben, gemäß § 18 Tagegelder und Fuhrkosten.

§ 94. In der Voruntersuchung wird der Angeschuldigte unter Mitteilung der Anschuldigungspunkte vorgeladen und der Beamte der Staatsanwaltschaft zugezogen. Dieselben werden, wenn sie erscheinen, mit ihren Erklärungen und Anträgen gehört. Die Zeugen werden, nach Befinden eidlich, vernommen und die sonstigen Beweise erhoben. Den Vernehmungen der Zeugen darf weder der Beamte der Staatsanwaltschaft noch der Angeschuldigte beiwohnen.

Die Verhaftung, vorläufige Festnahme oder Vorführung des Angeschuldigten ist unzulässig.

1. S. Anm. 8 zu § 84, wonach Voruntersuchung stets, auch bei Geständnis, notwendig ist; s. auch Schulze, Anm. 1 und 2 zu § 94.

2. Der Angeschuldigte ist zunächst über seine Personalien zu befragen (BMBl. 54 S. 109), Personalakten sind einzufordern (JMBl. 1852 S. 350; 1853 S. 82), Angeschuldigter hat kein Recht der Einsichtnahme in diese; RDiszG. v. 4. Febr. 1884; Schulze RDH. 106.

3. Verteidiger ist erst nach Erhebung der Anklage zugelassen (§ 101), die Staatsanwaltschaft ist schon in der Voruntersuchung, außer bei der Zeugenvernehmung, zuzuziehen.

4. Bei Abwesenheit des Angeschuldigten erfolgt die Beweisaufnahme nach Lage der Sache, und zwar nach freiem Ermessen des Voruntersuchungführenden. Diesem steht frei, Zeugen vereidigt oder unvereidigt zu vernehmen; Schulze 258.

5. Versicherung auf den Amtseid ersetzt die eidliche Vernehmung der Zeugen nicht; BMBl. 1894 S. 118; Pieper 395.

6. Das Zeugnis kann, wenn nicht gesetzliche Ablehnungsgründe vorliegen, erzwungen werden; Arndt 656; Perels-Spilling, Anm. 7; v. Rheinbaben 190f.; OTr. bei Goltd. 9, 487; Oppenhoff, Rechtspr. 1, 388; 7, 315; 14, 522; 15, 18; 16, 575; RGSt. 10, 429; 19, 440; Delius, DJZ. 2, 48f.; Brand 163; KGEntsch. 4, 3; Schulze 257.

Dies folgt aus Mot. S. 75: „Über die Beweisaufnahme, namentlich die Vernehmung der Zeugen, deren Vorladung, Zwang zum Erscheinen und Beeidigung, werden die gewöhnlichen Regeln des Strafverfahrens gelten müssen"; also auch z. B. die über Zeugnisverweigerung; StrPO. §§ 51 bis 54. Die Gefahr eigener disziplinarischer Verfolgung gibt kein Recht zur Zeugnisverweigerung; StrPO. § 54; Schulze 257. Ebenso Löwe-Rosenberg, Anm. 2b zu § 54, Anm. 6 zu § 56 StrPO.; Laband I § 47. Gerichte müssen auf Requisition Zeugen vernehmen; s. v. Rheinbaben 191; Arndt 657; KG., OTr. u. RG. l. c.; Seydel 164f.; a. A. Pieper 395; Brand 163; RGSt. 19, 432; 22, 111.

7. Auch Sachverständige können vernommen werden. Zur Vornahme von Durchsuchungen und Beschlagnahmen ist der Untersuchungskommissar gleichfalls befugt; Pieper 395; Brand 164; Perels-Spilling, Anm. zu § 94; RGSt. 10, 429; a. A. Seydel 460; desgleichen zur Betretung der Wohnung des Beamten, RDH. 4. Nov. 1911, Schulze RDH. 237.

Im Falle des Nichterscheinens gilt der Angeschuldigte als bestreitend; v. Rheinbaben 198. Er kann nicht zwangsweise vorgeführt noch unter Drohung von Geldstrafen vorgeladen werden, RDH. 8. Febr. 1901, Schulze RDH. 265.

Der untersuchungführende Beamte hat das Recht, Zeugen eidlich zu vernehmen, auch wenn er nicht richterliche Qualifikation hat; v. Rheinbaben 190.

Für die Ladung öffentlicher Beamten als Zeugen kommen die Erlasse des Justizministers v. 17. Mai 1883 (JMBl. 155) und v. 24. Mai 1886 (JMBl. 137) und der Minister des Innern, der Finanzen usw. v. 28. Juli 1886 (BMBl. 181) Anwendung; für die im Auslande sich aufhaltenden Zeugen s. JMBl. 1887 S. 139 und BMBl. 1892 S. 80. Gebühren berechnen sich nach der Gebührenordnung für Zeugen und Sachverständige.

§ 95. Über jede Untersuchungshandlung ist durch einen vereideten Protokollführer ein Protokoll aufzunehmen. Den vernommenen Personen ist ihre Aussage unmittelbar nach der Protokollierung vorzulesen, um denselben Gelegenheit zur Berichtigung und Ergänzung zu geben.

1. Der Protokollführer muß vereidet sein, er braucht nicht ad hoc noch besonders vereidet zu werden; OVG. v. 11. Jan. 1888 (BMBl. 33); Seydel 168; Perels-Spilling zu § 95; Brand 164; Pieper 397.

2. Ein Protokoll ist nach Durchsuchungen, Beschlagnahmen usw. aufzunehmen; Perels-Spilling l. c.; Brand 164; Pieper 397.

§ 96. Wenn der Voruntersuchungsbeamte die Voruntersuchung für geschlossen erachtet, so teilt er die Akten dem Beamten der Staatsanwaltschaft mit. Hält dieser eine Ergänzung der Voruntersuchung für erforderlich, so hat er dieselbe bei dem Voruntersuchungsbeamten zu beantragen, welcher, wenn er entgegengesetzter Ansicht ist, die Entscheidung der obersten Reichsbehörde einzuholen hat.

1. Der Staatsanwalt hat nicht, wie nach StrPO. § 194, das jederzeitige Recht der Akteneinsicht; Schulze 262. S. auch A. 7 zu § 84.

§ 97. Nach geschlossener Voruntersuchung ist dem Angeschuldigten der Inhalt der erhobenen Beweismittel mitzuteilen. Darauf werden die Akten an die oberste Reichsbehörde eingesendet.

1. Die Mitteilung kann schriftlich oder mündlich durch vollständige oder auszugsweise Vorlesung oder durch Angabe des wesentlichen Inhalts erfolgen. Erscheint der Angeschuldigte nicht in dem zur Entgegennahme der Mitteilung angesetzten Termine, so gilt die Mitteilung als erfolgt; Perels-Spilling, Anm. 1 und 2; s. auch Art. 7 zu § 84. Ein Recht auf Abschriften hat der Beamte nicht, noch auf Einsicht der Disziplinarstrafakten. RDH 29. Juli 1908, Schulze, RDH. 304.

§ 98. Die oberste Reichsbehörde ka nnmit Rücksicht auf den Ausfall der Voruntersuchung das Verfahren einstellen und geeigneten Falles eine Ordnungsstrafe verhängen.

Der Angeschuldigte erhält Ausfertigung des darauf bezüglichen, mit Gründen zu unterstützenden Beschlusses.

1. Der Einstellungsbeschluß, auch wenn zugleich eine Ordnungsstrafe verhängt ist, kann von dem Angeschuldigten weder vorher noch nachher angefochten werden; Schulze 264.

2. Die Einstellung kann nicht mehr erfolgen, nachdem das Verfahren vor der Disziplinarkammer durch Eingang des Überweisungsbeschlusses anhängig geworden ist; vgl. indes Anm. 2 zu § 101 und OVG. 26, 425; nach Ansicht des Preuß.Min. (VMBl. 1877 S. 299) und v. Rheinbaben noch bis zur Ladung des Angeschuldigten vor das erkennende Gericht. Gegen diese Ansicht spricht die Unzulässigkeit von Eingriffen der Verwaltung in die Rechtsprechung; s. unten zu § 118. Kosten können in einem Beschlusse nach § 98 dem Angeschuldigten nicht auferlegt werden. S. zu § 98 auch Anm. 7 zu § 84.

§ 99. Die Wiederaufnahme des Disziplinarverfahrens wegen der nämlichen Anschuldigungspunkte ist nur auf Grund neuer Beweise und während eines Zeitraums von fünf Jahren, vom Tage des Einstellungsbeschlusses ab, zulässig.

War eine Ordnungsstrafe verhängt (§ 98), so findet eine Wiederaufnahme des eingestellten Disziplinarverfahrens nicht statt.

1. Abs. 2 bezieht sich nicht auf Ordnungsstrafen im Sinne der §§ 80 bis 83, auch nur auf ein gemäß § 98 eingestelltes Verfahren: s. auch § 117.

2. Die Zulässigkeit der Wiederaufnahme unterscheidet die Einstellung von der Freisprechung; v. Rheinbaben 195.

§ 100. Die Einstellung des Verfahrens muß erfolgen, sobald der Angeschuldigte seine Entlassung aus dem Reichsdienste mit Verzicht auf Titel, Gehalt und Pensionsanspruch nachsucht, vorausgesetzt, daß er seine amtlichen Geschäfte bereits erledigt und über eine ihm etwa anvertraute Verwaltung von Reichsvermögen vollständige Rechnung gelegt hat.

Die Verhängung einer Ordnungsstrafe ist in diesem Falle nicht zulässig. Die Kosten des eingestellten Verfahrens (§ 124) fallen dem Angeschuldigten zur Last.

1. Sucht ein Beamter während des Disziplinarverfahrens seine Pensionierung nach, so muß das Pensionierungsverfahren bis zur Beendigung des Disziplinarverfahrens ausgesetzt werden; BMBl. 1884 S. 94, 1886 S. 37; Pieper 404; Perels-Spilling zu § 100; Seydel 173; Brand 167; doch kann ein solches Nachsuchen Anlaß für die Einstellung des Disziplinarverfahrens nach § 98 geben

2. Dem Antrage des Beamten auf Entlassung muß im Falle des § 100 stattgegeben werden; Arndt 554, 635; G. Meyer, § 156 Anm. 1; Laband I § 48; Rehm 203; Pieper 403; Brand 167; Schulze 265; OVG. 10, 371;

s. aber auch JMBl. 1856 S. 162; BMBl. 1856 S. 141; 1866 S. 160; 1877 S. 272; Seydel 171 f.; Loening VerwR. 134; Perels-Spilling, Anm. 3. Unter Umständen kann die Zwangspensionierung erfolgen; Perels-Spilling, Anm. 6 zu § 84; Schulze, Anm. 4 zu § 100; s. auch RDH. v. 29. Nov. 1893; Schulze RDH. 306.

3. Die Entlassung des Beamten erfolgt durch den, de ihn angestellt hat; s. Art. 18 Abs. 1 RVf.; Laband I § 48. Wegen der Kosten s. § 124 und Anm. 5.

4. Der Antrag kann nicht mehr nach Erlaß eines rechtskräftigen Urteils gestellt werden; OVG. v. 1. Okt. 1895, DJZ. Jahrg. 1 S. 79.

5. Im Falle der Entlassung gemäß § 100 ist der nicht zu den Stellvertretungs- und Untersuchungskosten verwendete Teil des einbehaltenen Gehalts nachzuzahlen; §§ 128, 129; Brand 167; Pieper 405, 275: Perels-Spilling zu § 100. Nach RGZ. 83, 152 sind Kosten des Verfahrens im Sinne des § 100 nur die im § 124 bezeichneten baren Auslagen.

§ 101. Beschließt die oberste Reichsbehörde die Verweisung der Sache vor die Disziplinarkammer, so wird der Angeschuldigte nach Eingang einer von dem Beamten der Staatsanwaltschaft anzufertigenden Anschuldigungsschrift unter abschriftlicher Mitteilung der letzteren zu einer von dem Vorsitzenden der Disziplinarkammer zu bestimmenden Sitzung zur mündlichen Verhandlung vorgeladen.

Der Angeschuldigte kann sich des Beistandes eines Rechtsanwalts als Verteidigers bedienen. Dem letzteren ist die Einsicht der Voruntersuchungsakten zu gestatten.

1. Nicht der (nur der Disziplinarkammer und der Staatsanwaltschaft zuzufertigende) Überweisungsbeschluß, sondern die Anschuldigungsschrift bildet die Grundlage des Verfahrens und begrenzt die Verhandlung, ohne daß die Disziplinar-

gerichte an die Würdigung der Tatsachen oder die Anträge der Staatsanwaltschaft in irgendwelcher Weise gebunden sind; s. v. Rheinbaben 199; VMBl. 1871 S. 97; Pieper 406.

2. Die Anschuldigungsschrift muß (bei Unwirksamkeit der Ladung) dieser beiliegen und die dem Beamten zur Last gelegten Dienstvergehen, die Beweismittel und die Disziplinarkammer anführen; s. auch Schulze 266; vgl. auch StrPO. § 198; ferner RDH. 23. März 1878; Schulze RDH. 342; s. auch das. S. 194, 234, 304. Ob die Sache bei der Disziplinarkammer durch Eingang des Überweisungsbeschlusses (Brand, Anm. 1) oder mit dem Eingang der Anschuldigungsschrift (Schulze 267; Pieper, Anm. 1) anhängig wird, ist streitig. In ein anhängiges Verfahren kann die oberste Reichsbehörde nicht eingreifen; Schulze 267.

3. § 17 Preßges. v. 7. Mai 1874 (RGBl. 65) findet auf die Anschuldigungsschrift keine Anwendung; RGSt. 3, 42.

4. Nur ein wo auch im Deutschen Reich zugelassener Rechtsanwalt, nicht z. B. ein Rechtslehrer (StPO. § 138) kann als Beistand auftreten, auch nicht mit Genehmigung des Gerichts; s. Seydel 179; Perels-Spilling zu § 101; v. Rheinbaben 240.

5. Dem Angeschuldigten braucht die Einsicht in die Akten nicht gestattet zu werden; doch ist RVf. Art. 129 zu beachten, wonach dem Beamten Einsicht in seine Personalnachweise zu gewähren ist, auch daß Eintragungen von ihm ungünstigen Tatsachen erst vorzunehmen sind, wenn dem Beamten Gelegenheit gegeben war, sich über sie zu äußern. Ein Recht auf Einsicht in die Disziplinarakten hat der Beamte nicht, sein Verteidiger erst nach Verweisung der Sache vor die Disziplinarstrafkammer, Abschriften können nach Ermessen der Behörde erteilt werden RDH. 29. Juni 1908; Schulze RDH. 304.

6. Ob einem Vertagungsantrage stattzugeben, ist Sache richterlichen Ermessens; Brand 169; Perels-Spilling, Anm. 9; Schulze 269.

7. Gebühren für Verteidigung berechnen sich nach § 91 der Gebührenordnung für Rechtsanwälte v. 20. Mai 1898 (RGBl. 692) abgeändert durch Gesetz v. 18. Dez. 1919 (RGBl. 2115) und v. 8. Juli 1921 (RGBl. 910), wie bei dem Verfahren vor der Strafkammer; s. auch § 124 und Anm. 7 zu § 84.

§ 102. Die mündliche Verhandlung findet statt, auch wenn der Angeschuldigte nicht erschienen ist. Derselbe kann sich durch einen Rechtsanwalt vertreten lassen. Der Disziplinarkammer steht es jedoch, sofern der Angeschuldigte seinen dienstlichen Wohnsitz im Deutschen Reiche hat, jederzeit zu, das persönliche Erscheinen des Angeschuldigten unter der Warnung zu verordnen, daß bei seinem Ausbleiben ein Verteidiger zu seiner Vertretung nicht werde zugelassen werden.

Ein anderes Präjudiz als die Nichtzulassung eines Verteidigers kann nicht gestellt werden; s. § 49 Abs. 2. Vorführung ist unstatthaft; Mot. 76; s. auch § 104.

§ 103. Die mündliche Verhandlung ist öffentlich. Die Öffentlichkeit kann aus besonderen Gründen auf den Antrag des Angeschuldigten, des Beamten der Staatsanwaltschaft oder von Amts wegen durch Beschluß der Disziplinarkammer ausgeschlossen oder auf bestimmte Personen beschränkt werden. Die Gründe der Ausschließung oder Beschränkung der Öffentlichkeit müssen aus dem Sitzungsprotokolle hervorgehen.

Der Beschluß über Ausschluß der Öffentlichkeit wird in nichtöffentlicher Sitzung gefaßt, seine Verkündung erfolgt in öffentlicher Sitzung; § 22 der GeschO. Nichtbeachtung dieser Vorschrift begründet an sich keine Nichtigkeit RDiszH. v. 12. Nov. 1900 F. 6/00; s. auch Pieper 409; Schulze 271.

§ 104. Bei der mündlichen Verhandlung wird der wesentliche Inhalt der Anschuldigungsschrift von dem

Beamten der Staatsanwaltschaft mündlich vorgetragen. Der Angeschuldigte wird vernommen. Gesteht derselbe die den Gegenstand der Anschuldigung bildenden Tatsachen ein und walten gegen die Glaubwürdigkeit seines Geständnisses keine Bedenken ob, so beschließt die Disziplinarkammer, daß eine Beweisverhandlung nicht stattfinde.

Andernfalls gibt ein von dem Vorsitzenden der Disziplinarkammer aus der Zahl der Mitglieder ernannter Berichterstatter auf Grund der bisherigen Verhandlungen eine Darstellung der Beweisaufnahme, soweit sie sich auf die in der Anschuldigungsschrift enthaltenen Anschuldigungspunkte bezieht.

Zum Schlusse wird der Beamte der Staatsanwaltschaft mit seinem Vor- und Antrage und der Angeschuldigte mit seiner Verteidigung gehört. Dem Angeschuldigten steht das letzte Wort zu.

1. Die Verhandlung beginnt nach Erledigung der Formalien in allen Fällen mit der Darstellung durch den Berichterstatter; Perels-Spilling, Anm. 1. Die Leitung der mündlichen Verhandlung mit dem Rechte, Fragen der Parteien oder Beisitzer zuzulassen oder zurückzuweisen, steht dem Vorsitzenden zu; RDiszH. v. 4. Febr. 1884 Schulze RDH. 106; s. indes Schulze 275.

Die Zeugenaussagen werden evtl. verlesen. Über Art und Würdigung der Beweisaufahme entscheidet das Ermessen das Gerichts, s. auch §§ 105, 106.

2. Der Staatsanwalt ist bei seinem (Schluß-) Vor- und Antrage an seine früheren nicht gebunden; s. v. Rheinbaben 201; VMBl. 1854 S. 83.

3. Die Verteidigung muß mündlich erfolgen; das Vorlesen kann untersagt werden; RDiszH. v. 30. Jan. 1882 bei Perels-Spilling zu § 104; Seydel 178; Brand 172.

4. Die Nichterteilung des letzten Wortes kann nur gerügt werden, wenn der Angeschuldigte nachweist, daß der von ihm erhobene Anspruch auf das letzte Wort abgelehnt war.

5. Der Schwerpunkt des Verfahrens vor dem Disziplinargericht liegt anders wie beim Strafgericht in der schriftlichen Voruntersuchung, s. RDH. 4. Febr. 1884; Schulze RDH. 110; s. auch das. 293.

§ 105. Wenn die Disziplinarkammer vor oder im Laufe der mündlichen Verhandlung auf den Antrag des Angeschuldigten oder des Beamten der Staatsanwaltschaft oder von Amts wegen die Vernehmung von Zeugen, sei es vor der Disziplinarkammer oder durch einen beauftragten Beamten, oder die Herbeischaffung anderer Beweismittel für angemessen erachtet, so erläßt sie die erforderliche Verfügung und verlegt nötigenfalls die Fortsetzung der Verhandlung auf einen anderen Tag, welcher dem Angeschuldigten bekanntzumachen ist.

1. Die §§ 105—107 betreffen die evtl. für notwendig gehaltene weitere Beweiserhebung.

2. Der Vorsitzende und der beauftragte Beamte haben die nämlichen Befugnisse wie der untersuchungsführende Beamte; s. §§ 85, 94 a. a. O.

3. Das Recht, Fragen zu stellen, steht dem Vorsitzenden zu, einem anderen nur mit dessen Willen, doch kann die Entscheidung des Gerichts angerufen werden; RDiszH. v. 4. Febr. 1884, Schulze RDH. 106.

4. Die Zeugen sind, falls ihre Aussagen für erheblich gehalten werden, auch wenn die Parteien darauf verzichten, zu vereidigen; OVG. v. 7. Mai 1890 bei Brauchitsch 1, 654, Anm. 50; RDiszH. v. 28. Nov. 1898, Schulze RDH. 240, s. auch das. S. 299, 324.

5. Verlesung von Zeugenaussagen ist statthaft; RDiszH. v. 4. Febr. 1884, Schulze RDH. 104; anders § 249 StrPO. Über den Verkehr des Beamten mit Zeugen s. Schulze RDH.

302, Erl. v. 13. Jan. 1908. Zeugen können auch im Ausland vernommen und vereidigt werden; RDH. 5. Juli 1897, Schulze RDH. 298. Der Schwerpunkt der Disziplinaruntersuchung liegt im schriftlichen Vorverfahren. A. 5 zu § 105.

§ 106. Die Vernehmung des Zeugen muß auf Antrag des Beamten der Staatsanwaltschaft oder des Angeschuldigten in der mündlichen Verhandlung erfolgen, sofern die Tatsachen erheblich sind, über welche die Vernehmung stattfinden soll, und die Disziplinarkammer nicht die Überzeugung gewonnen hat, daß der Antrag nur auf Verschleppung der Sache abzielt.

§ 106 bezieht sich nicht auf Sachverständige; Brand 173; a. A. Pieper 415.

§ 107. Stehen dem Erscheinen eines Zeugen Krankheit, große Entfernung oder andere unabwendbare Hindernisse entgegen, so ist von der Disziplinarkammer dessen Vernehmung durch einen damit beauftragten Beamten unter Beiladung der Staatsanwaltschaft und des Angeschuldigten anzuordnen.

Als große Entfernung im Sinne dieses Gesetzes ist es nicht anzusehen, wenn der Zeuge sich im Bezirke der entscheidenden Disziplinarkammer aufhält.

Die Beiladung des Verteidigers ist nicht notwendig.

§ 108. Bei der Entscheidung hat die Disziplinarkammer, ohne an positive Beweisregeln gebunden zu sein, nach ihrer freien, aus dem Inbegriffe der Verhandlungen und Beweise geschöpften Überzeugung zu beurteilen, inwieweit die Anschuldigung für begründet zu erachten.

Ist die Anschuldigung nicht begründet, so spricht die Disziplinarkammer den Angeschuldigten frei. Vorläufige Freisprechung (Entbindung von der Instanz) ist nicht statthaft. Gegen den freigesprochenen Angeschuldigten darf wegen der nämlichen den Gegenstand der Anschuldigung bildenten Handlung ein Disziplinarverfahren nicht wieder eingeleitet werden.

Ist die Anschuldigung begründet, so kann die Entscheidung auch auf eine bloße Ordnungsstrafe lauten.

Die Entscheidung, welche mit Gründen versehen sein muß, wird in der Sitzung, in welcher die mündliche Verhandlung beendigt worden ist, und spätestens innerhalb der darauf folgenden vierzehn Tage verkündet. Eine Ausfertigung der Entscheidung wird dem Angeschuldigten erteilt.

1. Die freie Überzeugung ist nicht maßgebend, soweit ein strafgerichtliches Erkenntnis zugunsten oder zuungunsten des Angeschuldigten entschieden ist; s. indes auch Anm. 1 zu § 78.

2. Die Entscheidung hat sich nur mit den in der Anschuldigungsschrift eingetragenen Tatsachen, nicht mit vorher oder später stattgefundenen oder bekannt gewordenen zu befassen; RDiszH. v. 25. Nov. 1895 (JW. 45); bei Perels-Spilling; Schulze RDH. 270 Anm. 2; ist aber frei in deren Würdigung und Beurteilung; BMBl. 1871 S. 97; Seydel 177; Brand 175. Die Anschuldigungsschrift ist allein maßgebend für den Umfang des Verfahrens; Schulze RDH. 194, 259, 308, 311, doch können andere Vorgänge bei der Strafzumessung berücksichtigt werden, das. 170. Ihr Inhalt muß in erster Instanz erschöpft werden, das. 183, 258, 315.

3. Privatwissenschaft darf nie, Gerichtskundigkeit nur, wenn sie in der Verhandlung erwähnt ist, berücksichtigt werden; RGSt. 16, 328; Perels-Spilling I. c; Brand 178, Pieper 419.

4. Über Form und Überschrift der Entscheidungen s. §§ 15, 16, 23 Nr. 5 GeschO. v. 18. April 1880 bzw. §§ 11, 19, 20 GeschO. v. 3. März 1897 in Anl. IV.

5. Die Gründe brauchen nicht in extenso verkündet zu werden; Pieper 421. Die Verkündung ist im Protokoll zu

vermerken; s. § 22 Nr. 4 Abs. 1 und 2 GeschO. v. 18. April 1880 und § 19, IV GeschO. v. 3. April 1897; BMBl. 1880 S. 293. Wesentliche Veränderungen oder Ergänzungen der Gründe (wohl aber Schreib-, Rechenfehler, Unklarheiten und dgl.) dürfen nach der Verkündung nicht vorgenommen werden; vgl. RGSt. 15, 271; Löwe-Rosenberg zu StrPO. § 33 Anm. 3; § 267 Anm. 6; § 275 Anm. 5; Pieper 421. Das Erkenntnis bleibt wirkungslos, wenn das Beamtenverhältnis vorher durch Tod oder sonst (§ 100) aufgehoben war; Perels-Spilling, Anm. 6.

6. Ausfertigung der Entscheidung erhalten weder der Staatsanwalt noch der Verteidiger; Pieper 421.

7. Wegen der Rechtsmittel s. § 110, der Kosten § 124.

§ 109. Über die mündliche Verhandlung wird ein Protokoll aufgenommen, welches die Namen der Anwesenden und die wesentlichen Momente der Verhandlung enthalten muß. Das Protokoll wird von dem Vorsitzenden und dem Protokollführer unterzeichnet.

1. Wesentliche Momente sind z. B. die Personen der Richter, Parteien, Anträge der Parteien, Aussagen der Zeugen, Angabe der Öffentlichkeit oder ihres Ausschlusses; Pieper 422.

2. Wörtliche Anführung der Zeugenaussagen sind nur ausnahmsweise (Anordnung des Vorsitzenden oder des Gerichts) erforderlich; RDiszH. v. 4. Febr. 1884 bei Perels-Spilling zu § 109; Brand 176; ME. v. 9. Nov. 1880, BMBl. 293; Pieper 422.

3. Der Protokollführer muß ein besonderer, nicht ein Mitglied des Gerichts sein; er muß vereidet sein, braucht aber nicht ad hoc als solcher vereidet zu werden; OVG. v. 11. Jan. 1888, BMBl. 33; Seydel 187; Brand 177.

§ 110. Gegen die Entscheidung der Disziplinarkammer steht die Berufung an den Disziplinarhof sowohl dem Beamten der Staatsanwaltschaft als dem Angeschuldigten offen.

Neue Tatsachen, welche die Grundlage einer anderen Beschuldigung bilden, dürfen in der Berufungsinstanz nicht vorgebracht werden.

1. Die Berufung kann neue Tatsachen enthalten, doch sind nur solche zu berücksichtigen, die sich auf die Anschuldigungspunkte beziehen; s. Arndt 643; RDiszH. v. 14. Nov. 1887 F. 4/87; Brand 177; s. auch Anm. 2 zu § 108.

2. Das Recht fehlt, sich der Berufung des andern Teils anzuschließen; OVG. 12, 432; RDiszH. v. 23. Nov. 1878; Schulze RDH. 190; Perels-Spilling Anm. 1; Pieper 428; Brand 177.

3. Über die Behandlung und Wirkung der Berufung s. §§ 111 f.; OTrEntsch. 42, 133.

4. Auf Berufung des Angeschuldigten ist reformatio in pejus unstatthaft. Auf die Berufung des Staatsanwalts kann das Urteil zugunsten des Angeschuldigten geändert werden (wie StrPO. 343); Mot. 72, 76; Perels-Spilling, Anm. 1; a. M. s. OVG. 12, 432; s. auch v. Rheinbaben 222; Pieper 424; Schulze 282, RDH. 5. Juli 1909, Schulze RDH. 329, s. auch das. 260.

5. Zurücknahme der Berufung ist bis Verkündung des Urteils des Disziplinarhofs statthaft. Zurücknahme ist unwiderruflich; Pieper 427; RDiszH. v. 5. Nov. 1883; Schulze RDH. 83; desgleichen der Verzicht auf die Berufung. Die Erklärungen müssen dem Gerichte abgegeben sein; OVG. v. 30. Mai 1899 bei v. Rheinbaben 223.

6. Die Staatsanwaltschaft kann wie seine vorgesetzte Behörde zur Einlegung wie zur Zurücknahme der Berufung angehalten werden; Seydel 196.

7. Die Berufung suspendiert die Wirkung des Erkenntnisses I. Instanz, dergestalt, daß, wenn der Angeschuldigte vor Erlaß des Urteils II. Instanz stirbt, es so anzusehen ist, als ob kein Erkenntnis gegen ihn ergangen ist; Perels-Spilling, Anm. zu § 110; Brand 178.

Der Staatsanwalt kann auch zugunsten des Angeschuldigten Berufung einlegen; Perels-Spilling, Anm. 1; Schulze

282; v. Zedlitz 58; Mot. 76; a. A. OVG. v. 16. Sept. 1891 bei v. Rheinbaben 223; Pieper 429; Kannegießer 209.

§ 111. Die Anmeldung der Berufung geschieht zu Protokoll oder schriftlich bei der Disziplinarkammer, welche die anzugreifende Entscheidung erlassen hat. Von seiten des Angeschuldigten kann sie auch durch einen Bevollmächtigten geschehen.

Die Frist zu dieser Anmeldung ist eine vierwöchentliche. Sie beginnt für den Beamten der Staatsanwaltschaft mit dem Ablaufe des Tages, an welchem die Entscheidung verkündet, für den Angeschuldigten mit dem Ablaufe des Tages, an welchem ihm die Ausfertigung der Entscheidung zugestellt worden ist.

1. Anmeldung der Berufung bei einer anderen Stelle und selbst dem Disziplinarhof, wahrt die Frist nicht, Entsch. des preuß. Staatsminist. v. 15. Juni 1876 bei Illing 1, 214 Anm. 2; Brand 178; Schulze 283; Perels-Spilling, Anm. 2), unbeschadet des nobile officium der unzuständigen Stelle, die Berufung bald an die zuständige abzugeben.

2. Auf die Bezeichnung der Berufung kommt nichts an; Pieper 425; Brand 178. Anschlußberufung ist dem RBG. fremd (s. auch §§ 110 und 117); RDH. v. 10. Nov. 1877; Schulze RDH. 329.

3. Die Bevollmächtigung braucht nicht schriftlich zu sein; RGSt. 3, 425; 19, 7; Pieper 425; Brand 178; s. auch Perels-Spilling, Anm. 4; Schulze 283.

4. Verlängerung der vierwöchentlichen Frist ist unzulässig. Pieper 426. Wiedereinsetzung in den früheren Stand findet nur statt, wenn nach dem Ermessen des Gerichts Naturereignisse oder andere unabwendbare Zufälle die Innehaltung der Frist verhindert haben; vgl. Perels-Spilling, Anm. 2, 5; oder nur die Berufung an eine unzuständige Stelle gerichtet war, die sie aber noch fristzeitig hätte an die zuständige abgeben können; s. auch Pieper, Anm. 7a; Schulze 284.

5. Über die Rechtzeitigkeit der Berufung entscheidet die I., auf Beschwerde die II. Instanz; StMinBeschl. v. 11. Okt. 1895; Brand 179; v. Rheinbaben 228; s. Reichsanz. Nr. 63 v. 12. März 1896; nach Pieper 426, Seydel 191 entscheidet sofort die II. Instanz.

§ 112. Zur schriftlichen Rechtfertigung der Berufung steht demjenigen, der dieselbe rechtzeitig angemeldet hat, eine vierzehntägige Frist, vom Ablaufe der Anmeldungsfrist gerechnet, offen.

1. Die Rechtfertigungsschrift ist an keine Form gebunden und nicht wesentlich zur Wahrung des Rechtsmittels; s. auch BMBl. 1874 S. 153; Pieper 427.
2. Die vierzehntägige Frist beginnt vom Ablaufe der vierwöchigen Anmeldungsfrist (§ 111), sie kann auf Antrag von dem Gericht verlängert werden (§ 114).
3. Auch eine verspätete Rechtfertigungsschrift kann und muß unter Umständen berücksichtigt werden; s. auch Schulze 285.

§ 113. Die Anmeldung der Berufung und die etwa eingegangene Berufungsschrift wird dem Gegner in Abschrift zugestellt, und falls dies der Beamte der Staatsanwaltschaft ist, in Urschrift vorgelegt.

Innerhalb vierzehn Tagen nach erfolgter Zustellung oder Vorlegung kann der Gegner eine Beantwortungsschrift einreichen.

1. Die Beantwortungsschrift ist gleichfalls an keine Form gebunden. Auch die verspätete kann und muß evtl. berücksichtigt werden; s. Pieper 428.
2. Verlängerung der Frist § 115.

§ 114. Befindet sich der Angeschuldigte im Auslande, so hat die Disziplinarkammer die Fristen zur Anmeldung und Rechtfertigung seiner Berufung und zur Beantwortung der Berufung des Beamten der Staatsanwaltschaft mit Rücksicht auf die Entfernung des dienstlichen Wohnsitzes des Angeschuldigten von Amts wegen zu erweitern und die betreffende Verfügung gleichzeitig mit dem Urteil beziehungsweise mit der Anmeldung der Berufung des Beamten der Staatsanwaltschaft dem Angeschuldigten zuzustellen.

1. § 114 bezieht sich nicht auf solche Beamte, die ohne Genehmigung sich im Auslande aufhalten; er bezieht sich also namentlich auf Beamte, die ihren dienstlichen Wohnsitz im Auslande haben; vgl. Perels-Spilling, Anm. 2; Pieper 429; Brand 180; Schulze 286.

2. Eine Verlängerung der gemäß § 114 erweiterten Frist ist unzulässig. Für die Staatsanwaltschaft bleiben die Fristen die gesetzlichen; Schulze 286.

§ 115. Die Fristen zur Rechtfertigung und Beantwortung der Berufung (§§ 112 bis 114) können auf Antrag von der Disziplinarkammer verlängert werden.

§ 115 bezieht sich nicht auf die Fristen in §§ 111 und 114.

§ 116. Nach Ablauf der in den §§ 113 bis 115 bestimmten Fristen werden die Akten an den Disziplinarhof eingesandt.

Der Disziplinarhof kann die zur Aufklärung der Sache etwa erforderlichen Verfügungen erlassen. Er bestimmt sodann eine Sitzung zur mündlichen Verhandlung, zu welcher der Angeschuldigte vorzuladen und der Beamte der Staatsanwaltschaft zuzuziehen ist.

In der mündlichen Verhandlung gibt zunächst ein von dem Vorsitzenden des Disziplinarhofs aus der Zahl seiner Mitglieder ernannter Berichterstatter eine Darstellung der bis dahin stattgefundenen, auf die in der Anschuldigungsschrift enthaltenen Anschuldigungspunkte bezüglichen Verhandlungen.

Im übrigen wird nach Maßgabe der in den § 101 Abs. 2, § 102, § 103, § 104 Abs. 2 und 3, § 105, § 106, § 107 Abs. 1, § 108 und § 109 enthaltenen Bestimmugen verfahren.

1. Über die Zusendung der Akten s. § 22 Nr. 6, über die Geschäftsführung des Disziplinarhofs § 23 Nr. 6, über die Staatsanwaltschaft § 23 Nr. 7 GeschO. v. 18. April 1880. Zusammensetzung des Disziplinarhofs s. § 91 und Anl. IV.

2. Der Disziplinarhof kann, wenn das Verfahren an wesentlichen Mängeln litt, das Urteil I. Instanz aufheben und die Sache zurückverweisen (Arndt 658; Pieper 431; Kannegießer 211; Brand 182; Perels-Spilling zu § 116) und nur ausnahmsweise sofort und selbst entscheiden. Das Verfahren vor dem Disziplinarhof ist im wesentlichen dasselbe wie vor der Disziplinarkammer; Schulze 287. Die Berufung ist beschränkbar RDH. 10. Febr. 1913, Schulze RDH. 333; s. auch das. 29, 165, 239, 331.

§ 117. Ein anderes Rechtsmittel als die Berufung, insbesondere auch das Rechtsmittel des Einspruchs (Opposition oder Restitution) findet im Disziplinarverfahren nicht statt.

Wird eine Restitution zugunsten des Angeschuldigten Erfolg haben (neue Tatsachen oder Beweise, falsche Zeugen, Urkunden), so konnte evtl. kann dem Disziplinierten durch Neu- bzw. Wiederanstellung geholfen werden (s. oben Anm. 2 zu § 78), unter Umständen durch Begnadigung (§ 118). Art 129 RVf. schreibt vor, daß gegen jedes dienstliche Straferkenntnis ein Beschwerdeweg und die Möglichkeit eines Wiederaufnahmeverfahrens eröffnet sein muß. Damit ist § 117 RBG. als aufgehoben anzusehen; Poetzsch und Arndt zu Art. 129 RVf. Ablehnung des Vertagungsantrags ist kein Restitutionsgrund RDH. 3. März 1877 Schulze RDH. 214.

§ 118. Der Kaiser hat das Recht, die von den Disziplinarbehörden verhängten Strafen zu erlassen oder zu mildern.

1. Der Kaiser, an dessen Stelle der Reichspräsident getreten ist, kann Gnade erst nach der Rechtskraft walten lassen (Gewaltenteilung! Arndt, Komm. z. PrVf. 301 f.; s. auch S. 197 f.; ArchÖffR. 1903 S. 156 f.; ebenso Schulze 291).

2. Der Reichspräsident kann die Strafe ganz oder teilweise erlassen, den Pensionsteil kann er erhöhen (§ 75 letzter Abs.), aber nicht bis zur vollen Pension (Arndt 658; Perels-Spilling, Anm. 2; Pieper 434); a. A. Brand 188. Letzteres nicht, da dem Beamten nur ein Teil des gesetzlichen Pensionsbetrages (als Unterstützung) gelassen werden darf, der Reichspräsident an die Gesetze gebunden ist, es sich auch nicht bei dem Pensionsteile um eine Strafe, sondern um eine Zuwendung an den Beamten handelt.

3. Wegen des Verfahrens in Gnadensachen s. BMBl. 1862 S. 305; auch Seydel 198.

4. Das Begnadigungsrecht erstreckt sich auf alle Disziplinar- (auch Ordnungs-) Strafen, mögen sie im förmlichen Disziplinar- oder im Ordnungsstrafverfahren verhängt sein; Schulze 291.

5. S. auch G. über die Gewährung von Straffreiheit und Strafmilderung v. 8. Mai 1920 (RGBl. 910).

§ 119. Die Vorschriften der §§ 84 bis 118 gelten auch in Ansehung der einstweilig in den Ruhestand versetzten Beamten.

Der letzte dienstliche Wohnsitz derselben ist für die Zuständigkeit im Disziplinarverfahren entscheidend.

Die Vorschriften der §§ 80 bis 83 (summarisches Verfahren) gelten nicht für die im § 119 erwähnten Beamten; ebenso Schulze 291; Perels-Spilling, Anm. 1. Die in den einstweiligen Ruhestand versetzten preußischen Beamten stehen, abgesehen hiervon, in disziplinarrechtlicher Hinsicht den aktiven Beamten gleich; s. auch Schulze 292.

Besondere Bestimmungen in betreff der Bamten der Militärverwaltung.

Die §§ 120 bis 122 sind durch § 48 Ziffer 2 des Wehrgesetzes vom 23. März 1921 (RGBl. 329) aufgehoben.

§ 123. Gegen Militärbeamte kommen in betreff der Verfügung von Disziplinarstrafen, die nicht in der Entfernung aus dem Amte bestehen, die auf jene Beamten bezüglichen besonderen Bestimmungen zur Anwendung. Dasselbe gilt von der Amtssuspension aller Beamten der Militärverwaltung im Falle des Krieges.

1. § 123 bezieht sich (im Unterschiede von §§ 120 bis 122) auf alle Militärbeamte, auch auf die, die nur Militärbefehlshabern unterstehen oder unterstanden haben, für die früher die §§ 120 bis 122 galten.

2. Wegen der Amtssuspension im Kriege s. KabO. v. 24. Sept. 1826 Nr. 2 (GS. 86); V. v. 21. Juli 1867 § 20c (AVBl. 1870 S. 108); s. dazu Art. 61 a. RVf.; s. auch § 131, ferner G. betr. die Dienstvergehen der richterlichen Militärjustizbeamten v. 1. Dezember 1898 (RGBl. 1297), Anl. III; s. im übrigen Arndt 566 f.; ferner Schulze 295 f.; s. jetzt noch G. betr. die Disziplinarbefugnisse der militärischen Vorgesetzten v. 17. Aug. 1920 (RGBl. 1580).

Kosten des Disziplinarverfahrens.

§ 124. Für das Disziplinarverfahren werden weder Gebühren noch Stempel, sondern nur bare Auslagen in Ansatz gebracht.

Insoweit im förmlichen Disziplinarverfahren (§ 84) der Angeschuldigte verurteilt wird, ist er schuldig, die baren Auslagen des Verfahrens ganz oder teilweise zu erstatten. Über die Erstattungspflicht entscheidet das Disziplinarerkenntnis.

1. „Bare Auslagen" sind nur die durch den Spezialfall — nicht die durch die Organisation des Gerichts — verursachten, also sind es Zeugen- und Sachverständigengebühren, Kosten der Zustellung, überhaupt Kosten der Beweisaufnahme, also auch die Kosten des Beweiserhebungstermins (Tagegelder und Reisekosten des Untersuchungskommissars), Kopialien (nur) für die dem Angeschuldigten auf sein besonderes Ersuchen

erteilten Abschriften — nicht dagegen z. B. die allgemeinen Verwaltungskosten (Erlasse des Reichskanzlers v. 25. April 1874, RZBl. 158, u. v. 22. Juli 1876, RZBl. 405; s. auch BMBl. 1897 S. 2), auch nicht die Verteidigungskosten; OVG. v. 28. Dez. 1895, DJZ. 1, 283. Als Portokosten sind die in Ansatz zu bringen, die im Falle der Einzelentrichtung des Portos aufzuwenden gewesen wären; v. Rheinbaben 211.

2. Die Frage, ob dem Angeschuldigten die Kosten ganz oder teilweise aufzuerlegen und wie sie zu verteilen, entscheidet das Gericht nach freiem Ermessen. Der freigesprochene und der vor Rechtskraft des verurteilenden Erkenntnisses gestorbene Angeschuldigte sind von Kosten freizulassen, dem im förmlichen Verfahren Verurteilten muß wenigstens ein Teil der Kosten auferlegt werden; v. Rheinbaben 212; vgl. auch Seydel 186; beim Vorliegen mehrerer Anschuldigungspunkte kommen höchstens die in Betracht, welche zur Verurteilung führten; RDiszH. v. 2. Juli 1883 F. 3/83 und 18. März 1889 F. 1/89; Brand 192; s. auch RGZ 83, 149.

3. Ein Anspruch des freigesprochenen Angeschuldigten auf Erstattung seiner Auslagen besteht nicht, diese können jedoch ebenso wie die Kosten eines Verteidigers (streitig, v. Rheinbaben 213) auf die Staatskasse übernommen werden.

4. Über die Kosten ist (möglichst auch dem Betrage nach) im Urteil zu entscheiden; § 22 Nr. 7 GeschO. v. 18. April 1880; sie können im Verwaltungszwangsverfahren beigetrieben, auch bei suspendierten Beamten von dem einbehaltenen Gehalt abgezogen werden. Rechtsweg wegen der Kosten ist unzulässig; JMBl. 1858 S. 5 und 207.

5. Für die baren Auslagen (§ 124) haftet, soweit der etwa eingehaltene Gehaltsteil nicht reicht, das ganze Vermögen; BMBl. 1873 S. 286.

Vorläufige Dienstenthebung.

§ 125. Die vorläufige Dienstenthebung eines Reichsbeamten (Suspension vom Amte) tritt kraft des Gesetzes ein:

1. wenn im gerichtlichen Strafverfahren seine Verhaftung beschlossen oder gegen ihn ein noch nicht rechtskräftig gewordenes Urteil erlassen ist, welches den Verlust des Amtes kraft des Gesetzes nach sich zieht;
2. wenn im Disziplinarverfahren eine noch nicht rechtskräftige Entscheidung ergangen ist, welche auf Dienstentlassung lautet.

1. Die Suspension ist keine Strafe, sondern eine (im Interesse des Dienstes, des Ansehens des Amts) vorläufige Maßregel, die dem Beamten das Amt und die damit verbundenen Pflichten (Präsenzpflicht, RDiszH. v. 2. April 1883 F. 10/82) beläßt (Mot. 74; RG. v. 1. Febr. 1882 bei Gruchot 30, 854; RGZ. 22, 40, 89, 107; Arndt 659; Pieper 448; Brand 193; Laband 476; Seydel 204; v. Rheinbaben 242), ihm jedoch die Befugnis zur Ausübung des Amtes entzieht. Daß eine trotzdem vorgenommene Amtshandlung nichtig sei, behauptet u. a. Laband I § 47; zu Unrecht, sie ist valida, wenn auch illicita, wirksam aber gegen ihn zu ahnden.

2. Die Suspension tritt im Falle Ziff. 1 schon mit dem Haftbeschluß, nicht erst mit der Vollstreckung ein; Arndt 659; Perels-Spilling zu § 125; Brand 105; Pieper 450. Haft im Zivilverfahren (ZPO. §§ 888, 889 Abs. 2, 901, 908) genügt nicht; Brand 195; Pieper 450; s. auch RG. v. 1. Febr. 1886 bei Gruchot 30, 854.

3, Die Suspension endet gemäß § 126.

4. Die Suspension kann auch gegen die nur auf Probe oder Kündigung angestellten Beamten verhängt werden, nicht gegen Pensionäre oder Wartegeldempfänger; s. indes § 132.

5. Die Suspension findet nicht statt gegen die in § 158 bezeichneten (richterlichen) Beamten, auch nicht gegen die richterlichen Beamten in Elsaß-Lothringen, Art. 4 G. v. 23. Dez. 1873 (GBl. f. ElsLothr. 479); s. auch für Reichsgericht § 129 Abs. 2 GVG., Bundesamt für das Heimatswesen § 43 G. v. 6. Juni 1870 (BGBl. 360), Rechnungshof des Deutschen Reichs § 5 OberrechnungskammerG. v. 27. März 1872 (GS.

278), für Militärjustizbeamte s. § 30 DiszG. v. 1. Dez. 1898 (RGBl. 1297).

§ 126. Im Falle des § 125 Nr. 1 dauert die Suspension bis zum Ablaufe des zehnten Tages nach Wiederaufhebung des Verhaftungsbeschlusses oder nach eingetretener Rechtskraft desjenigen Urteils höherer Instanz, durch welches der angeschuldigte Beamte zu einer anderen Strafe als der bezeichneten verurteilt wird.

Lautet das rechtskräftige Urteil auf Freiheitsstrafe, so dauert die Suspension, bis das Urteil vollstreckt ist. Wird die Vollstreckung des Urteils ohne Schuld des Verurteilten aufgehalten oder unterbrochen, so tritt für die Zeit des Aufenthalts oder der Unterbrechung eine Gehaltskürzung (§ 128) nicht ein. Dasselbe gilt für die im ersten Absatze dieses Paragraphen erwähnte Zeit von zehn Tagen, wenn nicht vor Ablauf derselben die Suspension vom Amte im Wege des Disziplinarverfahrens beschlossen wird.

Im Falle des § 125 Nr. 2 dauert die Suspension bis zur Rechtskraft der in der Disziplinarsache ergehenden Entscheidung.

1. Die zehntägige Frist in Abs. 2 ist keine Präklusivfrist und gegeben, damit der Beamte nicht unmittelbar aus dem Strafverfahren in sein Amt zurückkehrt, auch damit die oberste Reichsbehörde Zeit hat zu beschließen, ob sie ein förmliches Disziplinarverfahren und Suspension gemäß § 127 einleiten bzw. verfügen will; Mot. 77; RG. v. 1. Febr. 1882 bei Gruchot 30, 454; Pieper 852; Kannegießer 221; Thudichum 330. Die zehntägige Frist gilt auch, wenn auf Geldstrafe erkannt ist. Die Frist betrifft nicht die gemäß § 127 verfügte Suspension; Schulze 302.

2. Entlassung aus der Haft gegen Sicherheitsleistung läßt den Verhaftungsbeschluß an sich bestehen; Arndt 659; Perels-Spilling, Anm. 3 zu § 126; Brand 196; Pieper 453; Schulze 304.

3. Dem Urteil der höheren Instanz im Sinne des Abs. 1 steht ein Urteil I. Instanz gleich, das infolge Aufhebung eines Urteils durch die höhere Instanz von dem Gericht erlassen ist, an das die Sache von der höheren Instanz verwiesen ist; vgl. Perels-Spilling l. c.; Pieper 453; Brand 197; Schulze 305.

4. Daß die Suspension bis zur Rechtskraft der in der Disziplinarsache ergehenden Entscheidung gemäß Abs. 3 dauert, gilt nach Ansicht v. Rheinbabens 244 auch für die gemäß § 127 verfügte Suspension. Hiergegen spricht, daß Abs. 3 nur auf den Fall in § 125 Nr. 2 zu beziehen und nicht extensiv auszulegen ist; a. A. RG. v. 1. Febr. 1882 bei Gruchot 30, 854; Brand 197 f.; Pieper 455.

§ 127. Die oberste Reichsbehörde kann die Suspension, sobald gegen den Beamten ein gerichtliches Strafverfahren eingeleitet oder die Einleitung eines förmlichen Disziplinarverfahrens (§ 84) verfügt wird, oder auch demnächst im Laufe des einen oder anderen Verfahrens bis zur rechtskräftigen Entscheidung verfügen.

1. S. A. 6 zu § 84. Das gerichtliche Strafverfahren ist erst eingeleitet, wenn die Verfügung dem Staatsanwalt entzogen ist; s. Arndt zu Art. 49 RVf. Die Wirksamkeit der Suspensionsverfügung endet mit der Rechtskraft des strafgerichtlichen Urteils. Die Suspension kann jedoch neu verfügt werden; a. A. RGZ. 10, 227; s. auch RGZ. 35, 35.

2. Die Wiederaufhebung kann jederzeit (nur) durch die oberste Reichsbehörde erfolgen.

3. Darüber, ob die Suspensionsverfügung gerechtfertigt, ist der Rechtsweg unzulässig, § 155, nicht aber, ob § 128 (Höhe des Gehalts) befolgt ist; s. JMBl. 1855, S. 145; BMBl. 1855 S. 134; Brand 202; Kannegießer 224; v. Rheinbaben 252; Pieper 462; Seydel zu § 52 PrG. v. 21. Juli 1852 Anm. 3; s. auch RGZ. 89, 109.

4. Wegen der Landesbeamten in den Schutzgebieten s. Kolonialbeamtengesetz v. 8. April 1910 (RGBl. 58).

§ 128. Während der Suspension des Beamten wird vom Ablaufe des Monats ab, in welchem dieselbe verfügt ist, die Hälfte seines Diensteinkommens innebehalten.

In Fällen der Not des Beamten ist die oberste Reichsbehörde ermächtigt, die Innebehaltung des Diensteinkommens auf den vierten Teil desselben zu beschränken.

Auf die für Dienstunkosten besonders angesetzten Beträge ist bei Berechnung des innezuhaltenden Teiles vom Diensteinkommen keine Rücksicht zu nehmen.

Der innebehaltene Teil des Diensteinkommens ist zu den Kosten, welche durch die Stellvertretung des Angeschuldigten verursacht werden, der etwaige Rest zu den Untersuchungskosten (§ 124) zu verwenden. Einen weiteren Beitrag zu den Stellvertretungskosten zu leisten, ist der Beamte nicht verpflichtet.

1. S. A. 6 zu § 84. Die Einbehaltung ist eine vorläufige und eine Sicherungsmaßregel; RGZ. 22, 41, 89, 110; v. Rheinbaben 248.

2. Die Hälfte bzw. das Viertel (Abs. 1) wird (nur) nach dem Diensteinkommen berechnet, auf das der Beamte Anspruch hat, auch auf die nach dem Wohnungsgeldzuschuß zu berechnende Mietsentschädigung und Mietsvergütung; v. Rheinbaben 249. Freie Dienstwohnung, auf die er Anspruch hatte, verliert der Suspendierte nicht; in Preußen (v. Rheinbaben 249) befindet die Behörde, ob er sie zu räumen hat. Dienstunkosten fallen ganz dem Stellvertreter zu; Perels-Spilling, Anm. 3; v. Rheinbaben 250. Jedenfalls muß der Suspendierte auf Verlangen die Diensträume in der Dienstwohnung aufgeben; JMBl. 1881 S. 261; BMBl. 1882 S. 20; 1883 S. 169. Auf sachliche Leistungen hat der suspendierte Beamte keinen Anspruch; Schulze 309; JW. 1894 S. 73 Nr. 52.

3. Kranken-, Kleiderkassenbeiträge, Staats- und Gemeindesteuern sind nur aus dem dem Beamten verbleibenden Ge-

haltsteil zu entrichten; s. BMBl. 1853 S. 229; 1854 S. 126; EisBBl. 1885 S. 230; Seydel 210; Brand 201.

Die Wirkung der Suspension beginnt erst mit Zustellung der Verfügung.

Wegen des Rechtsweges s. Anm. 3 zu § 127; s. auch RGZ. 83, 149; 89, 110.

4. Ist das Gehalt dem Beamten vorausbezahlt, so kann — aber nur im ordentlichen Rechtswege — der verhältnismäßige Teil zurückgefordet werden; Seydel 211; Pieper 463; Kannegießer 223; BMBl. 53 S. 229; Zentrbl. f. d. AbgB. 1883 S. 1; a. A. Perels=Spilling zu § 128; Brand 199; Laband I § 48 wegen des Wortes „einbehalten". Es liegt aber kein „Einbehalten" vor, wenn der Gehaltsteil zurückgefordert wird, da der Beamte die Gegenleistung nicht erfüllt und er keinen Schaden erleidet (s. § 129). S. auch Anm. 9 zu § 5.

5. Wegen der Mitglieder des RG. s. § 129 Abs. 3 GBG., des Bundesamts für das Heimatwesen G. v. 6. Juni 1870 (BGBl. 360) § 43.

6. Die Kosten der Stellvertretung hat der Beamte nur dann zu tragen, wenn er zur Entfernung aus dem Amt verurteilt wird; RGZ. 83, 156; s. auch 89, 110.

§ 129. Der zu den Kosten (§ 128) nicht verwendete Teil des Einkommens wird dem Beamten auch in dem Falle nachgezahlt, wo das Verfahren die Entfernung aus dem Amte zur Folge gehabt hat.

Dem Beamten ist auf Verlangen ein Nachweis über die Verwendung zu erteilen. Erinnerungen gegen die Verwendung können im Rechtswege nicht geltend gemacht werden.

Der Beamte kann auf Erteilung des Nachweises klagen; § 149; Pieper 468; Kannegießer 225; v. Zedlitz=Neukirch 65; Brand 203. Gegen dessen Inhalt steht ihm nur Beschwerde zu (wegen Abs. 2); s. auch RGZ. 83, 149.

§ 130. Wird der Beamte freigesprochen, so muß ihm der innebehaltene Teil des Diensteinkommens vollständig nachgezahlt werden.

Wird er nur mit einer Ordnungsstrafe belegt, so ist ihm der innebehaltene Teil insoweit nachzuzahlen, als derselbe nicht zur Deckung der ihn treffenden Untersuchungskosten und der Ordnungsstrafe erforderlich ist. Ein Abzug wegen der Stellvertretungskosten findet nicht statt.

1. § 130 Abs. 1 betrifft nur das (förmliche) Disziplinar-, nicht gerichtliches Strafverfahren; Brand 203; Perels-Spilling, Anm. 6 zu § 130; Pieper 469; a. A. RGZ. 10, 227.

2. Der Freisprechung steht die Einstellung des Disziplinarverfahrens ohne gleichzeitige Verhängung einer Ordnungsstrafe gleich; Brand 203; Pieper 469; Kannegießer 223. Bei Freisprechung kann auch auf gänzliche oder teilweise Übernahme der Kosten der Verteidigung auf die Staatskasse erkannt werden s. RDH. 28. Mai 1906; Schulze RDH. 323 und oben § 124.

3. Wegen der Dienstunkosten s. Anm. 2 zu § 128; diese sind also nicht nachzuzahlen.

4. Bei Verurteilung im Disziplinarverfahren nach Suspension wegen (mit Freispruch beendeten) gerichtlichen Strafverfahrens ist der während der Suspension eingehaltene Gehaltsteil voll nachzuzahlen; s. Anm. 1 zu § 127; s. auch Pieper 470; RGZ. 10, 227; s. auch Schulze 315; RGZ. 83, 149, 155—157.

5. Ist der Beamte wegen Urlaubsüberschreitung seines vollen Gehaltes verlustig, so kommen auf ihn die §§ 127—129 nicht zur Anwendung; vgl. v. Rheinbaben 251.

§ 131. Wenn Gefahr im Verzug ist, kann einem Beamten auch von solchen Vorgesetzten, die seine Suspension zu verfügen nicht ermächtigt sind, die Ausübung der Amtsverrichtungen vorläufig untersagt werden; es ist aber darüber sofort an die oberste Reichsbehörde zu berichten.

Diese Untersagung hat eine Kürzung des Diensteinkommens nicht zur Folge.

1. Die vorläufige Untersagung der Amtsverrichtungen, welche sich auf einzelne beziehen kann, steht der Suspension nicht gleich und hat deren (namentlich finanzielle) Wirkungen nicht; Pieper 474; v. Rheinbaben 258; Brand 205. Die Dienstaufwandentschädigung gebührt indes dem Stellvertreter; Pieper 474.

2. Gefahr im Verzuge liegt namentlich vor, wenn Verdunkelung des Tatbestandes zu besorgen ist. Ob solche Gefahr besteht, hat lediglich der Vorgesetzte zu entscheiden; Schulze 316.

3. § 131 findet auch bei Beamten auf Widerruf, Probe oder Kündigung Anwendung; ebenso Pieper 474; a. A. Brand 205; Pieper-Spilling Anm. 1, 2 zu § 131.

§ 132. Dem unter Gewährung des gesetzlichen Wartegeldes einstweilen in den Ruhestand versetzten Beamten wird ein Viertel des Wartegeldes innebehalten, wenn im Disziplinarverfahren eine noch nicht rechtskräftige Entscheidung ergangen ist, welche auf Dienstentlassung lautet.

Wegen der Nachzahlung des innebehaltenen Teiles vom Wartegelde kommen die Grundsätze der §§ 129 und 130 zur Anwendung.

Die Einbehaltung des Viertels erfolgt (nur) kraft Gesetzes; s. auch Mot. 77, 78; s. auch Schulze 317.

§ 133. Alle nach den Bestimmungen der §§ 61 bis 132 erfolgenden Aufforderungen, Mitteilungen, Zustellungen und Vorladungen sind gültig und bewirken den Lauf der Fristen, wenn sie unter Beobachtung der für gerichtliche Insinuation in Strafsachen vorgeschriebenen Formen demjenigen, an den sie ergehen, zugestellt sind. Die vereideten Verwaltungsbeamten haben dabei den Glauben der Gerichtsboten.

Hat der Angeschuldigte seinen dienstlichen Wohnsitz verlassen, ohne daß seine vorgesetzte Behörde Kenntnis von seinem Aufenthalte hat, so erfolgt die Insinuation in der letzten Wohnung des Angeschuldigten an dem dienstlichen Wohnorte desselben.

1. In Betracht kommen StrPO. §§ 37, 40, 48f., 72, 133, 136, 215, 216, 320ff.; ferner ZPO. §§ 180f., 208f. Wegen der Zustellung ins Ausland s. ZPO. §§ 199—202.

2. Zustellung durch unvereidete Verwaltungsbeamte ist wirkungslos (Seydel 91); es genügt auch Eröffnung zu Protokoll; OVG. v. 21. Okt. 1891 bei v. Rheinbaben 109. Die Fristen werden nach BGB. §§ 186, 187 berechnet; Schulze 318. Ob die Wirksamkeit der Suspension vom Amt von der Zustellung dieser Verfügung abhängig ist, s. RGZ. 89, 113.

3. Abs. 2 gilt auch für Zwangspensionäre (Pieper 478; Brand 206; a. A. Perels-Spilling, Anm. 2), aber nicht für Wartegeldempfänger; a. A. Brand 206f., Perels-Spilling, Anm. 2; während Pieper 477, Kannegießer 229 gleichfalls gemäß § 119 Abs. 2 den letzten dienstlichen Wohnsitz für maßgebend erachten; s. auch v. Rheinbaben 109.

4. Hatte die vorgesetzte Behörde Kenntnis von dem Aufenthalt, so kommt Abs. 1 zur Anwendung, d. h. die Ladung muß dem Beamten zugestellt werden; RDH. 23. März 1878 Schulze RDH. 340, s. auch das. 279.

Besondere Bestimmungen über die Defekte der Beamten.

§ 134. Die Feststellung der Defekte an öffentlichem oder Privatvermögen, welche bei Reichskassen oder anderen Reichsverwaltungen entdeckt werden, ist zunächst von derjenigen Behörde zu bewirken, zu deren Geschäftskreise die unmittelbare Aufsicht über die Kasse oder andere Verwaltung gehört.

1. Die Vorschriften über das Defektenverfahren (§§ 134 bis 148), welche nach § 157 auch für (Kassen verwaltende) Personen des Soldatenstandes gelten und der PrV. über die Festsetzung und den Ersatz der bei Kassen und anderen Verwaltungen vorkommenden Defekte v. 24. Jan. 1844 (GS. 52), mit Abänderungen, namentlich in den §§ 140, 145, 146 nachgebildet und gemäß § 13 EinfG. z. ZPO. in Kraft geblieben sind, enthaltenen Ausnahmen von der Regel, daß niemand ohne Gerichtsurteil, und zumal von seinem Gläubiger — der zugleich Kläger und Richter — verurteilt werden kann. Als Ausnahmevorschriften sind sie nicht ausdehnend auszulegen. Sie sollen den Fiskus vor Benachteiligung durch pflichtvergessene oder fahrlässige Verwalter von Reichskassen und Reichsvermögen schützen. Sie geben der Verwaltungsbehörde die Befugnis der vorläufigen Vollstreckung und lassen den Beteiligten dagegen den Rechtsweg offen; vgl. Mot. 78; RGZ. 97, 245, 267 f.; Arndt 660; Thudichum 333; Kannegießer 230; Brand 207; Pieper 478 f.; Schulze 323. Die Vorschriften der §§ 133 f. stehen nicht im Widerspruch zu Art. 129 RVf., da diesem Artikel dadurch Genüge geschieht, daß nach näherer Vorschrift des RBG. der Rechtsweg offensteht; RGZ. 99, 261; s. Arndt zu Art. 129 RVf.; s. auch RGZ. 55, 64; Schulze 324.

2. Die §§ 134 f. beziehen sich nur auf Kassen-, nicht auf Rechnungsdefekte, wenn auch nicht lediglich auf Geld, sondern auch auf Wertpapiere, Materialien, Wertbriefe, Pakete (bei der Post) und dergl.; Arndt 660; Pieper 480: Arndt, ArchÖffR. 1888 S 537; Laband I § 48; JMBl. 1857 S. 55. „Kassendefekte sind fehlende Beträge an dem Sollbestande des Staatseigentums infolge von Untreue, Irrtum oder Dienstvernachlässigung sowie von Zufall, Diebstahl,

Brand oder sonstigen, nicht vorherzusehenden Ereignissen." „Rechnungsdefekte sind Zuvielverausgabungen, sei es infolge unrichtigen Kalkuls, sei es infolge von Zahlungen gegen gesetzliche oder sonstige Vorschriften, welche von der Oberrechnungskammer im Wege der Monitur festgestellt und zur Wiedervereinnahmung bestimmt werden." Drucks. des RT. 1877 Anl. Bd. 3 Nr. 15 S. 32; § 30 Oberrechnungskammer-Instr. v. 18. Dez. 1824 in v. Kamptz Ann. IX 2; Arndt 660; Perels-Spilling zu § 134; Brand 207; Laband I 480; Kannegießer 231; KKGH. v. 25. Okt. 1856, JMBl. 1857 S. 54. Zuwenigverreinnahmungen sind gleichfalls stets nur Rechnungsdefekte; Drucks. des AbgH. 1898 Nr. 13 S. 40. Für Kassendefekte kann anstatt des Defektenverfahrens, für Rechnungsdefekte im Weigerungsfalle darf stets nur im ordentlichen Rechtswege Ersatz verlangt werden; Pieper 480; KKGH. v. 25. Okt. 1856, JMBl. 1857 S. 56; Kannegießer, Anm. 2 zu § 139; Schulze 324. An den zum persönlichen Dienstgebrauch überwiesenen Gegenständen kann ein Kassendefekt nicht begangen werden; s. Perels-Spilling zu § 134; Brand 174; Laband I 482. S. zu §§ 114 bis 148 RGZ. 97, 245, 267. S. auch mit teilweise abweichender Ansicht Hatschek, Institutionen des Verwaltungsrechts § 39.

§ 135. Von dieser Behörde ist zugleich festzustellen, ob ein Reichsbeamter und eintretenden Falles welcher Beamte nach den Vorschriften des § 141 für den Defekt zu haften hat, und bei einem Defekt an Materialien, auf wie hoch die zu erstattende Summe in Gelde zu berechnen ist.

1. Das Verfahren kann sich gegen alle richten, die zur Zeit der Entstehung des Defekts Reichsbeamte waren und das Fehlende im amtlichen Gewahrsam hatten, auch wenn sie dies infolge Pensionierung oder sonst nicht mehr sind; Arndt 660; Pieper 482; Perels-Spilling zu § 135;

Thudichum 333; Kannegießer 231; JMBl. 1858 S. 239; BMBl. 1859 S. 79; Brand 208; Schulze 325;

2. Stirbt der Beamte nach Erlaß des Defektenbeschlusses, so wirkt dieser gegen seine Erben; Arndt 661; Gruchot 25, 124; RGZ. 2, 188. Die Haftung des Erben bestimmt sich nach §§ 1697 f. BGB.; s. RGZ. 7, 335.

3. Stirbt der Beamte vor Erlaß des Beschlusses, so ist dieser gegen die Erben (in Höhe des Nachlasses) zu richten; s. Arndt 660; RGZ. 2, 88; 7, 335 (für preuß. Recht); Pieper 482; Perels-Spilling, Anm. 5 zu § 141, während Laband I 432, Thudichum 333, Brand 209, Schulze u. a. nur den ordentlichen Rechtsweg für zulässig halten. Für die erstere Ansicht spricht, daß vermögensrechtlich die Erben personam defuncti darstellen und es sich lediglich um eine vermögensrechtliche, keine Pönal- oder Disziplinarmaßregel handelt. Gesetzt, es fehlt ein großer Betrag und der Beamte tötet sich, da erscheint es gerechtfertigt, daß sofort die Höhe des Defekts und die Haftbarkeit des Nachlasses festgestellt wird; s. auch RGZ. 2, 188; 7, 335. Zweifellos kann ein gegen den Beamten ergangener Defektenbeschluß gegen dessen Erben vollstreckt werden; s. ZPO. §§ 727, 731; Schulze 325.

4. Gegen Dritte, in deren Besitz defektiertes Vermögen gelangt, ist nur der Rechtsweg gegeben (Arndt 661; Pieper 488; Laband I § 48; Brand 209), denn es heißt in § 135 „welcher Beamte"; ebenso RGZ. 2, 188; 7, 355.

§ 136. Ebenso (§§ 134 und 135) hat die unmittelbar vorgesetzte Behörde die Defekte an solchem öffentlichen oder Privatvermögen festzustellen, welches, ohne zu einer Reichskasse oder anderen Reichsverwaltung gebracht zu sein, vermöge besonderer amtlicher Anordnung in den Gewahrsam eines Reichsbeamten gekommen ist.

Besondere amtliche Anordnung ist z. B. die Ermächtigung den Kaufpreis für veräußertes fiskalisches Eigentum in Empfang zu nehmen; Brand 209; s. Perels-Spilling

Anm. 1 zu § 136; Pieper 487. An Einrichtungsgegenständen einer Dienstwohnung ist ein Defekt nicht möglich, da sie nicht zur amtlichen Verwaltung oder Aufbewahrung anvertraut sind; Perels-Spilling, Anm. 5; Schulze 326.

§ 137. Über den Betrag des Defekts, die Person des zum Ersatze verpflichteten Beamten und den Grund seiner Verpflichtung ist von der in den §§ 134 und 135 bezeichneten Behörde ein motivierter Beschluß abzufassen.

1. Ob ein Defektenbeschluß zu erlassen oder, selbst wenn an sich ein solcher zulässig, das Defektierte nur außergerichtlich oder gerichtlich einzufordern ist, steht im Ermessen der höheren Behörde; s. KKGH. v. 13. Febr. 1886, BMBl. 242; Pieper 480; Brand 210; RG. v. 23. Jan. 1890 bei Gruchot 44, 1119. Kumulierung ist ausgeschlossen; RG. v. 8. Okt. 1900; JW. 1900 S. 792 Nr. 22; Brand 210; a. A. Perels-Spilling zu § 137. Ist der Defekt gedeckt, so kann der Defektenbeschluß nicht mehr gefaßt werden; Perels-Spilling l. c.; Pieper 485; Brand 211.

2. Der Inhalt des Defektenbeschlusses ergibt sich aus seinem Zweck; notwendig ist, anzuführen:

Betrag des Defekts, die ersatzpflichtige Person, deren Verpflichtung zum Ersatz, die Kasse, an die zu leisten, Grund der Verpflichtung, einerseits Gewahrsam des Verurteilten, andererseits Vorsatz oder grobes Versehen (§ 141);

ferner soll er betreffen:

Verzugszinsen vom Tage des Defekts bzw. dessen Entdeckung bzw dem Tage, an dem für dem Reich anvertrautes Privatvermögen Ersatz zu leisten (BMBl. 1841 S. 268; 1854 S. 91; Pieper 485; Brand 210); bei Postbeamten nur bei Veruntreuung und Übervorteilung der Postkasse (§ 193 PDO.); die zu erstattenden baren Auslagen s. § 148 und die gemäß § 140 RBG. zu ergreifenden Vollstreckungs- und Sicherheitsmaßregeln.

3. Der Defektenbeschluß ist mit Gründen zu versehen, Abschrift ist dem Rechnungshof des Deutschen Reichs einzureichen; PDO. X 2 § 198; Perels-Spilling, Anm. 8; Schulze 328; Brand 211; s. auch § 139 Abs. 2.

4. Anhörung des Beamten wünschenswert, aber nicht nötig; Kannegießer 232; Pieper 488, Thudichum 334; PDO. X 2 § 191; Brand 211; Schulze 328.

§ 138. Nach Befinden der Umstände kann die Behörde auch mehrere Beschlüsse abfassen, wenn ein Teil des Defekts sofort klar ist, der andere Teil aber noch weitere Ermittlungen notwendig macht, imgleichen, wenn unter mehreren Personen die Verpflichtung der einen feststeht, die der anderen noch zweifelhaft ist.

S. Anm. 2 zu § 137.

§ 139. Hat die Behörde die Eigenschaft einer höheren Reichsbehörde, so ist der Beschluß nach Maßgabe der §§ 143 und 144 vollstreckbar.

In allen anderen Fällen unterliegt der Beschluß der Prüfung der vorgesetzten höheren Reichsbehörde und wird erst nach deren Genehmigung vollstreckbar.

Von dem Beschluß ist der obersten Reichsbehörde unverzüglich Kenntnis zu geben.

Der obersten Reichsbehörde bleibt in allen Fällen unbenommen, einzuschreiten und den Beschluß selbst abzufassen oder zu berichtigen.

Die Befugnis im letzten Absatz ist an keine Frist geknüpft, also auch noch zulässig, wenn der Defektenbeschluß im Rechtswege nicht mehr anfechtbar ist; v. Zedlitz, Anm. 150 Abs 2; ebenso Schulze 329.

§ 140. In dem abzufassenden Beschluß ist zugleich zu bestimmen, welche Vollstreckungs- oder Sicherheitsmaßregeln behufs des Ersatzes des Defekts zu ergreifen sind.

Für diese Maßregeln sind die Gesetze des Bundesstaats, in welchem dieselben erfolgen, entscheidend.

Die Vollstreckungs- oder Sicherheitsmaßregel kann auch in der Verfügung des Einbehaltens von abzugsfähigem Gehalt oder Aufrechnung mit diesem oder anderen Forderungen des Beamten erfolgen; s. auch RGZ. 21, 185; s. auch Perels-Spilling zu § 146; Brand 215; s. auch Pieper 491; Schulze 330. Entscheidend sind nicht mehr die Gesetze des Landes, sondern des Reichs, namentlich ZPO.

§ 141. Der abzufassende Beschluß kann auf die unmittelbare Verpflichtung zum Ersatze des Defekts gerichtet werden:

1. gegen jeden Beamten, welcher der Unterschlagung als Täter oder Teilnehmer nach der Überzeugung der Reichsbehörde überführt ist;
2. a) gegen diejenigen Beamten, welchen die Kasse usw. zur Verwaltung übergeben war, und zwar auf Höhe des ganzen Defekts,
   b) gegen jeden anderen Beamten, der an der Einnahme oder Ausgabe, der Erhebung, der Ablieferung oder dem Transporte von Kassengeldern oder anderen Gegenständen vermöge seiner dienstlichen Stellung teilzunehmen hatte, jedoch nur auf Höhe des in seinen Gewahrsam gekommenen Betrags,

   sofern der Defekt nach der Überzeugung der Reichsbehörde durch grobes Versehen entstanden ist.

Ebendies gilt gegen die im § 136 genannten Beamten in den daselbst bezeichneten Fällen.

1. § 141 bezieht sich nur auf Unterschlagung im strafrechtlichen Sinne, nicht z. B. auf Diebstahl (der Beamte hatte ja dann die Sache nicht in seinem amtlichen Gewahrsam), Hehlerei oder Untreue; Arndt 661 Anm. 5; StenB. des RT.

1877 S. 721; Pieper 493; v. Zedlitz-Neukirch 69; Brand 213; Schulze 331; a. A. Perels-Spilling, Anm. 1. Was grobes Versehen, ist Tat- und Ermessensfrage. Der Begriff besteht im BGB. nicht mehr; s. § 276 BGB.

2. Verdacht genügt nicht (s. auch Anm. 5), Überzeugung ist erforderlich; Arndt 661; Brand 213; s. auch Perels-Spilling l. c.; Pieper 495; s. auch RG. v. 20. Dez. 1898 bei Gruchot 43, 280.

3. Die Beamten haften evtl. solidarisch.

4. Bei Ziff. 2 genügen nicht mäßiges Versehen oder Zufall; evtl. ist nur der ordentliche Rechtsweg gegen den Beamten gegeben; Arndt 661; Thudichum 334; Laband I 437; Perels-Spilling 178; Pieper 495. Was grobes Versehen s. BGB. §§ 276, 277, 300.

5. Liegt im Falle Ziff. 1 nicht Unterschlagung, im Falle Ziff. 2 nicht grobes Versehen vor, so kann nur der Defekt festgestellt werden (objektiver Defektenbeschluß!); s. Perels-Spilling l. c.; Pieper 493.

6. Darüber, ob die formellen Voraussetzungen zu einem Beschlusse gemäß § 141 vorliegen, ist der Rechtsweg ausgeschlossen; s. § 144, ferner RGZ. 12, 143.

§ 142. Sind Beamte, gegen welche die zwangsweise Einziehung des Defekts beschlossen wird, in der Verwaltung ihres Amtes, wofür sie eine Amtskaution gestellt haben, belassen worden, so haben dieselben wegen Ersatzes des Defekts anderweite Sicherheit zu leisten. Erfolgt die Sicherstellung nicht, so findet die Zwangsvollstreckung zunächst nicht in die Kaution, sondern in das übrige Vermögen statt.

1. Kautionspflicht der Reichsbeamten ist aufgehoben durch G. v. 20. Febr. 1898, RGBl. 99.

2. Zu dem übrigen Vermögen gehört der aufrechnungs- und abzugsfähige Teil des Gehalts usw.; § 850 Abs. 1 Nr. 8 und Abs. 2 ZPO. Bezüglich der Sicherheitsleistung s. auch

BGB. §§ 232 bis 240, ferner §§ 1147f., 1228f., 1277f.; Schulze 283.

§ 143. Die Verwaltungsbehörde ersucht die zuständigen Gerichte, Vollstreckungsbeamten oder Hypothekenbehörden um Vollziehung des Beschlusses.

Diese sind, ohne auf eine Beurteilung der Rechtmäßigkeit des Beschlusses einzugehen, verpflichtet, wenn sonst kein Anstand obwaltet, schleunig, ohne vorgängiges Zahlungsmandat, die Zwangsvollstreckung auszuführen, die Beschlagnahme der zur Deckung des Defekts erforderlichen Vermögensstücke zu verfügen und die in Antrag gebrachten Eintragungen im Hypothekenbuche zu veranlassen.

1. § 143 ist aufrechterhalten; § 13 EinfG. z. ZPO.

2. Zuständig sind die Amtsgerichte; s. u. a. ZPO. §§ 753f., 764, 789–791, 808f., 828f., 857f., 873, 885 Abs. 4, 886, 889f., 919. S. auch BGB. § 1184 (Sicherungshypothek); s. auch Art. 97 EinfG. z. BGB., PrVBl. 21, 507; s. auch Schulze 334; Perels-Spilling, Anm. 4.

3. Ein Vorrecht im Konkurse wegen seiner Forderungen an Beamte hat der Fiskus nicht; Anm. 3 zu § 20. Der beigetriebene Betrag ist nach BGB. § 367 Abs. 1 zu verrechnen. Der Offenbarungseid kann erfordert werden.

§ 144. Gegen den Beschluß, wodurch ein Beamter zur Erstattung eines Defekts für verpflichtet erklärt wird (§§ 137 und 140), steht demselben sowohl hinsichtlich des Betrags, als hinsichtlich der Ersatzverbindlichkeit außer der Beschwerde im Instanzenzuge der Rechtsweg zu.

Die Frist zur Beschreitung des Rechtswegs beträgt ein Jahr, ist eine Ausschlußfrist und beginnt mit dem Tage der dem Beamten geschehenen Bekanntmachung des vollstreckbaren Beschlusses, oder wenn der Beamte an seinem Wohnorte nicht zu treffen ist, mit dem Tage des abgefaßten Beschlusses.

In dem auf die Klage des Beamten entstandenen Rechtsstreite hat das Gericht über die Wahrheit der tatsächlichen Behauptungen der Parteien nach seiner freien aus dem Inbegriffe der Verhandlungen und Beweise geschöpften Überzeugung zu entscheiden.

Ob einer Partei über die Wahrheit oder Unwahrheit einer tatsächlichen Behauptung noch ein Eid aufzuerlegen, bleibt dem Ermessen des Gerichts überlassen.

In der wegen des Defekts etwa eingeleiteten Untersuchung bleiben dem Beamten, insofern es auf die Bestrafung ankommt, seine Einreden gegen den abgefaßten Beschluß auch nach Ablauf des Jahres, wenngleich sie im Zivilprozesse nicht mehr geltend gemacht werden können, vorbehalten.

1. Der frühere Abs. 4 ist durch § 13 EinfG. z. ZPO. aufgehoben.

2. Auch die Erben, Bürgen usw. können den Beschluß anfechten; KKGH. v. 17. April 1858, JMBl. 239; Arndt 661; Pieper 499.

3. Die Beschwerde ist an keine Frist und Form gebunden, doch hat die Beschwerde nicht aufschiebende Wirkung (§ 145 Abs. 1); Pieper 499, Schulze 339.

4. Der Rechtsweg ist „hinsichtlich des Betrags" und „der Ersatzverbindlichkeit" zulässig, also „ob" und „in welcher Höhe" eine Verpflichtung des Beamten materiell begründet ist, ob z. B. grobe oder nur geringe Fahrlässigkeit, ob ein Kassen- oder nur Rechnungsdefekt vorliegt; RGZ. 12, 143; v. 23. Jan. 1890 bei Gruchot 34, 1121; RGZ. 92, 236; 95, 346; 99, 701; s. auch Pieper 503; Brand 216f.; Schulze 337; Perels-Spilling, Anm. 3.

5. Evtl. hat das Gericht nicht auf Aufhebung des Defektenbeschlusses, sondern nur auf Aufhebung der darin angeord-

neten Sicherungs- und Vollstreckungsmaßregeln zu erkennen; s. § 145; Arndt 662; Brand 219; s. auch Pieper 307.

6. Zuständig ist in I. Instanz stets das Gericht, in dessen Bezirk die Behörde, die den Defektenbeschluß erlassen hat, ihren Sitz hat (s. §§ 151 Abs. 2, 153), in II. Instanz das betr. Landgericht, in III. Instanz das Reichsgericht (§ 152). Wegen der Vertretung des Fiskus im Prozesse s. § 153. Die Beweislast ist nach den allgemeinen Grundsätzen zu verteilen; s. OHG. v. 10. April 1877 bei Perels-Spilling, Anm. 5; Gaupp-Stein zu §§ 256 und 762 ZPO.; Schulze 338.

§ 145. Das Gericht hat auf Antrag des Beamten darüber Beschluß zu fassen, ob die Zwangsvollstreckung fortzusetzen oder einstweilen einzustellen sei. Die einstweilige Einstellung erfolgt, wenn der Beamte glaubhaft macht, daß die Fortsetzung der Zwangsvollstreckung für ihn einen schwer ersetzlichen Nachteil zur Folge haben würde. Das Gericht ist jedoch verpflichtet, falls es die Einstellung der Zwangsvollstreckung verordnet, an Stelle derselben auf Antrag der verklagten Reichsbehörde die erforderlichen Sicherheitsmaßregeln behufs des Ersatzes des Defekts herbeizuführen.

Das Gericht des § 145 ist nicht das des § 143, es ist das Prozeß- und nicht das Vollstreckungsgericht; s. Pieper 509; Thudichum 337; Schulze 340.

§ 146. Wenn eine nahe und dringende Gefahr vorhanden ist, daß ein Beamter, gegen welchen die Zwangsvollstreckung zulässig ist (§ 141), sich auf flüchtigen Fuß setzen oder sein Vermögen der Verwendung zum Ersatze des Defekts entziehen werde, so kann die unmittelbar vorgesetzte Behörde, auch wenn sie nicht die Eigenschaft einer höheren Reichsbehörde hat, oder der unmittelbar vorgesetzte Beamte das abzugsfähige Gehalt (§ 19 Nr. 1) und nötigenfalls das übrige bewegliche Vermögen des im Eingange bezeichneten Beamten vorläufig in Beschlag nehmen.

Der vorgesetzten höheren Reichsbehörde ist ungesäumt Anzeige davon zu machen und deren Genehmigung einzuholen.

1. Die vorläufige Beschlagnahme, die sich nicht bloß auf das pfändbare Diensteinkommen, sondern auf das gesamte Vermögen erstrecken kann (Schulze 341), setzt (anders die Zwangsvollstreckung nach § 143) einen Defektenbeschluß nicht voraus; Kannegießer, Bem. 21; Zedlitz, Anm. 163; Pieper 511; RGZ. 31, 308; JW. 1893 S. 130 Nr. 21; Perels-Spilling, Anm. 3; Schulze 340. Sie wirkt wie ein dingliches Anrecht im Sinne des § 917 ZPO.; s. auch Perels-Spilling, Anm. 4; ZPO. § 930; Schulze 341; Gaupp-Stein, Anm. 2 zu § 845 ZPO.; Pieper Anm. 7a.

2. Die Genehmigung (Abs. 2) kann vorher nachgesucht bzw. erteilt sein; RG. v 29. Nov. 1892; JW 1893 S. 130 Nr. 22; Pieper 513; Brand 220.

3. Die Aufhebung der Beschlagnahme nach § 146 kann durch die verfügende oder deren vorgesetzte Behörde, sodann im Rechtswege durch Anfechtung des der Beschlagnahme nachfolgenden Defektenbeschlusses erfolgen; RGZ. 2, 188; Gruchot 25, 14. Dritte können ohne weiteres auf Aufhebung klagen; KGH. v. 20. Nov. 1855, JMBl. 56, 68; Brand 220; Gruchot 25, 124.

§ 147. Ist von den vorgesetzten Behörden oder Beamten gemäß § 146 eine Beschlagnahme erfolgt, so hat das Gericht, in dessen Bezirke die Beschlagnahme stattgefunden hat, auf Antrag des von derselben betroffenen Beamten anzuordnen, daß binnen einer zu bestimmenden Frist der in den §§ 137 und 140 vorgesehene Beschluß beizubringen sei.

Wird dieser Anordnung nicht Folge geleistet, so ist auf weiteren Antrag des Beamten die Beschlagnahme sofort aufzuheben; andernfalls kommen die Bestimmungen des § 144 zur Anwendung.

Die Behörde kann unabhängig von der Beschlagnahme nach § 146 (also auch nach deren Aufhebung) mit dem abzugsfähigen Diensteinkommen des Beamten aufrechnen; s. Anm. zu § 140 und Anm. 2 zu § 142; s. Brand 221; s. auch Schulze 342.

§ 148. Für das Defektenverfahren im Verwaltungswege werden Gebühren und Stempel nicht berechnet.

Die baren Auslagen (auch die für eine Dienstreise zur Feststellung des Defekts) nach § 124 können berechnet werden. Der Defektenbeschluß hat über deren Erstattung zu verfügen; s. VMBl. 63 S. 194; JMBl. 63 S. 222; JW. 1882 S. 388; APDA. X Abt. 2 § 193 und § 196, Nachtrag Nr. 477; Pieper 515; Perels-Spilling, Anm. 1 und 2 zu § 148; Brand 221; Schulze 343.

Verfolgung vermögensrechtlicher Ansprüche.

§ 149. Über vermögensrechtliche Ansprüche der Reichsbeamten aus ihrem Dienstverhältnis, insbesondere über Ansprüche auf Besoldung, Wartegeld oder Pension, sowie über die den Hinterbliebenen der Reichsbeamten gesetzlich gewährten Rechtsansprüche auf Bewilligungen findet mit folgenden Maßgaben der Rechtsweg statt.

1. Zu §§ 149 ff. s. RGZ. 92, 178; 97, 304; 95, 103. Obgleich die vermögensrechtlichen Ansprüche der Beamten aus ihrem Dienstverhältnis dem öffentlichen (und zwingenden) Recht angehören, obgleich in der Regel für Ansprüche aus dem öffentlichen Recht der ordentliche Rechtsweg versagt ist (RG. v. 1. Juni 1891 bei Bolze 12 Nr. 616; Stölzel, Rechtsweg und Kompetenzkonflikte 64), führte das G. über die Erweiterung des Rechtsweges v. 24. Mai 1861 (GS. 241) im Gegensatze zu der K.V. v. 25. Mai 1824 (GS. 147), v. 7. Juli 1830 (v. Kamptz Anm. 14 S. 722, v. Kamptz Jahrb.

36 S. 294), v. 28. Okt. 1836 (v. Kamptz Jahrb. 48 S. 433; s. auch Arndt, Selbst. VerwR. 104 f.) für vermögensrechtliche Ansprüche der Staatsbeamten aus ihrem Dienstverhältnis, insbesondere für Ansprüche auf Besoldung, Pension und Wartegeld mit gewissen Maßgaben den ordentlichen Rechtsweg ein. Dem Gesetze v. 24. Mai 1861 sind die §§ 149 bis 155 RBG. nachgebildet (Mot. 78). Sie gelten gemäß § 13 EinfG. z. ZPO. und Art. 32 und 80 EinfG. z. BGB. heute fort. S. auch Wach, Handbuch der ZPO. I 96.

2. Vermögensrechtliche Ansprüche aus dem Dienstverhältnis sind auch die auf Tagegelder, Reisekosten (auch für Lokaltermine, OTr. 54 S. 281), Umzugskosten, Repräsentationsgelder (ROHG. 21, 378), Wohnungsgeldzuschuß, Sterbemonat, Gnadenquartal, Teuerungszulagen, auch Ansprüche auf solches Gehalt oder Pension, die nach Ansicht der Verwaltung ruhen (RGZ. 36, 74), Stellvertretungskosten, auch die Ansprüche wegen Verletzung der Schutzpflichten; RGZ. 95, 103.

Aus dem Dienstverhältnis rühren die rein privatrechtlichen Ansprüche aus § 89 BGB. nicht her, für welche also der ordentliche Rechtsweg uneingeschränkt gegeben ist (RG. v. 18. März 1893; JW. 370 Nr. 89; ferner KKGH. v. 21. Mai 1898, VerwBl. 21 S. 90). Vermögensrechtliche Ansprüche aus dem Dienstverhältnis sind nicht die auf Abänderung oder Verminderung des Pflichtenkreises (KKGH. v. 9. März 1867, JMBl. 1867 S. 342), auch nicht die auf Titel, Beförderung, Urlaub, Versetzung, Entlassung, Übertragung eines Amts (RGZ. 53, 429) und dgl. (s. Anm. 4 zu § 4; JW. 1898 S. 18 Nr. 48; Brand 222; Rehm 195 f.; Perels-Spilling, Anm. zu § 149), auch nicht auf Vorenthaltung oder Entziehung von Gnadenbewilligungen, Nebenämtern und dgl.

3. Wegen des Gerichtsstandes s. zu § 151! Neben dem Rechtswege ist der Beschwerdeweg in allen Fällen offen.

4. Das Klagerecht steht auch den Hinterbliebenen eines Beamten zu.

5. Ansprüche auf Rückstände von Besoldungen, Wartegeldern, Ruhegehalten, Unterhaltsbeiträgen und alle anderen

regelmäßig wiederkehrenden Leistungen verjähren nach BGB. § 197 in vier Jahren. Die Verjährung beginnt (§ 201) mit dem Schlusse des Jahres, in welchem der Anspruch entstanden ist. Tagegelder, Fuhr- und Verzugskosten fallen nicht unter § 197 (weil nicht regelmäßig wiederkehrend), unterliegen also der allgemeinen 30 jährigen Verjährung; s. auch Pieper 520. Ferner ist zu beachten BGB. § 210; „Hängt die Zulässigkeit des Rechtswegs von der Vorentscheidung einer Behörde ab . . ., so wird die Verjährung durch die Einreichung des Gesuchs an die Behörde in gleicher Weise wie durch Klageerhebung unterbrochen, wenn die Klage binnen drei Monaten nach der Erledigung des Gesuchs erhoben wird."

6. Die Vorschriften der §§ 149 f., also auch die über die dort gegebenen Fristen, sind zwingend, also durch Abmachungen unabänderbar; RG. 26, 24; 31, 125; 36, 82; s. auch Arndt 640; s. auch RGZ. 82, 202; 92, 114; 97, 300.

7. § 32 Wehrges. v. 23. März 1921 bestimmt: „Für vermögensrechtliche Ansprüche der Angehörigen der Wehrmacht aus dem Dienstverhältnisse steht der ordentliche Rechtsweg offen."

§ 150. Die Entscheidung der obersten Reichsbehörde muß der Klage vorhergehen und letztere sodann bei Verlust des Klagerechts innerhalb sechs Monaten, nachdem dem Beteiligten die Entscheidung jener Behörde bekanntgemacht worden, angebracht werden.

In den Fällen, in welchen gemäß § 54 die höhere Reichsbehörde Entscheidung getroffen hat, tritt der Verlust des Klagerechts auch dann ein, wenn nicht von dem Beteiligten gegen diese Entscheidung binnen gleicher Frist die Beschwerde an die oberste Reichsbehörde erhoben ist.

1. Die Entscheidung der obersten Reichsbehörde ist Prozeßvoraussetzung, desgleichen die Innehaltung der sechsmonatigen Frist; RGZ. v. 23. Sept. 1886, JMBl. 1887

S. 114; Gruchot 31, 104; v. 28. Nov. 1895; 36 S. 74, 82; Pieper 522; Brand 224; Stölzel, Rechtsweg und Kompetenzkonflikt 72. Dies ist durch RVf. Art. 128 nicht geändert; s. Arndt dazu.

2. In § 150 ist die erste Verfügung (ausdrücklich oder durch konkludente Handlungen betätigte), durch welche, gleichviel ob auf Antrag oder ohne solchen, der Anspruch ganz oder teilweise in klar erkennbarer Weise und bestimmt abgelehnt ist; vgl RGZ. 42, 281; Gruchot 43, 1034: JW. 1899 S. 81; RGZ. 36, 81; 26, 24; 31, 130; 92, 116; 95, 216; Stölzel, Rechtsweg 70f.; Pieper 523; Brand 223.

3. Der Klageanspruch geht auch auf Verzugszinsen sogar evtl. als selbständiger; RGZ. 42, 121.

4. Den §§ 149, 150 ist § 32 des Wehrgesetzes mit der Maßgabe nachgebildet, daß als oberste Reichsbehörde der Reichswehrminister gilt, und daß der Reichsfiskus durch die zuständige oder zuständig gewesene Intendantur und, wenn der Kläger unmitttelbar unter dem Reichswehrminister, dem Chef der Heeresleitung oder dem Chef der Marineleitung steht oder stand, durch den Reichswehrminister vertreten wird.

§ 151. Der Reichsfiskus wird durch die höhere Reichsbehörde, unter welcher der Reichsbeamte steht oder gestanden hat, oder falls er direkt unter der obersten Reichsbehörde steht oder gestanden hat, durch die oberste Reichsbehörde vertreten.

Die Klage ist bei demjenigen Gericht anzubringen, in dessen Bezirke die betreffende Behörde ihren Sitz hat.

1. Bezüglich der Zuständigkeit bestimmt GVG. § 70 Abs. 2: 1. Die Landgerichte sind ohne Rücksicht auf den Wert des Streitgegenstandes ausschließlich zuständig; 2. für die Ansprüche, welche auf Grund des Gesetzes über die Rechtsverhältnisse der Reichsbeamten v. 31. März 1873 gegen den Reichsfiskus erhoben werden, gleichviel ob der Beamte oder Fiskus als Kläger auftritt; Gruchot 30, 854; Brand 225;

Pieper 527. Ebenmäßig bestimmt § 32 Wehrges. Abs. 5, daß die Landgerichte ohne Rücksicht auf den Wert des Streitgegenstandes zuständig sind und daß die Verhandlung und Entscheidung in letzter Instanz (§§ 8 ff. GVG.) dem RG. zugewiesen ist (RVG. § 152).

§ 152. In bürgerlichen Rechtsstreitigkeiten, in welchen durch Klage oder Widerklage ein Anspruch auf Grund der Vorschriften dieses Gesetzes geltend gemacht ist, wird die Verhandlung und Entscheidung letzter Instanz im Sinne des § 8 des Einführungsgesetzes zum Gerichtsverfassungsgesetze dem Reichsgerichte zugewiesen.

1. Die Revision an das Reichsgericht hängt von der sonst allgemeinen Revisionssumme nicht ab (vgl. ZPO. § 547 Nr. 2). § 152 findet insbesondere auch auf in Bayern geführte Prozesse Anwendung.

2. Gegenüber § 152 ist unerheblich, ob der Beamte oder der Fiskus Kläger ist; s. Anm. zu § 151; ferner RGZ. 32, 120; JW. 82, 76; Pieper 330; Brand 226; Perels-Spilling 191.

§ 153. Auf die im § 144 erwähnten Rechtsstreitigkeiten finden die Bestimmungen der §§ 151 und 152 mit der Maßgabe Anwendung, daß der Reichsfiskus durch die höhere Reichsbehörde vertreten wird, welche den Defektbeschluß abgefaßt oder für vollstreckbar erklärt hat (§ 139 Abs. 2). Ist die Abfassung durch die oberste Reichsbehörde geschehen, so übernimmt diese die Vertretung des Reichsfiskus.

Auch § 153 soll die einheitliche Rechtsprechung sichern; s. Pieper 531. § 150 ist auf diese Klagen nicht anwendbar; Schulze 352.

§ 154. In Rechtsstreitigkeiten über Vermögensansprüche gegen Reichsbeamte wegen Überschreitung ihrer amtlichen Befugnisse oder pflichtwidriger Unterlassung von

Amtshandlungen ist sowohl dasjenige Gericht zuständig, in dessen Bezirke der Beamte zur Zeit der Verletzung seiner Amtspflicht seinen Wohnsitz hatte, als dasjenige, in dessen Bezirke derselbe zur Zeit der Erhebung der Klage seinen Wohnsitz hat.

Die Vorschrift des § 152 findet entsprechende Anwendung.

1. S. § 13; Arndt 648.

2. § 154 umfaßt auch die Fälle, in denen der Beamte innerhalb seiner amtlichen Befugnisse, also ohne Verletzung des Gesetzes, aber mit Verletzung der durch sein Amt erforderlichen Sorgfalt, gehandelt hat; RG. v. 22. Febr. 1883 bei Gruchot 28, 463; Arndt 649; Struckmann-Koch, Komm. zu § 70 GVG.; Pieper 532, Brand 227. Wer die Amtspflicht verletzt, überschreitet die Amtsbefugnisse; s. Anm. 1 zu § 13; a. A. Laband I 436, der die Vorschrift bloß auf formelle Kompetenzerweiterungen bezieht. Es muß sich aber um amtliche Verschuldung handeln; RG. v. 11. Dez., 18. Dez. 1890 bei Gruchot 28, 463; 35, 1197 und JW. 1891, 89; RGZ 32, 397; Pieper 533 f.; Schulze 353. §§ 149, 150 kommen hier nicht in Anwendung. Schulze 353.

3. Die prozeßrechtlichen Vorschriften des § 154 gelten gemäß § 13 EinfG. z. ZPO. fort und finden auch dann Anwendung, wenn der Beamte zur Zeit der Klageerhebung schon pensioniert oder entlassen ist, oder auch wenn der Prozeß gegen die Erben geführt wird; Kannegießer 242; Brand 227; Pieper 535; RGZ. 32, 119, 121; 33, 244.

§ 155. Die Entscheidungen der Disziplinar- und Verwaltungsbehörden darüber, ob und von welchem Zeitpunkt ab ein Reichsbeamter aus seinem Amte zu entfernen, einstweilig oder definitiv in den Ruhestand zu versetzen oder vorläufig seines Dienstes zu entheben sei, und über die Verhängung von Ordnungsstrafen sind für die Beurteilung der vor dem Gerichte geltend gemachten vermögensrechtlichen Ansprüche maßgebend.

1. § 155 führt die Fälle, in denen die Entscheidungen der Disziplinar- und Verwaltungsbehörden für den Richter bindend sind, erschöpfend auf; RGZ. 6, 106; 12, 71; Arndt 675; Brand 229; Perels-Spilling zu § 155; Laband I 469 Anm. 5; Rehm 211; Pieper 546; Seydel 314; Schulze 355. Aber selbst wo der Richter das Nachprüfungsrecht hat, kann er nicht auf Ungültigkeit der fragl. Entscheidung, sondern nur auf die finanziellen Folgen einer solchen Ungültigkeit erkennen; vgl. Pieper 540; s. auch RGZ. 37, 242 und 305; ferner RG. v. 21. April 1896 bei Gruchot 40, 1050. RG. v. 11. Okt. 1897, JW. 64, 548 und Gruchot 42, 93, ferner v. 9. Juni 1898, JW. 468 und Gruchot 42, 1026, leitet die Verurteilung des Fiskus zur Zahlung des Gehalts für die Zeit, während der der Beamte durch eine nach Ansicht des Gerichts unstatthafte Kündigung und dergl. an der Amtsführung gehindert wird, aus dem Alimentationscharakter des Gehalts her, — dasselbe gilt auch für Arbeiter und Privatangestellte nach allgemeinem Zivilrecht im analogen Fall; BGB. § 616. S. auch zu § 155 noch RGZ. 82, 362; 92, 428; 96, 303. Die Vorentscheidungen der Verwaltungsbehörden müssen, um die Frist zu begründen, klar sein. Die einem geisteskranken Beamten zugestellten Bescheide sind wirkungslos; s. RGZ. 95, 297; 96, 309. Durch eine das Ruhegehalt abändernde Entscheidung der Verwaltungsbehörde wird evtl. der Rechtsweg von neuem eröffnet; RGZ. 95, 352. Die die richterliche Prüfung einschränkende Vorschrift des § 155 RBG. bezieht sich nicht auf eine Entlassung ohne Pension in Voraussetzung des Einverständnisses; RGZ. 96, 303. Das Gericht kann prüfen, ob die Pensionierung eine freiwillige oder unfreiwillige war (s. JW. 1900, 598 Nr. 17; ferner Schulze 356), auch ob der Pensionsantrag ernsthaft gestellt war, nicht aber z. B., ob der Beamte mit Recht als dienstunfähig behandelt ist; RGZ. 99, 30; s. auch §§ 36 und 54. Das Gericht darf insbesondere alle Umstände nachprüfen

(Höhe des Diensteinkommens, Länge der Dienstzeit), die für die Berechnung der Pension maßgebend sind; s. auch Schulze 357.

2. Wird ein auf Widerruf oder Kündigung angestellter Beamter entlassen, so kann das Gericht den Fiskus zur Fortzahlung des Gehalts verurteilen, wenn es meint, daß der Beamte nicht bloß auf Kündigung oder Widerruf, sondern lebenslänglich angestellt war, desgleichen auf Zahlung der Pension, wenn das Gericht annimmt, daß der Beamte, weil pensionsberechtigt, darauf Anspruch hatte; s. hierzu (zutreffend) Pieper 543f. gegen RGZ. 1, 34; 3, 91; 64, 35; Gruchot 26, 1114 u. a. m.; ebenso wie Pieper auch Brand 230. Ist die Entscheidung eines Rechtsstreites von dem Bestehen eines Rechtsverhältnisses abhängig, das nach § 155 von der Entscheidung der Verwaltungsbehörde bindend bestimmt wird, so muß der Richter evtl. das Verfahren aussetzen; Gaupp-Stein zu § 148 ZPO.; Schulze 357. Die Frage der dauernden Dienstunfähigkeit hat die Verwaltungsbehörde ausschließlich zu entscheiden; RGZ. 82, 262; 89, 423; 94, 30. Die Entscheidungen der Verwaltungsbehörde über die Festsetzung des Besoldungsdienstalters sind für vor dem Gericht geltend gemachte vermögensrechtliche Ansprüche maßgebend; s. Besoldungsvorschriften v. 21. März 1921 (RGBl. 257); s. Nr. 23, BesoldOrdn. § 11 Abs. 2.

Schlußbestimmungen.

§ 156. Die Reichstagsbeamten haben die Rechte und Pflichten der Reichsbeamten.

Die Anstellung der Reichstagsbeamten erfolgt durch den Reichstagspräsidenten, welcher die vorgesetzte Behörde derselben bildet.

1. Die Reichstagsbeamten sind zwar Beamte des Reichs, aber nicht Reichsbeamte im Sinne des RBG., da sie vom Präsidenten des Reichstags angestellt werden und nicht verfassungsmäßig verpflichtet waren, den Anordnungen des

Kaisers zu folgen; Pieper 547; Brand 230; Arndt 115, 675.

2. Der Präsident ist die oberste und unmittelbar vorgesetzte Behörde in einer Person, vereidigt die von ihm angestellten Beamten nach § 3, setzt ihre Dienstbezüge nach Maßgabe des Etats fest, entscheidet über ihre Pensionierung und über die zu bewilligende Pension, übt über sie die Korrektion, Disziplin nach § 32 aus und verfügt erforderlichenfalls auch die Amtssuspension nach § 127; so treffend Pieper 548; s. auch Arndt l. c. Er ernennt auch den Untersuchungskommissar; die (allgemeine) Disziplinarkammer und der Disziplinarhof entscheiden auch über die Reichstagsbeamten; a. A. Brand 230. Der Rechtsweg wegen Gehalts- usw. Ansprüchen ist in demselben Umfange wie bei Reichsbeamten den Reichstagsbeamten gegen den Reichsfiskus zulässig.

3. Zwischen zwei Legislaturperioden (Tagungen) oder Wahlperioden führen Präsident und Stellvertreter der letzten Tagung ihre Geschäfte fort; RVf. Art. 27. Der Präsident des Reichstags übt (Art. 28 RVf.) das Hausrecht und die Polizeigewalt im Reichstagsgebäude aus. Ihm untersteht die Hausverwaltung; er verfügt über die Einnahmen und Ausgaben des Hauses nach Maßgabe des Reichshaushalts und vertritt das Reich in allen Rechtsangelegenheiten und Rechtsstreitigkeiten seiner Verwaltung. Er ist also Anstellungs-, vorgesetzte und oberste Reichsbehörde im Sinne des RBG.

§ 157. Auf Personen des Soldatenstandes findet dieses Gesetz nur in den §§ 134 bis 148 Anwendung.

1. Personen des Soldatenstandes sind nach § 1 des Wehrgesetzes v. 23. März 1921 (RGBl. 329) die Offiziere aller Gattungen, die Deckoffiziere, Unteroffiziere und Mannschaften; s. auch § 43. Daß Offiziere nicht Beamte im Sinne des RBG., schon RGZ. 89, 255. Die Versorgung der ausgeschiedenen Soldaten und ihrer Hinterbliebenen richtet sich in allen Fällen nach den Vorschriften des Wehrmachtversor-

gungsgesetzes § 28. Der Reichspräsident kann ausscheidenden Angehörigen der Wehrmacht die Berechtigung zum Tragen einer Uniform mit einem für Verabschiedete vorgeschriebenen Abzeichen widerruflich gewähren; § 30. Entsprechend § 155 RBG. bestimmt § 32 letzter Absatz des Wehrgesetzes, daß die Entscheidungen in militärischen Dienststellen darüber, ob Dienstunbrauchbarkeit oder mangelnde Befähigung vorliegt, ob die Voraussetzungen zur vorläufigen Dienstenthebung vorliegen, sowie darüber, ob und wie lange ein Soldat nach Ablauf der Dienstverpflichtung im Dienste zurückzubehalten ist, für die Gerichte bindend sind.

2. § 154 RBG. findet auf Ansprüche aus den Militär- und Militärversorgungsgesetzen keine Anwendung; RGZ. 33, 411; 34, 421; Brand 231; s. auch zu § 157 RGZ. 92, 114; 97, 300. Es gilt das Wehrgesetz v. 23. März 1921 (RGBl. 329) bes. § 32.

3. Artikel II des Gesetzes über die Pflichten der Beamten zum Schutze der Republik vom 21. Juli 1922 (RGBl. 590) bestimmt: „Die Bestimmungen der §§ 3, 10a und 10b des Reichsbeamtengesetzes gelten sinngemäß auch für Soldaten, ohne daß hier durch die weitergehenden Vorschriften des Wehrgesetzes v. 23. März 1921 (RGBl. S. 329) insbesondere die Vorschriften des § 36 über das Verbot politischer Betätigung, berührt werden."

§ 158. Die Bestimmungen dieses Gesetzes über die Versetzung in ein anderes Amt, über die einstweilige und über die zwangsweise Versetzung in den Ruhestand, über Disziplinarbestrafung und über vorläufige Dienstenthebung finden auf die Mitglieder des Reichsgerichts, auf die Mitglieder des Bundesamts für das Heimatwesen, auf die Mitglieder des Rechnungshofs des Deutschen Reichs und auf richterliche Militär-Justizbeamte keine Anwendung.

Außerdem haben für die Mitglieder des Reichsgerichts die Vorschriften dieses Gesetzes über die Pensionierung und über den Verlust der Pension keine Geltung.

1. § 158 bezieht sich nur auf die Mitglieder, nicht auf das Büro- und Unterbeamtenpersonal; Arndt 640; Perels-Spilling, Anm. zu § 158; Thudichum 270; Schulze; Anm. 4 zu § 158; Pieper 550. § 158 gilt nicht für die Mitglieder des Reichsversicherungsamts; Arndt 640; Brand 234.

2. Die nicht in § 158 erwähnten Vorschriften, namentlich die §§ 1—22, 33, 69, 70—71, 134—155, 159 und (abgesehen von Mitgliedern des Reichsgerichts) §§ 34—60 gelten auch für richterliche Beamte; s. auch Schulze 299.

3. Für Mitglieder des Reichsgerichts s. GVG. §§ 127 bis 131 und G. v. 22. Mai 1910 (RGBl. 707) Art. I, für Mitglieder des demnächst durch das Reichsverwaltungsgericht ersetzten Bundesamts für das Heimatwesen s. §§ 42, 43 G. v. 6. Juni 1870 (RGBl. 360); sie stehen in bezug auf Disziplin den Mitgliedern des Reichsgerichts gleich, auf zwangsweise Pensionierung unter §§ 56ff. PrRDiszG. für richterliche Beamte v. 7. Mai 1851; s. auch Arndt 218, 219, 692. Für Mitglieder des Reichswirtschaftsgerichts gilt § 8 der VO. v. 21. Mai 1920 (RGBl. 1167).

Für Mitglieder des Rechnungshofes des Deutschen Reichs gelten (gemäß § 19 RVG.) die für die Mitglieder der Oberrechenkammer bestehenden Vorschriften mit der Maßgabe, daß an die Stelle des preußischen Staatsministeriums (§ 5 G v. 27. März 1872) der Reichskanzler tritt, also zunächst Oberrechenkammer-G. v. 27. März 1872 (GS. 278), Arndt 417, und PrRDiszG. für richterliche Beamte v. 7. Mai 1851 (GS. 218); s. auch Brand 233; Pieper 532; Laband I § 42, 366, 495; Schulze 360; Kannegießer 249; Perels-Spilling 196.

Für die richterlichen Militärjustizbeamten s. namentlich §§ 95, 96 MilStrGO. und §§ 24, 30 G. v. 1. Dez. 1898 (RGBl. 1297) und § 27 EinfG. z. MilStrGO.; Schulze 360; s. auch G. betr. Aufhebung der Militärgerichtsbarkeit v.

17. Aug. 1920 (RGBl. 1579), die nur noch, abgesehen von dem Verfahren in Kriegszeiten und gegen die an Bord von in Dienst gestellten Kriegsschiffen eingeschifften Mannschaften der Reichsmarine aufgehoben ist.

§ 159. Die Ausführung dieses Gesetzes regelt eine vom Kaiser zu erlassende Verordnung, durch welche namentlich diejenigen Behörden näher zu bezeichnen sind, welche unter den in diesem Gesetz erwähnten Reichsbehörden verstanden sein sollen.

S. die Kais. V. v. 23. Nov. 1874 (RGBl. 135) und v. 27. Dez. 1899 (RGBl. 730), geändert RGBl. 1901 S. 173; 1904 S. 57; 1906 S. 732; 1908 S. 159; 1911 S. 505; 1913 S. 733; 1915 S. 551; für Reichsbankbeamte s. V. v. 19. Dez. 1875 (RGBl. 378), s. auch RGBl. 1875 S. 378; 1886 S. 203; 1907 S. 742 und oben zu §§ 60 und 80 und 81, ferner für die Landesbeamten in den Schutzgebieten s. Kolonialbeamtengesetz v. 8. April 1910 (RGBl. 58), für die Kais. Schutztruppen § 17 G. v. 18. Juli 1896 (RGBl. 653) und § 26 V. v. 18. Juli 1900 (RGBl. 831), s. auch Hatschek § 19 S. 135 f.

Anlage I.

Beamtenhinterbliebenengesetz

vom 17. Mai 1907 (RGBl. S. 208)

in der Fassung des Besoldungsges. v. 30. April 1920 (RGBl. 815) § 31, geändert durch G. v. 21. Dezember 1920 (RGBl. 2115). Ausführungsbestimmungen v. 9. Juli 1921 (RGBl. 886).

§ 1. Die Witwen und die ehelichen oder legitimierten Kinder von Beamten, welchen zur Zeit ihres Todes ein Anspruch auf Pension aus der Reichskasse im Falle der Versetzung in den Ruhestand zugestanden hätte, sowie die Witwen und die ehelichen oder legitimierten Kinde von ausgeschiedenen Beamten, welche kraft gesetzlichen Anspruchs oder auf Grund des § 39 des Reichsbeamtengesetzes lebenslängliche Pension aus der Reichskasse zu beziehen hatten, erhalten Witwen- und Waisengeld.

Keinen Anspruch auf Witwen- und Waisengeld haben die Hinterbliebenen derjenigen Beamten und ausgeschiedenen Beamten, welche nur nebenamtlich im Reichsdienst angestellt gewesen sind.

S. RBG. §§ 34, 34a, 36, 38, 39, 68. Nebenamtlich s. RBG. § 38. S. auch Anm. 1 zu § 15.

§ 2. Das Witwengeld besteht in sechzig vom Hundert derjenigen Pension, zu welcher der Verstorbene berechtigt gewesen ist oder berechtigt gewesen sein würde, wenn er am Todestag in den Ruhestand versetzt worden wäre.

Das Witwengeld soll jedoch, vorbehaltlich der im § 4 verordneten Beschränkung, mindestens 900 Mark und höchstens 9000 Mark betragen.

Bei Berechnung des Witwengeldes bleibt die Verstümmelungszulage und die Alterszulage (§§ 11, 13, 32 des Offizierpensionsgesetzes vom 31. Mai 1906) stets, die Kriegszulage, Pensionserhöhung und Tropenzulage (§§ 12, 32; §§ 49, 59; §§ 66, 67, § 72 Nr. 8 ebenda) in dem Falle außer Betracht, daß die Witwe zu einer Kriegsversorgung berechtigt ist.

War der Verstorbene als Pensionär wieder in den Reichsdienst eingetreten, so wird der Berechnung des Witwengeldes derjenige Betrag zugrunde gelegt, den der Verstorbene an neuer und alter Pension bezogen hat oder hätte beziehen können.

War der Verstorbene als Pensionär außerhalb des Reichsdienstes in eine der im § 57 Nr. 2 des Reichsbeamtengesetzes bezeichneten Stellen eingetreten, so wird der Berechnung des Witwengeldes die festgesetzte Reichspension im vollen Betrage zugrunde gelegt.

Der Jahresbetrag des Witwengeldes ist nach oben so abzurunden, daß bei der Teilung durch drei sich volle Markbeträge ergeben.

In Fassung G. v. 25. Okt 1922 (RGBl. 806).

G. v. 31. Mai 1906 (RGBl. 565); s. Anm. 1 zu § 45 RBG.; oben S. 88. Die Ziffern beruhen auf dem Gesetz v. 21. Dez. 1920. § 2 des genannten Gesetzes bestimmt, daß Witwen und Waisen der Altpensionäre Zuschüsse in Höhe des Unterschieds zwischen dem gesetzlich zustehenden und dem Betrage zu gewähren ist, der sich ergibt, bei Bemessung ihrer

Bezüge am 1. April 1920. S. auch §§ 5, 6 und 11 des genannten Gesetzes.

§ 3. Das Waisengeld beträgt jährlich:

1. für jedes Kind, dessen Mutter noch lebt und zur Zeit des Todes des Verstorbenen zum Bezuge von Witwengeld berechtigt war, ein Fünftel des Witwengeldes;
2. für jedes Kind, dessen Mutter nicht mehr lebt oder zur Zeit des Todes des Verstorbenen zum Bezuge von Witwengeld nicht berechtigt war, ein Drittel des Witwengeldes.

Der Jahresbetrag des Waisengeldes ist nach oben so abzurunden, daß bei Teilung durch drei sich volle Markbeträge ergeben.

S. §§ 2 und 11 G. v. 21. Dez. 1920 (RGBl. 2109).

§ 4. Witwen- und Waisengeld dürfen weder einzeln noch zusammen den Betrag der Pension übersteigen, zu welcher der Verstorbene berechtigt gewesen ist oder berechtigt gewesen sein würde, wenn er am Todestag in den Ruhestand versetzt worden wäre.

Ergibt sich an Witwen- und Waisengeld zusammen ein höherer Betrag, so werden die einzelnen Sätze in gleichem Verhältnisse gekürzt.

§ 5. Nach dem Ausscheiden eines Witwen- oder Waisengeldberechtigten erhöht sich das Witwen- oder Waisengeld der verbleibenden Berechtigten von dem Beginne des folgenden Monats an insoweit, als sie sich noch nicht in vollem Genusse der ihnen nach §§ 2 bis 4 gebührenden Beträge befinden.

§ 6. War die Witwe mehr als 15 Jahre jünger als der Verstorbene, so wird das nach Maßgabe der §§ 2, 4 berechnete Witwengeld für jedes angefangene Jahr des Altersunterschieds über 15 bis einschließlich 25 Jahre um $^1/_{20}$ gekürzt. Nach fünfjähriger Dauer der Ehe wird für jedes angefangene Jahr ihrer weiteren Dauer dem gekürzten Betrag $^1/_{10}$ des berechneten Witwengeldes so lange hinzugesetzt, bis der volle Betrag wieder erreicht ist.

Auf den nach § 3 zu berechnenden Betrag des Waisengeldes ist diese Kürzung des Witwengeldes ohne Einfluß.

Hat die Ehe volle 14 Jahre bestanden, so erhält die Witwe die Witwenpension sonach unverkürzt, und es bedarf nicht mehr der Vorlegung der Geburtsurkunden. S. auch RGZ. 97, 347.

§ 7. Liegen die Voraussetzungen einer Kürzung sowohl nach § 4 als auch nach § 6 vor, so ist zunächst das Witwen- und Waisengeld nach § 4 und erst dann das Witwengeld nach § 6 zu kürzen, demnächst aber der gemäß § 6 gekürzte Betrag des Witwengeldes dem nach § 4 gekürzten Waisengelde bis zur Erreichung des vollen Betrags zuzusetzen.

§ 8. Keinen Anspruch auf Witwengeld hat die Witwe, wenn die Ehe mit dem verstorbenen Beamten innerhalb dreier Monate vor seinem Ableben geschlossen worden und die Eheschließung zu dem Zwecke erfolgt ist, um der Witwe den Bezug des Witwengeldes zu verschaffen.

Keinen Anspruch auf Witwen- und Waisengeld haben die Witwe und die hinterbliebenen Kinder eines ausgeschiedenen Beamten aus solcher Ehe, welche erst nach der Versetzung des Beamten in den Ruhestand geschlossen worden ist.

§ 9. Der Witwe und den ehelichen oder legitimierten Kindern eines Beamten, welchem, wenn er am Todestag in den Ruhestand versetzt worden wäre, auf

Grund des § 39 des Reichsbeamtengesetzes eine lebenslängliche Pension hätte bewilligt werden dürfen, kann Witwen- und Waisengeld bis zu der in den §§ 2 bis 7 angegebenen Höhe durch den Reichskanzler bewilligt werden.

§ 10. Der Witwe und den ehelichen oder legitimierten Kindern eines Beamten, welcher unter dem Vorbehalte des Widerrufs oder der Kündigung angestellt gewesen ist, ohne eine in den Besoldungsetats aufgeführte Stelle bekleidet zu haben, kann Witwen- und Waisengeld durch den Reichskanzler in Grenzen derjenigen Beträge bewilligt werden, welche ihnen zustehen würden, wenn der Verstorbene eine in den Besoldungsetats aufgeführte Stelle bekleidet gehabt hätte.

Das gleiche gilt für die Witwe und die ehelichen oder legitimierten Kinder eines ausgeschiedenen Beamten, welchem auf Grund des § 37 des Reichsbeamtengesetzes eine lebenslängliche Pension bewilligt worden war, ohne daß er eine in den Besoldungsetats aufgeführte Stelle bekleidet hatte.

§ 11. Stirbt ein Beamter, welchem im Falle seiner Versetzung in den Ruhestand bei Berechnung seiner Pension die Anrechnung gewisser Zeiten auf die in Betracht kommende Dienstzeit nach §§ 50, 52 des Reichsbeamtengesetzes hätte bewilligt werden dürfen, so kann eine solche Anrechnung auch bei Festsetzung des Witwen- und Waisengeldes durch den Reichskanzler zugelassen werden.

S. RGZ. 84, 219.

§ 12. Die Zahlung des Witwen- und Waisengeldes beginnt mit dem Ablaufe der Zeit, für welche Gnadengebührnisse gewährt sind, oder, wenn solche nicht gewährt sind, mit dem auf den Sterbetag folgenden Tage, für

Waisen jedoch, die nach dem Tode ihres Vaters geboren sind, nicht früher als mit dem Tage ihrer Geburt.

Gnadengebührnisse s. RBG. § 7, nebst Anmerkungen; s. auch RGZ. 93, 308.

§ 13. Das Witwen- und Waisengeld wird monatlich im voraus gezahlt.

Die Festsetzung des Witwen- und Waisengeldes und die Bestimmung darüber, an wen die Zahlung zu leisten ist, erfolgt durch die oberste Reichsbehörde, welche diese Befugnisse auf andere Behörden übertragen kann.

S. RGZ. 92, 377; 93, 308.

§ 14. Das Recht auf den Bezug des Witwen- und Waisengeldes erlischt:

1. für jeden Berechtigten mit dem Ablaufe des Monats, in welchem er sich verheiratet oder stirbt;
2. für jede Waise außerdem mit dem Ablaufe des Monats, in welchem sie das 18. Lebensjahr vollendet.

S. RGZ. 88, 330. S. auch §§ 2 und 11 G. v. 21. Dez. 1920.

§ 15. Das Recht auf den Bezug des Witwen- und Waisengeldes ruht:

1. solange der Berechtigte nicht Reichsangehöriger ist;
2. neben einer Versorgung, welche einem Hinterbliebenen aus einer außerhalb des Reichsdienstes erfolgten Wiederanstellung oder Beschäftigung des Verstorbenen in einer der im § 57 Nr. 2 des Reichsbeamtengesetzes bezeichneten Stellen zusteht, insoweit das Witwen- oder Waisengeld unter Hinzurechnung jener anderweiten Versorgung den Betrag überschreitet, den der Hinterbliebene nach den Vorschriften dieses Gesetzes unter Zugrundelegung desjenigen Betrags zu beziehen hätte, welcher dem Verstorbenen gemäß § 59 des

Reichsbeamtengesetzes zu zahlen gewesen ist oder zu zahlen gewesen wäre;

3. bei Anstellung oder Beschäftigung als Beamter oder in der Eigenschaft eines Beamten im Reichs- oder Staatsdienst im Sinne des § 57 Nr. 2 des Reichsbeamtengesetzes, wenn das Diensteinkommen einer Witwe 4000 Mark, das einer Waise 2000 Mark übersteigt, und zwar in Höhe des Mehrbetrags. Bei Berechnung des Diensteinkommens findet § 57 Nr. 2 Abs. 2 des Reichsbeamtengesetzes Anwendung.

1. Die Summen sind durch G. v. 30. April 1920 (RGBl. 1061) § 14 bestimmt. Der Kinderzuschlag dauert bis zum 21. Lebensjahre. Der Kinderzuschlag wird auch Stief- und Adoptiv-, selbst unehelichen Kindern unter Umständen gewährt.

2. S. auch zu § 15 RGZ. 93, 308; 84, 267.

§ 16. Das Recht auf den Bezug des Witwengeldes ruht neben einer im Reichs- oder Staatsdienst im Sinne des § 57 Nr. 2 des Reichsbeamtengesetzes erdienten Pension über 3000 Mark in Höhe des Mehrbetrags.

S. Anm. 1 zu § 15.

§ 17. Tritt das Ruhen des Rechtes auf den Bezug von Witwen- und Waisengeld gemäß §§ 15, 16 im Laufe eines Monats ein, so wird die Zahlung mit dem Ende des Monats eingestellt; tritt es am ersten Tage eines Monats ein, so hört die Zahlung mit dem Beginne des Monats auf.

Bei vorübergehender Beschäftigung gegen Tagegelder oder eine andere Entschädigung beginnt das Ruhen des Rechtes auf den Bezug von Witwen- und Waisengeld mit dem Ablaufe von sechs Monaten, vom ersten Tage des Monats der Beschäftigung an gerechnet.

Lebt das Recht auf den Bezug von Witwen- und Waisengeld wieder auf, so hebt die Zahlung mit dem Beginne des Monats an.

§ 18. Ist ein Beamter oder ein ausgeschiedener Beamter, dessen Hinterbliebenen im Falle seines Todes auf Grund dieses Gesetzes Witwen- oder Waisengeld zustehen würde oder bewilligt werden könnte, verschollen, so kann den Hinterbliebenen von der obersten Reichsbehörde das Witwen- und Waisengeld auch schon vor der Todeserklärung gewährt werden, wenn das Ableben des Verschollenen mit hoher Wahrscheinlichkeit anzunehmen ist. Den Tag, mit welchem die Zahlung des Witwen- und Waisengeldes beginnt, bestimmt in diesem Falle die oberste Reichsbehörde.

§ 19. Für die Entscheidung über Ansprüche aus diesem Gesetze sind die Landgerichte ohne Rücksicht auf den Wert des Streitgegenstandes ausschließlich zuständig.

§ 20. Vom Inkrafttreten dieses Gesetzes ab erhalten die Witwen und die Kinder von denjenigen bereits verstorbenen Beamten, welche an einem der von deutschen Staaten vor 1871 oder von dem Deutschen Reiche geführten Kriege teilgenommen hatten, sofern ihnen nach den früheren Gesetzen Witwen- und Waisengeld zusteht und die Ehe schon zur Zeit des Krieges bestanden hat, Witwen- und Waisengeld in demjenigen Betrage, der ihnen zu bewilligen gewesen sein würde, wenn bei der Berechnung der Pension des Verstorbenen Artikel 1 Nr. X des Gesetzes, betreffend Änderung des Reichsbeamtengesetzes vom 31. März 1873, zur Anwendung gekommen wäre.

S. RGZ. 93, 308.

§ 21. Die Bezüge der Hinterbliebenen von Beamten, die vor dem Inkrafttreten dieses Gesetzes verstorben sind, ruhen von diesem Zeitpunkt ab nur nach den Vorschriften der §§ 15 bis 17 dieses Gesetzes.

S. RGZ. 93, 308.

§ 22. Der den Hinterbliebenen der vor dem Inkrafttreten dieses Gesetzes verstorbenen Beamten zu zahlende Betrag an Versorgungsgebührnissen darf nicht hinter demjenigen zurückbleiben, welcher ihnen nach den früheren Gesetzen zusteht.

S. RGZ. 84, 409.

§ 23. Dieses Gesetz tritt mit Wirkung vom 1. April 1907 in Kraft.

Außer Kraft treten alsdann:

1. das Gesetz, betreffend die Fürsorge für die Witwen und Waisen der Reichsbeamten der Zivilverwaltung, vom 20. April 1881,
2. das Gesetz, betreffend die Fürsorge für die Witwen und Waisen von Angehörigen des Reichsheeres und der Kaiserlichen Marine, vom 17. Juni 1887, soweit es die Beamten des Reichsheeres und der Kaiserlichen Marine sowie deren Hinterbliebene betrifft,
3. das Gesetz, betreffend den Erlaß der Witwen- und Waisengeldbeiträge von Angehörigen der Reichszivilverwaltung, des Reichsheeres und der Kaiserlichen Marine, vom 5. März 1888, soweit es die Bemten betrifft,
4. das Gesetz wegen anderweiter Bemessung der Witwen- und Waisengelder vom 17. Mai 1897, soweit es die Hinterbliebenen von Beamten betrifft.

Die unter der Herrschaft der vorstehend aufgeführten Gesetze erklärten und nicht rechtsgültig widerrufenen

Verzichte auf Witwen- und Waisengeld behalten auch mit Bezug auf dieses Gesetz ihre Wirksamkeit.

§ 24. Vorstehende Bestimmungen kommen in Bayern nach Maßgabe des Bündnisvertrags vom 23. November 1870 für die Hinterbliebenen von Heeresbeamten oder ehemaligen Heeresbeamten, welche die im § 1 angegebenen Ansprüche gegen bayerische Militärfonds besessen haben' zur Anwendung.

Dem Königreiche Bayern wird zur Bestreitung der Ausgaben hierfür alljährlich eine Summe überwiesen, die sich nach der Höhe des entsprechenden tatsächlichen Aufwandes des Reichs im Verhältnisse der Kopfstärke des Königlich Bayerischen Kontingents zu der der übrigen Teile des Reichsheeres bemißt.

§ 24 ist obsolet.

Anlage II.

Unfallfürsorgegesetz
für
Beamte und für Personen des Soldatenstandes.

Vom 18. Juni 1901 (RGBl. S. 211).

Das Gesetz ist, soweit es Offiziere und Sanitätsoffiziere des Reichsheeres, der Kais. Marine und der Kais. Schutztruppen betrifft, durch § 77 des Ges. über die Pensionierung der Offiziere usw. v. 31. Mai 1906 (RGBl. 565) und, soweit es die Personen der betr. Unterklassen betrifft, durch § 76 des Ges. über die Versorgung der Personen der Unterklassen usw. v. 31. Mai 1906 (RGBl. 593) außer Kraft gesetzt.

Artikel 1.

Das Gesetz, betreffend die Fürsorge für Beamte und Personen des Soldatenstandes infolge von Betriebsunfällen, vom 15. März 1886 (Reichs-Gesetzbl. S. 53) erhält die nachstehende Fassung:

§ 1. Beamte der Reichs-Zivilverwaltung, des Reichsheeres und der Kaiserlichen Marine sowie Personen des Soldatenstandes, welche in reichsgesetzlich der Unfallversicherung unterliegenden Betrieben beschäftigt sind, erhalten, wenn sie infolge eines im Dienste erlittenen Betriebsunfalls dauernd dienstunfähig werden, als Pension sechsundsechzigzweidrittel Prozent ihres jährlichen Diensteinkommens.

Personen der vorbezeichneten Art erhalten, wenn sie infolge eines im Dienste erlittenen Betriebsunfalls nicht dauernd dienstunfähig geworden, aber in ihrer Erwerbsfähigkeit beeinträchtigt worden sind, bei ihrer Entlassung aus dem Dienste als Pension:

1. im Falle völliger Erwerbsunfähigkeit für die Dauer derselben den im ersten Absatz bezeichneten Betrag;
2. im Falle teilweiser Erwerbsunfähigkeit für die Dauer derselben denjenigen Teil der vorstehend bezeichneten Pension, welcher dem Maße der durch den Unfall herbeigeführten Einbuße an Erwerbsfähigkeit entspricht.

Ist der Verletzte infolge des Unfalls nicht nur völlig dienst- oder erwerbsunfähig, sondern auch derart hilflos geworden, daß er ohne fremde Wartung und Pflege nicht bestehen kann, so ist für die Dauer dieser Hilflosigkeit die Pension bis zu hundert Prozent des Diensteinkommens zu erhöhen.

Solange der Verletzte aus Anlaß des Unfalls tatsächlich und unverschuldet arbeitslos ist, kann in den Fällen des Abs. 2 Ziffer 2 die Pension bis zum vollen Betrage des Abs. 1 vorübergehend erhöht werden.

Steht dem Verletzten nach anderweiter reichsgesetzlicher Vorschrift ein höherer Betrag zu, so erhält er diesen.

Nach dem Wegfalle des Diensteinkommens sind dem Verletzten außerdem die noch erwachsenden Kosten des Heilverfahrens (§ 9 Abs. 1 Nr. 1 des Gewerbe-Unfallversicherungsgesetzes, Reichs-Gesetzbl. 1900 S. 585) zu ersetzen.

1. Reichsgesetzlich der Unfallversicherung (Reichsversicherungsordnung v. 19. Juli 1911 [RGBl. 509] §§ 537 f., 915, 1046) unterliegen u. a. die im Deutschen Reiche gelegenen Betriebe der Fabriken, Bergwerke, Salinen, Auf-

bereitungsanstalten, Steinbrüche, Gräbereien, Werften, Bauhöfe, Hüttenwerke, die Land- und Forstwirtschaft, die Baugewerbe, die Betriebe der Post-, Telegraphen-, Marine- und Heeresverwaltungen, die Eisenbahnen-, Strom- und Seetransportbetriebe.

2. Betriebsunfall ist eine Schädigung der Gesundheit durch ein plötzlich eingetretenes Ereignis (nicht allmähliche Verschlimmerung oder Berufskrankheit!), die in einem ursächlichen, wenn auch nur mittelbaren Zusammenhang (im Banne!) mit dem Betriebe steht (RGZ. 52, 76; 63, 124).

3. Diensteinkommen s. RBG. § 42, oben S. 83f.

4. Hilflos sind die, welche schon für die gewöhnlichen Leibesverrichtungen auf die Handreichungen durch andere angewiesen sind (Amtl. Nachr. des Reichsversicherungsamts 1902 S. 181).

5. S. zu § 1 RGZ. 82, 299; 84, 154; 85, 430; 86, 375; 87, 72, 352; 95, 85, 131, 338; 98, 345; 99, 279; 101, 285; 102, 241. S. auch die Änderungen der Reichsversicherungsordnung (RGBl. 1920 S. 878, 1093; 1919 S. 1921; 1921 S. 467).

§ 2. Die Hinterbliebenen solcher im § 1 bezeichneten Personen, welche infolge eines im Dienste erlittenen Betriebsunfalls gestorben sind, erhalten:

1. als Sterbegeld, sofern ihnen nicht nach anderweiter Bestimmung Anspruch auf Gnadenquartal oder Gnadenmonat zusteht, den Betrag des einmonatigen Diensteinkommens oder der einmonatigen Pension des Verstorbenen;
2. eine Rente. Diese beträgt:
   a) für die Witwe bis zu deren Tode oder Wiederverheiratung, ebenso für jedes Kind bis zum Ablaufe des Monats, in welchem das achtzehnte Lebensjahr vollendet wird, oder bis zur etwaigen früheren Verheiratung zwanzig Prozent des jähr-

lichen Diensteinkommens des Verstorbenen, jedoch für die Witwe nicht unter dreitausend Mark und nicht mehr als fünfundzwanzigtausend Mark monatlich, für jedes Kind nicht unter eintausend Mark und nicht mehr als zehntausend Mark monatlich;

b) für Verwandte der aufsteigenden Linie, wenn ihr Lebensunterhalt ganz oder überwiegend durch den Verstorbenen bestritten worden war, bis zum Wegfalle der Bedürftigkeit insgesamt zwanzig Prozent des Diensteinkommens des Verstorbenen, jedoch nicht unter eintausend Mark und nicht mehr als zehntausend Mark monatlich; sind mehrere Berechtigte dieser Art vorhanden, so wird die Rente den Eltern vor den Großeltern gewährt;

c) für elternlose Enkel, falls ihr Lebensunterhalt ganz oder überwiegend durch den Verstorbenen bestritten worden war, im Falle der Bedürftigkeit bis zum Ablaufe des Monats, in welchem das achtzehnte Lebensjahr vollendet wird, oder bis zur etwaigen früheren Verheiratung insgesamt zwanzig Prozent des Diensteinkommens des Verstorbenen, jedoch nicht unter eintausend Mark und nicht mehr als zehntausend Mark monatlich.

Die Renten dürfen zusammen sechzig Prozent des Diensteinkommens nicht übersteigen. Ergibt sich ein höherer Betrag, so haben die Verwandten der aufsteigenden Linie nur insoweit einen Anspruch, als durch die Renten der Witwe und der Kinder der Höchstbetrag der Renten nicht erreicht wird, die Enkel nur soweit, als der Höchstbetrag der Renten nicht für Ehegatten, Kinder oder Verwandte der aufsteigenden Linie in Anspruch genommen wird. Soweit die Renten der Witwe und der Kinder den zulässigen Höchstbetrag überschreiten, werden die einzelnen Renten in gleichem Verhältnisse gekürzt.

Steht nach anderweiter reichsgesetzlicher Vorschrift einem von den Hinterbliebenen ein höherer Betrag zu, so erhält er diesen.

Der Anspruch der Witwe ist ausgeschlossen, wenn die Ehe erst nach dem Unfalle geschlossen worden ist.

In Fassung G. v. 25. Oktober 1922 (RGBl. 806).

§ 3. Die Fürsorge erstreckt sich auf die Folgen von Unfällen bei häuslichen und anderen Diensten, zu denen Personen der im § 1 bezeichneten Art neben der Beschäftigung im Betriebe von ihren Vorgesetzten herangezogen werden.

§ 4. Erreicht das jährliche Diensteinkommen nicht den dreihundertfachen Betrag des für den Beschäftigungsort festgesetzten ortsüblichen Tagelohns gewöhnlicher erwachsener Tagearbeiter (§ 8 des Krankenversicherungsgesetzes, Reichs-Gesetzbl. 1892 S. 417), so ist dieser Betrag der Berechnung zugrunde zu legen.

Bleibt der nach Abs. 1 zugrunde zu legende Betrag hinter dem Jahresarbeitsverdienste zurück, welchen während des letzten Jahres vor dem Unfalle Personen bezogen haben, welche mit Arbeiten derselben Art in demselben Betrieb, oder in benachbarten gleichartigen Betrieben beschäftigt waren, so ist dieser Jahresarbeitsverdienst der Berechnung der Rente zugrunde zu legen.

Die Vorschriften der Reichsversicherungsordnung, wonach bei Bemessung der Unfallrente der Jahresarbeitsverdienst nur zum Teil angerechnet wird, gelten entsprechend.

Bleibt bei den nicht mit Pensionsberechtigung angestellten Beamten (§ 1) die nach vorstehenden Bestimmungen der Berechnung zugrunde zu legende Summe unter dem niedrigsten Diensteinkommen derjenigen Stellen, in welchen solche Beamte nach den bestehenden Grundsätzen zuerst mit Pensionsberechtigung angestellt werden können, so ist der letztere Betrag der Berechnung zugrunde zu legen.

§ 4 in Fassung G. v. 25. Oktober 1922 (RGBl. 806).

§ 5. Ist das der Berechung der Hinterbliebenenrente zugrunde zu legende Diensteinkommen infolge eines früher erlittenen, nach den reichsgesetzlichen Bestimmungen über Unfallversicherung oder Unfallfürsorge entschädigten Unfalls geringer, als der vor diesem Unfalle bezogene Lohn oder das vor diesem Unfalle bezogene Diensteinkommen, so ist die aus Anlaß des früheren Unfalls bei Lebzeiten bezogene Rente oder Pension dem Diensteinkommen bis zur Höhe des der früheren Entschädigung zugrunde gelegten Jahresarbeitsverdienstes oder Diensteinkommens hinzuzurechnen.

§ 6. Der Bezug der Pension beginnt mit dem Wegfalle des Diensteinkommens, der Bezug der Hinterbliebenenrente mit dem Ablaufe des Gnadenquartals oder Gnadenmonats, oder, soweit solche nicht gewährt werden, mit dem Ablaufe derjenigen Zeit, für welche nach § 2 Abs. 1 Ziffer 1 das Diensteinkommen oder die Pension weiter bezogen ist.

Gehört der Verletzte auf Grund gesetzlicher oder statutarischer Verpflichtung einer Krankenkasse oder der Gemeinde-Krankenversicherung an, so wird bis zum Ablaufe der dreizehnten Woche nach dem Eintritte des Unfalls die Pension und der Ersatz der Kosten des Heilverfahrens um den Betrag der von der Krankenkasse oder der Gemeinde-Krankenversicherung geleisteten Krankenunterstützung gekürzt. Der Anspruch auf das Sterbegeld und vom Beginne der vierzehnten Woche ab auch der Anspruch auf die Pension sowie auf den Ersatz der Kosten des Heilverfahrens geht bis zum Betrage des von der Krankenkasse gezahlten Sterbegeldes beziehungsweise bis zum Betrage der von dieser gewährten weiteren Krankenunterstützung auf die Krankenkasse über. Als Wert der freien ärztlichen Behandlung der Arznei und der Heilmittel (§ 6 Abs. 1 Ziffer 1 des Krankenversicherungsgesetzes) gilt die Hälfte des gesetzlichen Mindestbetrags des Krankengeldes.

Fällt das Recht auf den Pensions- oder Rentenbezug im Laufe des Monats, für welchen die Pension oder Rente gezahlt war, fort, so ist von einer Rückforderung abzusehen. Wenn für einen Teil des Monats die Pension für den Verletzten mit der Rente für die Hinterbliebenen zusammentrifft, so haben die Hinterbliebenen den höheren Betrag zu beanspruchen.

§ 7. Ein Anspruch auf die in den §§ 1 bis 3 bezeichneten Bezüge besteht nicht, wenn der Verletzte den Unfall vorsätzlich oder durch ein Verschulden herbeigeführt hat, wegen dessen auf Dienstentlassung oder auf Verlust des Titels und Pensionsanspruchs gegen ihn erkannt oder wegen dessen ihm die Fähigkeit zur Beschäftigung in einem öffentlichen Dienstzweig aberkannt worden ist.

Der Anspruch kann, auch ohne daß ein Urteil der bezeichneten Art ergangen ist, ganz oder teilweise abgelehnt werden, falls das Verfahren wegen des Todes oder der Abwesenheit des Betreffenden oder aus einem anderen in seiner Person liegenden Grunde nicht durchgeführt werden kann.

§ 8. Ansprüche auf Grund dieses Gesetzes sind, soweit deren Feststellung nicht von Amts wegen erfolgt, bei Vermeidung des Ausschlusses vor Ablauf von zwei Jahren nach dem Eintritte des Unfalls bei der dem Verletzten unmittelbar vorgesetzten Dienstbehörde anzumelden. Die Frist gilt auch dann als gewahrt, wenn die Anmeldung bei der für den Wohnort des Entschädigungsberechtigten zuständigen unteren Verwaltungsbehörde erfolgt ist. In solchem Falle ist die Anmeldung unverzüglich an die zuständige Stelle abzugeben und der Beteiligte davon zu benachrichtigen.

Nach Ablauf dieser Frist ist der Anmeldung nur dann Folge zu geben, wenn zugleich glaubhaft bescheinigt wird, daß eine den Anspruch begründende Folge des Unfalls erst später bemerkbar geworden oder daß der Berechtigte von der Verfolgung seines Anspruchs durch außerhalb seines Willens liegende Verhältnisse abgehalten worden ist, und wenn die Anmeldung innerhalb dreier Monate, nachdem eine Unfallfolge bemerkbar geworden oder das Hindernis für die Anmeldung weggefallen, erfolgt ist.

Jeder Unfall, welcher von Amts wegen oder durch Anmeldung der Beteiligten einer vorgesetzten Dienstbehörde bekannt wird, ist sofort zu untersuchen. Den Beteiligten ist Gelegenheit zu geben, selbst oder durch Vertreter ihre Interessen bei der Untersuchung zu wahren.

S. RGZ. 82, 226; 86, 11, 35; 101, 285.

§ 9. Soweit vorstehend nichts anderes bestimmt ist, finden auf die nach §§ 1 bis 3 zu gewährenden Bezüge die für die Beteiligten geltenden Bestimmungen über die Pension und über die Fürsorge für Witwen und Waisen Anwendung. Auf die Bezüge von Verwandten der aufsteigenden Linie und von Enkeln finden diese Bestimmungen entsprechende Anwendung.

S. RGZ. 86, 342; 95, 318; 97, 347.

§ 10. Die in den §§ 1, 2 bezeichneten Personen können, auch wenn sie einen Anspruch auf Pension oder Rente nicht haben, einen Anspruch auf Ersatz des durch den Unfall erlittenen Schadens gegen die Betriebsverwaltung, in deren Dienste der Unfall sich ereignet hat, überhaupt nicht, und gegen deren Betriebsleiter, Bevollmächtigte oder Repräsentanten, Betriebs- oder Arbeiteraufseher nur dann geltend machen, wenn durch strafgerichtliches Urteil festgestellt worden ist, daß der in Anspruch Genommene den Unfall vorsätzlich herbeigeführt hat.

Der hiernach zulässige Anspruch ermäßigt sich um denjenigen Betrag, welcher den Berechtigten nach dem gegenwärtigen Gesetze zusteht.

RGZ. 89, 234; 95, 131; 99, 274; 101, 296.

§ 11. Die in dem § 10 bezeichneten Ansprüche können, auch ohne daß die daselbst vorgesehene Feststellung durch strafgerichtliches Urteil stattgefunden hat, geltend gemacht werden, falls diese Feststellung wegen des Todes oder der Abwesenheit des Betreffenden oder aus einem anderen in seiner Person liegenden Grunde nicht erfolgen kann.

RGZ. 95, 131; 99, 272.

§ 12. Die dem Verletzten oder dessen Hinterbliebenen auf Grund des § 1 des Gesetzes, betr. die Verbindlichkeit zum Schadenersatze für die bei dem Betriebe von Eisenbahnen, Bergwerken usw. herbeigeführten Tötungen und Körperverletzungen, vom 7. Juni 1871 (Reichs-Gesetzbl. S. 207) gegen Eisenbahnbetriebsunternehmer zustehenden Ansprüche gehen auf die Betriebsverwaltung, welche dem Verletzten oder dessen Hinterbliebenen auf Grund des gegenwärtigen Gesetzes oder anderweiter reichsgesetzlicher Vorschrift Pensionen, Kosten des Heilverfahrens, Renten oder Sterbegelder zu zahlen hat, in Höhe dieser Bezüge und vorbehaltlich der Bestimmungen des Art. 8 des Gesetzes vom 20. Dezember 1875 (Reichs-Gesetzbl. S. 318) über.

Weitergehende Ansprüche als auf diese Bezüge stehen dem Verletzten und dessen Hinterbliebenen gegen das Reich und die Bundesstaaten nicht zu.

Die Haftung anderer, in dem § 10 nicht bezeichneter Personen bestimmt sich nach den sonstigen gesetzlichen Vorschriften. Jedoch geht die Forderung des Entschädigungsberechtigten an den Dritten auf die Betriebsverwaltung insoweit über, als sie zu den im Abs. 1 gedachten Zahlungen auf Grund dieses Gesetzes verpflichtet ist.

RGZ. 82, 192, 257; 85, 430; 89, 233; 94, 30, 131; 95, 87.

§ 13. Auf die in den §§ 1, 2 bezeichneten Personen finden die reichsgesetzlichen Bestimmungen über Unfallversicherung keine Anwendung.

§ 14. Staats- und Kommunalbeamten sowie deren Hinterbliebenen, für welche durch die Landesgesetzgebung oder durch statutarische Festsetzung gegen die Folgen eines im Dienste erlittenen Betriebsunfalls eine den Vorschriften der §§ 1 bis 7 des gegenwärtigen Gesetzes mindestens gleichkommende Fürsorge getroffen ist, steht wegen eines solchen Unfalls ein reichsgesetzlicher Anspruch auf Ersatz des durch denselben erlittenen Schadens nur nach Maßgabe der §§ 10 bis 12 des gegenwärtigen Gesetzes zu. Auf solche Staats- und Kommunalbeamten sowie deren Hinterbliebene finden die reichsgesetzlichen Bestimmungen über Unfallversicherung keine Anwendung.

RGZ. 99, 274.

Anlage III.

Gesetz, betr. die Dienstvergehen der richterlichen Militärjustizbeamten und die unfreiwillige Versetzung derselben in eine andere Stelle oder in den Ruhestand.

Vom 1. Dezember 1898 (RGBl. S. 1297).

Die Militärgerichtsbarkeit ist aufgehoben (Anm. zu Art. 106 RVf.) durch G. v. 17. Aug. 1920 (RGBl. 1579) außer für Kriegszeiten und Kriegsschiffe. Militärjustizbeamte können ev. mit vollem Gehalt in den Ruhestand versetzt werden, §§ 26, 27 des G. v. 17. Aug. 1920.

S. hierzu Verordnung des Reichspräsidenten v. 29. März 1922 (RGBl. 334), die das Gesetz vom 1. Dez. 1908 unberührt läßt.

Allgemeine Bestimmungen über Dienstvergehen und deren Bestrafung.

§ 1. Ein richterlicher Militärjustizbeamter, welcher die Pflichten verletzt, die ihm sein Amt auferlegt, oder in oder außer dem Amte sich ein seiner amtlichen Stellung nicht würdiges Verhalten zuschulden kommen läßt (Reichsbeamtengesetz vom 31. März 1875 § 10), macht sich eines Dienstvergehens schuldig.

§ 2. Wegen geringer Dienstvergehen können im Aufsichtswege Mahnungen erteilt werden. Bei dem

Reichsmilitärgericht erfolgen sie durch den Präsidenten desselben im Einverständnisse mit dem Vorsitzenden des Disziplinarhofs, im übrigen durch die oberste Behörde der Militärjustizverwaltung (vgl. Militärstrafgerichtsordnung §§ 111, 112).

Erscheint eine Mahnung nicht ausreichend, so tritt Disziplinarbestrafung nach Maßgabe der Bestimmungen dieses Gesetzes ein.

Die Vorschriften der Disziplinarstrafordnungen für das Heer und die Marine, betreffend die Disziplinarstrafgewalt der Militärbefehlshaber über Militärbeamte, bleiben unberührt.

§ 3. Disziplinarstrafen sind:

1. Warnung,
2. Verweis,
3. Geldstrafe,
4. Strafversetzung,
5. Dienstentlassung.

Die Geldstrafe darf den Betrag des einmonatlichen Diensteinkommens nicht übersteigen. Neben einem Verweis und neben der Strafversetzung kann auf Geldstrafe erkannt werden.

Gegen Mitglieder des Reichsmilitärgerichts kann auf Strafversetzung nicht erkannt werden.

Die Strafversetzung erfolgt in ein anderes Amt von gleichem Range ohne Verminderung des Diensteinkommens und wird durch die oberste Behörde der Militärjustizverwaltung in Ausführung gebracht.

Die Dienstentlassung hat den Verlust des Titels und des Pensionsanspruchs von Rechts wegen zur Folge.

Lassen besondere Umstände eine mildere Beurteilung zu, so ist das Disziplinargericht berechtigt, in seiner

Entscheidung zugleich festzusetzen, daß dem Beschuldigten ein Teil des gesetzlichen Pensionsbetrages auf Lebenszeit oder auf gewisse Jahre zu belassen sei.

§ 4. Welche der im § 3 bestimmten Strafen anzuwenden sei, ist nach der größeren oder geringeren Erheblichkeit des Dienstvergehens mit besonderer Rücksicht auf die gesamte Führung des Beschuldigten zu ermessen.

§ 5. Im Laufe einer gerichtlichen Untersuchung darf gegen den Beschuldigten ein Disziplinarverfahren wegen der nämlichen Tatsachen nicht eingeleitet werden.

Ist im Laufe eines Disziplinarverfahrens wegen der nämlichen Tatsachen eine gerichtliche Untersuchung gegen den Beschuldigten eröffnet, so ist das Disziplinarverfahren bis zur Beendigung des gerichtlichen Verfahrens auszusetzen.

§ 6. Ist strafgerichtlich auf Freisprechung erkannt, so findet wegen derjenigen Tatsachen, welche den Gegenstand der Untersuchung gebildet haben, ein Disziplinarverfahren nur noch insofern statt, als dieselben an sich und ohne ihre Beziehung zu dem gesetzlichen Tatbestande der strafbaren Handlung, auf welche die Untersuchung sich erstreckte, ein Dienstvergehen enthalten.

Ist in einer gerichtlichen Untersuchung eine Verurteilung erfolgt, welche den Verlust des Amtes nicht zur Folge gehabt hat, so bleibt der zuständigen Stelle (vgl. §§ 15, 21) die Entscheidung darüber vorbehalten, ob außerdem ein Disziplinarverfahren einzuleiten oder fortzusetzen sei.

Verfassung und Zuständigkeit der Disziplinargerichte.

§ 7. Disziplinargerichte sind:

in erster Instanz die Disziplinarkammern,

in zweiter Instanz der Disziplinarhof.

Für die juristischen Mitglieder des Reichsmilitärgerichts bildet der Disziplinarhof die erste und letzte Instanz.

§ 8. Für den Bereich eines oder mehrerer Armeekorps sowie für die Marine wird je eine Disziplinarkammer gebildet, die ihren Sitz am Orte eines der beteiligten Generalkommandos, bei der Marine am Sitze des Oberkommandos derselben hat.

Die Disziplinarkammer besteht aus fünf Mitgliedern, und zwar aus den in ihrem Bereich angestellten Oberkriegsgerichtsräten und der erforderlichen Zahl von Kriegsgerichtsräten.

Sind in dem Bereiche der Disziplinarkammer mehr als fünf Oberkriegsgerichtsräte vorhanden, so bilden die fünf dienstältesten und bei gleichem Dienstalter die der Geburt nach älteren die Disziplinarkammer. Die übrigen Oberkriegsgerichtsräte treten bei Verhinderung von Mitgliedern der Disziplinarkammer in gleicher Reihenfolge als Stellvertreter ein.

Soweit die vorhandenen Oberkriegsgerichtsräte zur Bildung der Disziplinarkammer nicht ausreichen, werden von der obersten Behörde der Militärjustizverwaltung Kriegsgerichtsräte für die Dauer ihres Hauptamts zu Mitgliedern der Disziplinarkammer und zu Stellvertretern ernannt.

Wird eine Disziplinarkammer durch Ausscheiden ausgeschlossener oder abgelehnter Mitglieder und deren Stellvertreter (vgl. § 14) oder aus einem anderen Grunde beschlußunfähig, so können die fehlenden Mitglieder durch Mitglieder einer anderen richterlichen Disziplinarkammer ersetzt werden. Die Anordnung erfolgt im Verwaltungswege.

Den Vorsitz in der Disziplinarkammer führt der dem Dienstalter beziehungsweise der Geburt nach älteste

Oberkriegsgerichtsrat, in Ermangelung eines Oberkriegsgerichtsrats der älteste Kriegsgerichtsrat.

§ 9. Zuständig ist diejenige Disziplinarkammer, in deren Bezirke der Beschuldigte zur Zeit der Eröffnung des Disziplinarverfahrens seinen dienstlichen Wohnsitz hat.

Die Disziplinarkammer der Marine ist zuständig für alle richterlichen Militärjustizbeamten der Marine.

§ 10. Der Disziplinarhof kann auf Antrag des Vertreters der Staatsanwaltschaft oder des Beschuldigten die Verweisung der Sache an eine andere Disziplinarkammer beschließen, wenn Gründe vorliegen, welche die Unbefangenheit der zuständigen Disziplinarkammer zweifelhaft erscheinen lassen.

§ 11. Der Disziplinarhof wird bei dem Reichsmilitärgericht aus den juristischen Mitgliedern dieses Gerichts gebildet. Zur Beschlußfähigkeit gehört die Anwesenheit von mindestens sieben derselben, einschließlich des Vorsitzenden.

Den Vorsitz führt derjenige Senatspräsident, welcher dem Dienstalter und bei gleichem Dienstalter der Geburt nach der älteste ist.

Im Behinderungsfalle gehen die Geschäfte des Vorsitzenden auf den nächstältesten Senatspräsidenten und in Ermangelung eines solchen auf den ältesten Rat des Reichsmilitärgerichts über.

§ 12. Der Geschäftsgang bei dem Disziplinarhofe wird durch eine Geschäftsordnung geregelt, welche von diesem auszuarbeiten und durch den Präsidenten des Reichsmilitärgerichts dem Kaiser zur Bestätigung vorzulegen ist.

Die Geschäftsordnung der Disziplinarkammern ist von der obersten Behörde der Militärjustizverwaltung zu erlassen.

§ 13. Die Verrichtungen der Staatsanwaltschaft werden bei den Disziplinarkammern von einem durch die oberste Behörde der Militärjustizverwaltung für jeden einzelnen Fall besonders zur benennenden Kriegsgerichtsrat, bei dem Disziplinarhofe von dem Obermilitäranwalte wahrgenommen.

Den Dienst des Gerichtsschreibers versieht bei den Disziplinarkammern der Gerichtsschreiber eines der betreffenden Oberkriegsgerichte, bei dem Disziplinarhofe ein Gerichtsschreiber des Reichsmilitärgerichts.

§ 14. Die Bestimmungen der Militärstrafgerichtsordnung über Ausschließung und Ablehnung der Gerichtspersonen (§§ 122 bis 134) finden auf die Mitglieder der Disziplinargerichte entsprechende Anwendung.

Im Verfahren vor dem Disziplinarhofe steht das Ablehnungsrecht auch dem Obermilitäranwalte zu.

Über die Ausschließung oder Ablehnung entscheidet das Disziplinargericht, welchem der abgelehnte Richter angehört.

Ablehnungsgesuche wegen Besorgnis der Befangenheit sind bei Vermeidung des Ausschlusses spätestens vor Beginn der Hauptverhandlung bei demjenigen Disziplinargericht anzubringen, welchem die abzulehnenden Mitglieder angehören.

Die Entscheidungen sind endgültig.

Verfahren bei den Disziplinargerichten.

§ 15. Der Verhängung einer Disziplinarstrafe muß ein förmliches Disziplinarverfahren vorhergehen. Die Einleitung desselben wird hinsichtlich der Mitglieder des Reichsmilitärgerichts durch den Präsidenten desselben im Einverständnisse mit dem Vorsitzenden des Disziplinarhofs, hinsichtlich der übrigen richterlichen Militärjustizbeamten durch die oberste Behörde der Militärjustizverwaltung verfügt.

§ 16. Das Disziplinarverfahren besteht in einem schriftlichen Ermittlungsverfahren und in einer mündlichen Verhandlung.

§ 17. Mit der Vornahme der Ermittelungen wird von dem Vorsitzenden des Disziplinargerichts ein Mitglied des letzteren beauftragt.

Das Ermittelungsverfahren hat den Zweck, den Sachverhalt so weit aufzuklären, daß eine Entscheidung darüber getroffen werden kann, ob das Verfahren einzustellen, oder die Sache zur Hauptverhandlung zu verweisen sei.

Der Beschuldigte wird unter Mitteilung der Beschuldigungspunkte vorgeladen und der Vertreter der Staatsanwaltschaft zugezogen. Sie werden, wenn sie erscheinen, mit ihren Erklärungen und Anträgen gehört.

Die Zeugen werden, nach Befinden eidlich, vernommen und die sonstigen Beweise erhoben.

Den Vernehmungen der Zeugen darf weder der Vertreter der Staatsanwaltschaft noch der Beschuldigte beiwohnen.

Die Verhaftung, vorläufige Festnahme oder Vorführung des Beschuldigten ist unzulässig.

§ 18. Über jede Untersuchungshandlung ist ein Protokoll unter Beobachtung der im § 163 der Militärstrafgerichtsordnung enthaltenen Vorschriften aufzunehmen.

§ 19. Erachtet der mit Vornahme der Ermittelungen beauftragte Richter die Untersuchung für geschlossen, so legt er die Akten dem Vertreter der Staatsanwaltschaft vor.

Beantragt dieser eine Ergänzung der Ermittelungen, so hat der Untersuchungsführer, wenn er dem Antrage nicht stattgeben will, die Entscheidung des Disziplinargerichts einzuholen.

§ 20. Nach geschlossenem Ermittelungsverfahren ist dem Beschuldigten der Inhalt der erhobenen Beweismittel mitzuteilen. Darauf werden die Akten dem Vertreter der Staatsanwaltschaft zur Stellung seiner Anträgevorgelegt.

§ 21. Auf Grund der Ergebnisse des Ermittelungsverfahrens hat hinsichtlich der Mitglieder des Reichsmilitärgerichts der Präsident desselben im Einverständnisse mit dem Vorsitzenden des Disziplinarhofs, im übrigen die oberste Behörde der Militärjustizverwaltung darüber zu befinden, ob der Beschuldigte außer Verfolgung zu setzen und das Verfahren einzustellen, oder ob die Sache zur Hauptverhandlung zu verweisen sei.

§ 22. Einstellung des Verfahrens hat auch dann zu erfolgen, wenn der Beschuldigte seine Entlassung aus dem Dienste mit Verzicht auf Titel, Gehalt und Pensionsanspruch nachsucht, vorausgesetzt, daß er seine amtlichen Geschäfte bereits erledigt hat.

Die Kosten des eingestellten Verfahrens fallen dem Beschuldigten zur Last.

§ 23. Wegen der nämlichen Anschuldigungspunkte ist die Wiederaufnahme eines eingestellten Disziplinarverfahrens nur auf Grund neuer Beweise und nur während eines Zeitraums von fünf Jahren, vom Tage des Einstellungsbeschlusses ab, zulässig.

§ 24. Wird die Sache zur Hauptverhandlung verwiesen, so finden im weiteren die Bestimmungen der §§ 101 bis 118 des Reichsbeamtengesetzes vom 31. März 1873 entsprechend Anwendung.

§ 25. Die Bestimmungen der Militärstrafgerichtsordnung, betreffend die Berechnung der Fristen (§ 146), die Wiedereinsetzung in den vorigen Stand (§§ 147, 148, 149 Absatz 1 bis 3), die Vernehmung von Zeugen (§§ 185 ff.) und die Zuziehung von Sachverständigen (§§ 208 ff.), finden mit der Maßgabe entsprechende Anwendung, daß gegen Entscheidungen des Disziplinarhofs eine Rechtsbeschwerde nicht stattfindet, und daß über Rechtsbeschwerden gegen Entscheidungen und Verfügungen der Disziplinarkammern der Disziplinarhof entscheidet.

§ 26. Die im Disziplinarverfahren an den Vertreter der Staatsanwaltschaft nötig werdenden Zustellungen erfolgen durch Vorlegung der Urschrift des zuzustellenden Schriftstücks. Beginnt mit der Zustellung der Lauf einer Frist, so ist der Tag der Vorlegung auf der Urschrift zu vermerken.

Die sonstigen Zustellungen erfolgen nach Maßgabe der §§ 136 bis 145 der Militärstrafgerichtsordnung.

§ 27. Die im Disziplinarverfahren ergehenden Entscheidungen sind mit Gründen zu versehen.

§ 28. Für die Abstimmung finden bei den Disziplinargerichten die Vorschriften der §§ 322, 324 der Militärstrafgerichtsordnung mit der Maßgabe entsprechende Anwendung, daß im Disziplinarhofe bei Stimmengleichheit die Stimme des Vorsitzenden den Ausschlag gibt.

§ 29. Für das Disziplinarverfahren werden weder Gebühren noch Stempel, sondern nur bare Auslagen in Ansatz gebracht.

Wird der Beschuldigte verurteilt, so hat er die baren Auslagen des Verfahrens ganz oder teilweise zu erstatten. Über die Erstattungspflicht entscheidet das Disziplinarerkenntnis.

Vorläufige Dienstenthebung.

§ 30. Die Bestimmungen der §§ 125 bis 130 Absatz 1, § 131 des Reichsbeamtengesetzes vom 31. März 1873 finden mit der Maßgabe entsprechende Anwendung, daß an die Stelle der obersten Reichsbehörde diejenige Behörde tritt, welcher die Einleitung des Disziplinarverfahrens zusteht (§ 15).

§ 31. Für die Verhältnisse im Felde und an Bord kann durch Kaiserliche Verordnung den höheren Befehlshabern die Befugnis eingeräumt werden, einen richterlichen Militärjustizbeamten, der nach ihrer pflichtmäßigen Überzeugung seine Bestimmung nicht erfüllt, aus seiner Feldstelle (Bordstelle) zu entlassen.

Unfreiwillige Versetzung in eine andere Stelle.

§ 32. Die unfreiwillige Versetzung eines Mitglieds des Reichsmilitärgerichts findet nicht statt.

Die unfreiwillige Versetzung eines Oberkriegsgerichtsrats oder Kriegsgerichtsrats kann, abgesehen von den Fällen der §§ 95, 96 der Militärstrafgerichtsordnung und von dem Falle einer Strafversetzung, nur erfolgen, wenn sie durch das Interesse der Militärrechtspflege dringend geboten ist.

Die Versetzung darf in diesem Falle nur in eine andere Militärrichterstelle von gleichem Range ohne Verminderung des Diensteinkommens erfolgen.

§ 33. Die Anerkennung der Notwendigkeit der unfreiwilligen Versetzung in eine andere Stelle erfolgt auf Antrag der obersten Behörde der Militärjustizverwaltung durch den Disziplinarhof. Die Ausführung geschieht durch die genannte Verwaltungsbehörde.

Unfreiwillige Versetzung in den Ruhestand.

§ 34. Die zwangsweise Versetzung eines richterlichen Militärjustizbeamten in den Ruhestand tritt ein, wenn er durch ein körperliches Gebrechen oder wegen Schwäche seiner körperlichen oder geistigen Kräfte zur Erfüllung seiner Amtspflichten dauernd unfähig geworden ist.

§ 35. Sucht der Beamte die Versetzung in den Ruhestand nicht nach, obgleich die Voraussetzungen derselben vorliegen, so ist unter Angabe der Gründe und unter Bezeichnung des zu gewährenden Pensionsbetrags die Aufforderung an ihn zu erlassen, binnen einer bestimmten Frist den Antrag auf Versetzung in den Ruhestand zu stellen. Die Aufforderung ergeht an einen Oberkriegsgerichtsrat oder Kriegsgerichtsrat durch die oberste Behörde der Militärjustizverwaltung, an ein Mitglied des Reichsmilitärgerichts durch den Präsidenten dieses Gerichts. Wird der Aufforderung innerhalb der festgesetzten Frist nicht Folge geleistet, so hat der Disziplinarhof über die Zulässigkeit der Versetzung in den Ruhestand zu entscheiden.

Schluß- und Übergangsbestimmungen.

§ 36. Die Gebührenordnung für die Rechtsanwälte vom 7. Juli 1879 findet auf die Berufstätigkeit des Rechtsanwalts im Disziplinarverfahren gegen richterliche Militärjustizbeamte mit der Maßgabe entsprechende Anwendung, daß den Strafkammern die Disziplinarkammern, dem Reichsgerichte der Disziplinarhof gleichzustellen sind.

§ 37. Dieses Gesetz tritt zugleich mit der Militärstrafgerichtsordnung in Kraft.

Mit diesem Zeitpunkt treten alle entgegenstehenden Bestimmungen, soweit sie auf die richterlichen Militärjustizbeamten Bezug haben, außer Kraft.

Hinsichtlich der beim Inkrafttreten dieses Gesetzes anhängigen Disziplinarsachen sind für das weitere Verfahren die Vorschriften dieses Gesetzes maßgebend.

§ 38. Dieses Gesetz kommt in Bayern nach näherer Bestimmung des Bündnisvertrags vom 23. November 1870 zur Anwendung; die Errichtung eines Disziplinarhofs für die bayerischen richterlichen Militärjustizbeamten bleibt der Landesgesetzgebung vorbehalten.

§ 38 ist obsolet.

Anlage IV.

Geschäftsordnung für die Disziplinarbehörden.

Vom 18. April 1880 (RZBl. 203).

Die Geschäftsordnung hat nur instruktionelle Bedeutung, Verletzung kein Revisionsgrund, s. A. zu § 92 RBG.

In Ausführung des § 92 des Gesetzes, betreffend die Rechtsverhältnisse der Reichsbeamten, vom 31. März 1873 (RGBl. S. 61) hat der Bundesrat nachfolgenden, von dem Kaiserlichen Disziplinarhof entworfenen Geschäftsordnung für die Disziplinarbehörden die Bestätigung erteilt.

I. Abschnitt.

Geschäftsordnung für die Disziplinarkammern.

§ 1. Die Geschäfte werden (vorbehaltlich der im § 11 bestimmten Ausnahmen) durch Kollegialbeschluß erledigt. Die Erledigung erfolgt in Sitzungen, welche nach Bedürfnis von dem Präsidenten bestimmt werden. Soweit nicht mündlich verhandelt wird, ist die Öffentlichkeit für die Sitzungen ausgeschlossen.

§ 2. Zur Beschlußfähigkeit der Disziplinarkammern ist die Teilnahme von fünf Mitgliedern, einschließlich des Vorsitzenden, nötig.

§ 3. Bei einer mündlichen Verhandlung darf die Zahl der in der Sitzung mitwirkenden Mitglieder, einschließlich des Vorsitzenden, nicht mehr als fünf betragen.

§ 4. Die beiden richterlichen Mitglieder, welche, abgesehen von dem Vorsitzenden, sich bei einer mündlichen Verhandlung unter den teilnehmenden Mitgliedern befinden müssen (§ 89 Absatz 2 des Reichsgesetzes vom 31. März 1873), werden durch die aus dem Dienstalter sich ergebende Reihenfolge dergestalt bestimmt, daß die älteren Mitglieder vor den jüngeren zur Teilnahme berufen sind.

Ist ein an der Reihe befindliches richterliches Mitglied an der Teilnahme verhindert oder an Stelle des verhinderten Präsidenten zur Übernahme des Vorsitzes berufen (§ 89 a. a. O.), so wird es durch dasjenige richterliche Mitglied ersetzt, welches von den für die zunächst folgende Sitzung zur Teilnahme bestimmten richterlichen Mitgliedern das ältere ist. Die ursprüngliche Reihenfolge wird dadurch nicht unterbrochen.

§ 5. Der Präsident bestimmt die Mitglieder, welche außer den richterlichen Mitgliedern bei einer mündlichen Verhandlung an der Sitzung teilzunehmen haben (§ 89 a. a. O.).

Wird hierzu ein richterliches Mitglied bestimmt, so ist die aus § 4 sich ergebende Reihenfolge einzuhalten. Die Teilnahme wird in der Reihenfolge gezählt. Die nichtrichterlichen Mitglieder sind tunlichst aus dem Verwaltungszweige zu wählen, welchem der Angeschuldigte angehört.

§ 6. Bei Entscheidungen und Beschlüssen, welche auf Grund einer mündlichen Verhandlung erlassen werden, dürfen nur Mitglieder mitwirken, vor welchen die mündliche Verhandlung stattgefunden hat.

§ 7. Soweit in einer Sitzung nicht mündlich verhandelt wird, ist kein Mitglied von der Mitwirkung in derselben ausgeschlossen. Sämtliche Mitglieder sind zu solchen Sitzungen einzuladen. Bei der Einladung hat der Präsident die Mitglieder zu bezeichnen, welche teilzunehmen verpflichtet sind.

In dringenden Fällen bedarf es der Einladung derjenigen Mitglieder nicht, deren Benachrichtigung zu einer nachteiligen Verzögerung führen würde.

§ 8. Ein Mitglied, welches zu einer Sitzung, worin eine mündliche Verhandlung stattfinden soll oder zu einer anderen Sitzung unter der Verpflichtung zur Teilnahme (§ 7 Absatz 1 am Ende) einberufen ist, hat im Falle der Verhinderung diese zeitig vor der Sitzung dem Präsidenten anzuzeigen.

Jedes Mitglied hat dem Präsidenten von dem Urlaube Anzeige zu machen, welcher ihm in Bezug auf die von ihm bekleideten Reichs- oder Staatsämter bewilligt wird. Eine gleiche Anzeige muß erfolgen, wenn ein Mitglied an der Wahrnehmung seines Amtes dauernd verhindert ist.

§ 9. Der Präsident leitet die Beratung, stellt die Fragen und sammelt die Stimmen.

Im Falle einer Meinungsverschiedenheit über die Stellung der Fragen oder über das Ergebnis der Abstimmung entscheidet das Kollegium. Die Entscheidungen erfolgen nach der absoluten Mehrheit der Stimmen. Bilden sich in einer Sache, von der Schuldfrage abgesehen, mehr als zwei Meinungen, deren keine die Mehrheit für sich hat, so werden die dem Angeschuldigten nachteiligsten Stimmen den zunächst minder nachteiligen so lange hinzugerechnet, bis sich eine Mehrheit ergibt.

Die Abstimmungen im Kollegium erfolgen in nachstehender Reihenfolge:

Zuerst stimmt der Dezernent oder Referent, nach dem Referenten der etwa ernannte Korreferent; im übrigen bestimmt sich die Reihenfolge der Abstimmung nach dem Dienstalter, so zwar, daß das jüngste Mitglied zuerst stimmt. Der Präsident gibt seine Stimme zuletzt ab Bei Stimmengleichheit ist die Stimme des Präsidenten entscheidend.

§ 10. Das Dienstalter der Mitglieder bestimmt sich nach dem Tage der Ernennung zum Mitgliede der Disziplinarkammer. Bei gleichzeitiger Ernennung gibt das höhere Lebensalter den Ausschlag.

§ 11. Verfügungen, welche eine sachliche Entscheidung nicht enthalten, insbesondere diejenigen, welche nur die Leitung eines anhängigen Disziplinarverfahrens betreffen, werden ohne Vortrag im Kollegium von dem Präsidenten oder unter dessen Zustimmung von demjenigen Mitgliede erlassen, welchem die Bearbeitung der Sache von dem Präsidenten übertragen ist. Im Falle einer Meinungsverschiedenheit zwischen dem Präsidenten und dem gedachten Mitgliede oder wenn über den gegen eine Verfügung erhobenen Widerspruch eines Beteiligten zu entscheiden ist, muß der Beschluß des Kollegiums eingeholt werden. Dasselbe gilt, wenn der Präsident den Vortrag im Kollegium angeordnet hat.

§ 12. In schleunigen Fällen kann, sofern nicht die Entscheidung eine mündliche Verhandlung erfordert, der Präsident eine schriftliche Abstimmung anordnen. Ergibt sich hierbei eine Meinungsverschiedenheit, so muß die Entscheidung in einer Sitzung erfolgen.

§ 13. In jeder einen Kollegialbeschluß erfordernden Sache wird von dem Präsidenten ein Dezernent oder Referent und nach Befinden ein Korreferent ernannt.

Der Vortrag im Kollegium wird unbeschadet der Bestimmung § 22 Ziffer 3 mündlich erstattet.

§ 14. Die Disziplinarkammern erlassen alle Entscheidungen, Beschlüsse, Verfügungen, Berichte usw. unter dem Namen:

„Disziplinarkammer zu X."

§ 15. In den Endentscheidungen sind die Mitglieder namentlich aufzuführen, welche an der Entscheidung teilgenommen haben. Auch ist darin der Tag der Sitzung zu bezeichnen, in welcher die Entscheidung erfolgt ist. Die Ausfertigungen der Endentscheidungen sind mit der Überschrift zu versehen:

„Im Namen des Reichs."

§ 16. Die Disziplinarkammern führen ein Siegel mit der Umschrift:

„Disziplinarkammer zu X."

§ 17. Die Disziplinarsachen gelten in Ansehung der portofreien Beförderung als Reichs-Dienstangelegenheiten.

§ 18. Der Präsident führt in allen Sitzungen den Vorsitz.

Ihm liegt die Leitung und Beaufsichtigung des ganzen Geschäftsgangs ob. Er öffnet die eingehenden Sendungen, versieht dieselben mit dem Tage des Eingangs, verteilt die Geschäfte, ernennt die Dezernenten, Referenten und Korreferenten (§ 13), bestimmt die Sitzungen (§ 1) und nach Anleitung der §§ 5 und 7 die Mitglieder, welche an denselben teilzunehmen haben, veranlaßt die Einladung der Mitglieder zu den Sitzungen, leitet die Beratungen und Abstimmungen (§ 9), zeichnet die Konzepte aller Verfügungen usw., vollzieht (unter Kontrasignatur des Sekretärs) alle Reinschriften und trifft in bezug auf die Führung der Geschäftskontrollen die erforderlichen Anordnungen. Er dekretiert ferner in allen das Kollegium als solches betreffenden Angelegenheiten.

§ 19. Der Präsident wird in Verhinderungsfällen von dem ältesten richterlichen Mitgliede vertreten.

§ 20. Das Geschäftsjahr ist das Kalenderjahr. Der Monat Dezember 1879 tritt dem Geschäftsjahre 1880 hinzu. Am Schlusse des Jahres überreicht der Präsident dem Reichskanzler eine Zusammenstellung der gesamten Geschäfte. Die Zusammenstellung muß insbesondere die Zahl der anhängig gewordenen Disziplinarsachen und die in den einzelnen Sachen erlassenen Entscheidungen ergeben.

§ 21. In betreff des nötigen Geschäftslokals, des erforderlichen Subaltern- und Unterbeamtenpersonals sowie in betreff der Bestreitung der Bürobedürfnisse wird der Reichskanzler auf Vorschlag des Präsidenten die geeigneten Anordnungen treffen.

Der Reichskanzler wird auch in Ansehung der Fonds, aus welchen die baren Auslagen, insbesondere die Zeugengebühren, zu bestreiten sind, und über die Verwaltung dieser Fonds, ferner über die Einziehung der in Disziplinarsachen den Angeschuldigten zur Last gelegten Ordnungsstrafen und baren Auslagen (§ 124 a. a. O.) das Erforderliche anordnen.

§ 22. Für das mündliche Verfahren sind nachstehende Vorschriften zu befolgen.

1. Zu §§ 101 und 102 des Reichsgesetzes vom 31. März 1873. Die Sitzung ist dergestalt zu bestimmen, daß dem Angeschuldigten vom Tage der Vorladung an eine Frist von mindestens einer Woche freibleibt.

In der Vorladung ist die zur Verhandlung der Sache bestimmte Stunde anzugeben, sowie dem Angeschuldigten bekanntzumachen, daß er sich des Beistandes eines Rechtsanwalts als Verteidigers bedienen oder durch einen solchen sich vertreten lassen könne, und daß auch im Falle seines Ausbleibens die Verhandlung der Sache und die Entscheidung erfolgen werde.

Ist das persönliche Erscheinen des Angeschuldigten beschlossen, so muß die Vorladung unter der Verwarnung erfolgen, daß im Falle des Ausbleibens ein Verteidiger zur Vertretung nicht zugelassen werde.

Der Staatsanwalt wird von der Sitzung durch Vorzeigung der Verfügung benachrichtigt, durch welche die Sitzung bestimmt ist.

2. Zu § 103. Die Verhandlung über den Ausschluß oder die Beschränkung der Öffentlichkeit erfolgt in nichtöffentlicher Sitzung, die Verkündung des desfallsigen Beschlusses in öffentlicher Sitzung.

Die Befolgung dieser Vorschrift muß aus dem Sitzungsprotokoll sich ergeben.

3. Zu §§ 104 bis 107. Die mündliche Verhandlung erfolgt in Gegenwart des Staatsanwalts und eines vereideten Protokollführers.

Der Berichterstatter (Referent) wird von dem Präsidenten bei Bestimmung der Sitzung ernannt.

Der Berichterstatter hat eine schriftliche Darstellung abzufassen und dieselbe dem Präsidenten vor der Sitzung vorzulegen.

In der Sitzung wird der Bericht durch Verlesung der Darstellung oder nach Wahl des Referenten mündlich an der Hand der schriftlichen Darstellung erstattet.

Ist ein Korreferent ernannt, so nimmt dieser an der Berichterstattung bei der Verhandlung nicht teil.

Die Leitung der Verhandlung, die Vernehmung des Angeschuldigten, die etwaige Aufnahme des Beweises und die Handhabung der Ordnung liegt dem Vorsitzenden ob. Er kann jeden, welcher Störungen verursacht, aus der Sitzung entfernen lassen.

Der Vorsitzende kann die Vernehmung des Angeschuldigten und die Beweisaufnahme einem anderen Mitgliede übertragen.

Für das Beweisverfahren sind im übrigen die Vorschriften der Strafprozeßordnung maßgebend. Dies gilt insbesondere auch von der Vorladung der Zeugen und Sachverständigen, sowie deren Bestrafung im Falle des Ungehorsams.

4. Zu § 108. Mit der Entscheidung sind zugleich die Gründe zu verkünden.

Es genügt jedoch die mündliche Mitteilung des wesentlichen Inhalts der Gründe. Die Verkündung erfolgt durch den Vorsitzenden. Die schriftlichen Entscheidungsgründe werden mittels Verlesung im Kollegium oder auf dem Wege des schriftlichen Umlaufs festgestellt und im Konzept von sämtlichen Mitgliedern, welche an der Entscheidung teilgenommen haben, unterschrieben.

5. Zu § 109. Das Sitzungsprotokoll muß insbesondere auch die verkündete Entscheidung enthalten.

6. Zu § 116. Die Akten sind vor der Einsendung an den Disziplinarhof mit einem Inhaltsverzeichnis (Rotulus) zu versehen.

7. Zu § 124. Die Kosten, welche der Angeschuldigte zu erstatten hat, sind, wenn tunlich, in der verurteilenden Entscheidung selbst dem Betrage nach festzustellen.

8. Zu § 133. Für die Form der Insinuationen in den bei den Disziplinarkammern anhängigen Sachen sind, soweit nicht der § 133 etwas Abweichendes bestimmt, die Vorschriften der Strafprozeßordnung maßgebend.

II. Abschnitt.

Geschäftsordnung für den Disziplinarhof.

§ 23. Die Bestimmungen des ersten Abschnitts finden mit folgenden Abweichungen auf den Geschäftsgang bei dem Disziplinarhof entsprechende Anwendung.

1. Zu § 2. Zur Beschlußfähigkeit des Disziplinarhofs ist die Teilnahme von sieben Mitgliedern einschließlich des Vorsitzenden nötig.

2. Zu § 3. Die Zahl der bei einer mündlichen Verhandlung in der Sitzung mitwirkenden Mitglieder darf nicht mehr als sieben betragen.

3. Zu §§ 4 und 5. Die §§ 4 und 5 gelten mit der Maßgabe, welche sich von selbst daraus ergibt, daß die Zahl der mitwirkenden Mitglieder sieben beträgt, und daß unter diesen nach § 91 Absatz 2 des Reichsgesetzes vom 31. März 1873 sich außer dem Vorsitzenden drei richterliche Mitglieder befinden müssen.

4. Zu §§ 9, 10 und 19. Als ältestes Mitglied, welches den Präsidenten in Verhinderungsfällen zu vertreten hat, gilt der dem Disziplinarhof angehörende Senatspräsident des Reichsgerichts. Wenn auch dieser verhindert ist, wird der Präsident von dem ältesten dem Disziplinarhof angehörenden Mitgliede des Reichsgerichts vertreten. Die Mitglieder des Bundesrats, welche dem Disziplinarhof angehören, nehmen in demselben ihre Stelle gleich nach dem Präsidenten oder dessen Vertreter, also vor den übrigen Mitgliedern ein. Die Reihenfolge der Bundesratsmitglieder bestimmt sich nicht nach

dem Dienstalter, sondern nach der Reihenfolge, welche für sie im Bundesrat besteht.

5. Zu § 14. Der Disziplinarhof erläßt seine Entscheidungen unter dem Namen:

„Disziplinarhof“.

6. Zu § 16. Der Disziplinarhof führt zwei Siegel (ein großes und ein kleines Siegel), entsprechend den beim Reichsgericht in Gebrauch befindlichen Siegeln. Das größere Siegel wird nur bei den Ausfertigungen der Endentscheidungen (§ 15) gebraucht.

7. Zu § 21. Das Amt der Staatsanwaltschaft beim Disziplinarhof wird nach Anordnung der obersten Reichsbehörde (§ 85 a. a. O.) von der Reichsanwaltschaft oder von besonders damit beauftragten Beamten wahrgenommen.

Die beim Reichsgericht angestellten Subalternbeamten und Unterbeamten haben nach näherer Anordnung des Präsidenten des Reichsgerichts die entsprechenden Verrichtungen auch beim Disziplinarhof zu versehen.

Die Bürobedürfnisse des Disziplinarhofs werden aus den Vorräten und Fonds des Reichsgerichts bestritten.

Als Geschäftslokal des Disziplinarhofs dient nach näherer Anordnung des Präsidenten des Reichsgerichts das Geschäftsgebäude des Reichsgerichts.

Sachregister.

(Die Zahlen bedeuten die Paragraphen.)

A.

B.

D.

F.

G.

L.

M.

N.

IV. 23. — 15000.

Nr. **12.** **Strafprozeßordnung und Gerichtsverfassungsgesetz.** Von E. Kohlrausch. 19. Auflage. — 1922. Gz 3,5

Nr. **13.** **Konkursordnung und Anfechtungsgesetz.** Von R. Sydow. Fortgeführt von L. Busch und O. Krieg. 13. Auflage 1923 im Druck.

Nr. **14.** **Gerichtsverfassungsgesetz.** Von R. Sydow. Fortgeführt von L. Busch. 11. Auflage. In Bearbeitung.

Nr. **15.** **Das deutsche Gerichtskostengesetz.** Von R. Sydow. Fortgeführt von L. Busch und F. Koehler. 10. Auflage. — 1920. Mit den Änderungen von 1921. Gz 3

Nr. **16.** **Rechtsanwaltordnung.** Von R. Sydow. 5. Auflage von M. Jacobsohn. Mit Nachtrag von 1910. — 1907. Gz 1,2

Nr. **17.** **Gebührenordnung für Rechtsanwälte und das Preußische Gebührengesetz.** Von R. Sydow. Fortgeführt von L. Busch und O. Krieg. 12. Auflage. — 1922. Gz 4

Nr. **18.** **Reichsstempelgesetz.** Von P. Loeck. Vergriffen. Wird durch Kapitalverkehrssteuergesetz ersetzt. Erläuterte Ausgabe in Bearbeitung. Siehe auch Nr. **131 b.**

Nr. **19.** **Die Seegesetzgebung.** Von W. E. Knitschky. 5. Auflage von O. Rudorff. — 1913. Gz 8

Nr. **20.** **Krankenversicherungsgesetz** siehe Nr. **107.**

Nr. **21.** **Die Konsulargesetzgebung.** Von Ph. Zorn. 8. Auflage von A. Zorn. — 1911. Gz 4,5

Nr. **22.** **Patentgesetz.** Von R. Lutter. 8. Aufl. — 1920. Gz 4,5

Nr. **23.** **Gewerbe-Unfallversicherungsgesetz** siehe Nr. **108.**

Nr. **24.** **Aktiengesellschaft und Kommanditgesellschaften auf Aktien.** Von H. Keyßner und H. Veit Simon. 7. Aufl. In Bearbeitung.

Nr. **25.** **Brausteuergesetz.** Von A. Düffe. 2. Auflage. — 1910. Gz 2

Nr. **26.** **Münz- und Notenbankwesen.** Von R. Koch. 7. Aufl. In Bearbeitung.

Nr. **27.** **Gesundheitswesen im Deutschen Reich.** Von E. Goesch und J. Karsten. — 1888. Gz 1,5

Nr. **28.** **Bau-Unfallversicherungsgesetz** siehe Nr. **108.**

Nr. **29.** **Erwerbs- und Wirtschaftsgenossenschaften.** Von L. Parisius und H. Crüger. 16. Auflage. — 1922. Gz 2,6

Nr. **30.** **Invalidenversicherungsgesetz** siehe Nr. **109.**

Nr. **31.** **Gewerbegerichtsgesetz.** Von L. Mugdan. 7. Auflage von W. Cuno. Vergriffen, neue Auflage in Bearbeitung.

Nr. **32.** **Gesellschaften mit beschränkter Haftung.** Von L. Parisius und H. Crüger. 15. Aufl. — 1921. Gz 1,7

Die Preise der Bände ergeben sich durch Multiplikation der

Nr. 33. **Vereins- und Versammlungsrecht.** Von E. Ball. 2. Auflage von F. Friedenthal. — 1907. Gz 2

Reichs-Vereinsgesetz vom 19. April 1908 siehe Nr. 88.

Nr. 34. **Die Abzahlungsgeschäfte.** 3. Auflage von E. Wilke. — 1910. Gz 1,2

Nr. 35. **Die Reichs-Eisenbahngesetzgebung.** Von W. Coermann. — 1895. (Siehe auch Nr. 66.) Gz 2

Nr. 36. **Privatrechtliche Verhältnisse der Binnenschiffahrt und Flößerei.** Von E. Löwe. 6. Auflage. — 1923. Gz 4,5

Nr. 37. **Unlauterer Wettbewerb.** Von A. Pinner. 7. Auflage von A. Elster. — 1921. Gz 1,4

Nr. 38/39. **Bürgerliches Gesetzbuch nebst Einführungsgesetz.** Von A. Achilles. In Verbindung mit F. André, O. Meyer, O. Strecker, K. v. Unzner herausgegeben von M. Greiff. 11. Auflage. — 1923. Gz 11

Nr. 40. Gesetz, betr. die **Pflichten der Kaufleute bei Aufbewahrung fremder Wertpapiere [Depotgesetz].** Von F. Lusensky. 3. Auflage. — 1916. Gz 1

Nr. 41. **Börsengesetz.** Von Th. Hemptenmacher. 3. Auflage von O. Meyer. — 1915. Gz 3,5

Nr. 42. **Grundbuchordnung.** Von O. Fischer. 7. Auflage. — 1920. Gz 3

Nr. 43. **Zwangsvollstreckung.** Von J. Krech und O. Fischer. 9. Auflage von O. Fischer. — 1922. Gz 3,5

Nr. 44. **Auswanderungswesen.** Von F. Stoerk. — 1899. Gz 2

Nr. 45. **Das Entmündigungsrecht.** Von P. Koll. — 1900. Gz 1,2

Nr. 46. **Freiwillige Gerichtsbarkeit.** Von H. Jastrow. 6. Auflage von Herm. Günther. — 1921. Gz 4,5

Nr. 47. **Das deutsche Vormundschaftsrecht.** Von M. Schultzenstein und P. Köhne. 2. Auflage. — 1901. Gz 2,5

Nr. 48. Gesetze, betr. den **Drogen-, Gift- und Farbenhandel** außerhalb der Apotheken. Von J. Broh. — 1899. Gz 1,2

Nr. 49. **Deutsche Kolonialgesetzgebung.** Von Ph. Zorn. 2. Auflage von Sassen. — 1913. Gz 6

Nr. 50. **Der Viehkauf [Viehgewährschaft]** Von H. Stölzle und H. Weiskopf. 5. Auflage. — 1913. Gz 5,5

Nr. 51. **Hypothekenbankgesetz.** Von H. Göppert. 2. Auflage von Seidel. — 1911. Gz 2,2

Grundzahlen (Gz) mit der jeweils geltenden Schlüsselzahl.

Nr. 52. **Rechte der Besitzer von Schuldverschreibungen.** Von H. Göppert. 2. Auflage von E. Trendelenburg. — 1915. Gz 1,5

Nr. 53. **Reichspreßgesetz.** Von A. Born. 2. Auflage. — 1911. Gz 1,8

Nr. 54. Verkehr mit **Nahrungsmitteln, Genußmitteln und Gebrauchsgegenständen.** Von G. Lebbin. — 1900. Gz 2

Nr. 55. **Beschlagnahme von Lohn- und Gehaltsforderungen.** Von G. Meyer. 5. Auflage. — 1914. Durch Nachträge bis Ende 1921 ergänzt. (Nachträge allein. Gz 0,7) Gz 2,3

Nr. 56. **Bekämpfung gemeingefährlicher Krankheiten.** Von B. Burkhardt. — 1900. Gz 1,2

Nr. 57. **See-Unfallversicherungsgesetz** siehe Nr. **108.**

Nr. 58. **Recht der unehelichen Kinder.** Von H. Jastrow. — 1901. Gz 1,6

Nr. 59. **Beurkundung des Personenstandes und die Eheschließung.** Von F. Fidler. 2. Auflage. — 1912. Gz 2,3

Nr. 60. **Das Urheberrecht an Werken der Literatur und der Tonkunst.** Von O. Lindemann. 4. Auflage. — 1921. Gz 1,8

Nr. 61. **Verlagsrecht.** Von B. Marwitz. 3. Auflage. — 1922. Gz 1,6

Nr. 62. **Private Versicherungsunternehmungen.** Von H. Könige. 3. Auflage. — 1922. Im Druck.

Nr. 63. **Gesetzestafel des deutschen Reichsrechts.** Von H. Bruhns. 2. Auflage. — 1913. Gz 3

Nr. 64. Gesetzsammlung, betr. den **Handel mit Drogen und Giften.** Von H. Sonnenfeld. 2. Auflage. — 1912. Gz 3

Nr. 65. **Weingesetz.** Von G. Lebbin. 2. Aufl. — 1909. Gz 2

Nr. 66. **Die Eisenbahn-Gesetzgebung.** Von W. Pietsch. 2. Auflage. — 1913. (Siehe auch Nr. 91.) Gz 3

Nr. 67. **Militär-Strafgesetzbuch.** Von A. Romen und E. Rissom. 3. Auflage. — 1918. Gz 6

Nr. 68. **Fleischbeschaugesetz.** Von G. Lebbin und G. Baum. — 1903. Gz 2,8

Nr. 69. Reichsgesetz über die **Naturalleistungen der bewaffneten Macht im Frieden.** Von W. v. Hippel. — 1903. Gz 1

Nr. 70. **Das Reichs-Haftpflichtgesetz.** Von G. Eger. — 1903. Vergriffen. — (Kommentar von Seligsohn. — 1920. Gz 8)

Nr. 71. **Kinderarbeit in gewerblichen Betrieben.** Von H. Spangenberg. 2. Auflage. — 1904. Gz 1,2

Nr. 72. **Unfallversicherungsgesetz** siehe Nr. **108.**

Die Preise der Bände ergeben sich durch Multiplikation der

Nr. 73. **Entschädigung für unschuldig erlittene Verhaftung und Bestrafung.** Von A. Romen. — 1904. Gz 1,7

Nr. 74. **Die Kaufmannsgerichte.** Von M. Apt. 3. Auflage. — 1904. (Siehe auch Nr. **112.**) Gz 1,6

Nr. 75. **Konsulargerichtsbarkeit.** Von A. F. Vorwerk. 2. Ausgabe, mit den Schutzgebietsgesetzen. — 1908. Gz 1,6

Nr. 76. **Die Rechtshilfe im Verkehr mit den ordentlichen Gerichten.** Von A. Friedländer. — 1906. Gz 1,5

Nr. 77. **Das Erbschaftssteuergesetz.** Von B. Henckel. — 1920. Gz 6,2

Nr. 78. **Zigarettensteuergesetz.** Von Cuno. In Vorbereitung.

Nr. 79. **Die Militärpensionsgesetze.** Von A. Romen.

a) I. Teil: **Offizierpensionsgesetz.** — **1907.** Gz 2

b) II. Teil: **Mannschaftsversorgungsgesetz.** Mit **Kapitalabfindungsgesetz.** — 1908. Gz 2

Militärversorgungsgesetze siehe auch Nr. **136.**

Nr. 80. **Gerichtliche Registerführung.** Von O. Lindemann. — 1906. Gz 2,4

Nr. 81. **Urheberrecht an Werken der bildenden Künste und der Photographie.** Von L. Fuld. 2. Auflage im Druck.

Nr. 82. **Reichsbeamtengesetz.** Von A. Arndt. 3. Auflage. — 1923. Gz 3,5

Nr. 83. **Versicherungsvertrag.** Von P. Hager und E. Bruck. 4. Auflage. — 1920. Gz 6

Nr. 84. **Sammlung kleinerer privatrechtlicher Reichsgesetze.** Von G. Müller. — 1908. Gz 5,5

Nr. 85. **Scheckgesetz.** Neue Auflage im Druck.

Nr. 86. **Die Auslieferungsverträge des Deutschen Reiches.** Von A. Cohn. — 1908. Gz 4

Nr. 87. **Schutz der Warenbezeichnungen.** Von Freund und Magnus. 6. Auflage. — 1923. In Bearbeitung.

Nr. 88. **Vereinsgesetz.** Von A. Romen. 4. Aufl. — 1916. Gz 3

Nr. 89. **Vogelschutzgesetz.** Von L. v. Boxberger. — 1909. Gz 1

Nr. 90. Die Haager Abkommen über das **Internationale Privatrecht.** Von G. Bogeng. — 1908. Gz 2

Nr. 91. **Eisenbahn-Verkehrsordnung.** Von E. Blume. 2. Auflage von Weirauch. — 1922. Gz 5

Nr. 92. **Verkehr mit Kraftfahrzeugen.** Von R. Kirchner. 3. Auflage. Mit Nachtrag 1922. — 1915. Gz 4,5

Nr. 93. **Sicherung der Bauforderungen.** Von E. Harnier. 3. Auflage. — 1912. Gz 1,5

Grundzahlen (Gz) mit der jeweils geltenden Schlüsselzahl.

Nr. **94.** **Die Beamtenhaftpflichtgesetze des Reiches und der Länder.** Von H. Delius. 3. Auflage. — 1921. Gz 3,2

Nr. **95.** Die Berner Übereinkunft über **Internationales Urheberrecht.** Von H. Dungs. — 1910. Gz 1

Nr. **96.** **Branntweinsteuergesetz.** 3. Auflage von K. Kniebe in Vorbereitung. **Branntweinmonopolgesetz** siehe Nr. **131 a.**

Nr. **97.** **Schutzgebietsgesetz.** Von J. Gerstmeyer. — 1910. Gz 2,5

Nr. **98.** **Sechs Haager Abkommen über Internationales Privatrecht.** Von H. Dungs. — 1910. Gz 1,5

Nr. **99.** **Die Abkommen der Haager Friedenskonferenz.** Vergriffen. Jetzt: Wehberg, **Völkerbundakte.** (Außerhalb der Sammlung.)

Nr. **100.** **Kaligesetz.** Von B. Boelkel. — 1910. Gz 2,4

Nr. **101.** **Zuwachssteuergesetz.** Von W. Cuno. — 1911. Gz 3,5

Nr. **102.** **Urheberrecht an Mustern und Modellen** und Schutz von **Gebrauchsmustern.** Von J. Neuberg. — 1911. Gz 2,4

Nr. **103.** **Reichs-Viehseuchengesetz.** Von W. v. Hippel. 2. Auflage. — 1912. Gz 4

Nr. **104.** **Versicherungsgesetz für Angestellte** siehe Nr. **144.**

Nr. **105.** **Das Geldwesen in den deutschen Schutzgebieten.** Von W. Hinze. — 1912. Gz 1,8

Nr. **106—109.** **Reichs-Versicherungsordnung.** Von F. Caspar und A. Spielhagen. 4 Bände.

Nr. **106.** I., V. und VI. Buch. **Gemeinsame Vorschriften. — Beziehungen der Versicherungsträger zu einander und zu anderen Verpflichteten. — Verfahren.** Von K. Lippmann, L. Laß und H. Siefart. — 1913. Mit Nachtrag. Von K. Lippmann. — 1920. (Nachtrag einzeln. Gz 0,4) Gz 6

Nr. **107.** II. Buch. **Krankenversicherung.** Von H. Siefart und F. Sitzler. — 1916. Mit Nachtrag. Von K. Lippmann. — 1920. (Nachtrag einzeln. Gz 1,2.) Gz 6,5

Nr. **108.** III. Buch. **Unfallversicherung.** Von A. Radtke. — 1913. Mit Nachtrag. Von A. Radtke. — 1921. (Nachtrag einzeln. Gz 1,6) Gz 7

Nr. **109.** IV. Buch. **Invaliden- und Hinterbliebenenversicherung.** Von B. Jaup und H. Follmann. — Neudruck 1922. Mit Nachtrag, enthaltend die Ergänzungen 1914—1921. (Nachtrag einzeln. Gz 1.) Gz 4

Nr. **110.** **Wehrbeitragsgesetz.** Von A. Fernow. 2. Auflage. — 1913. Gz 1,6

Nr. **111.** **Reichs- und Staatsangehörigkeitsgesetz.** Von A. Romen. — 1913. Gz 2

Die Preise der Bände ergeben sich durch Multiplikation der

Nr. **112. Kaufmannsgerichtsgesetz.** Von H. Depène. — 1914. Gz 2,6

Nr. **113. Postscheckgesetz.** Von J. Weiland. — 1914. Mit Nachtrag 1918. Gz 1,5

Nr. **113 a. Postscheckordnung.** Von J. Weiland. — 1914. Mit Nachtrag 1918. Gz 1,5

Nr. **114. Waffengebrauch und Festnahmerecht des Militärs.** Von A. Romen und C. Rissom. — 1914. Gz 1,8

Nr. **115. Das vertragliche Wettbewerbsverbot [Konkurrenzklausel].** Von G. Baum. — 1914. Gz 3

Nr. **116. Kriegs-Zivil- u. Finanzgesetze.** 3. Aufl. — 1915. Gz 2

Nr. **116 a.** Zweite Folge: Jahr 1915. — 1916. Gz 1,8

Siehe auch Nr. **129.**

Nr. **117. Darlehnskassengesetz.** Von Salomon und Bud. — 1915. Gz 1,8

Nr. **118. Militärhinterbliebenengesetz.** Von Reh. Mit **Kapitalabfindungsgesetz.** — 1915. (Siehe auch Nr. **136.**) Gz 2,2

Nr. **119. Kriegsleistungsgesetz.** Vergriffen.

Nr. **120. Telegraphenwegegesetz.** Von Wolf. — 1916. Gz 1

Nr. **121. Direkte Kriegssteuer.** Von A. Mrozek. — 1916. Gz 3,5

Nr. **122. Belagerungszustand.** Von H. Bürschel. — 1916. Gz 3,5

Nr. **123. Warenumsatzstempel.** Von Lindemann. — 1916. Gz 1,3

Umsatzsteuergesetze siehe Nr. **132.**

Nr. **124. Todeserklärung Kriegsverschollener.** Von J. Partsch. — 1916. Gz 2

Nr. **125. Vaterländischer Hilfsdienst.** 3. Auflage. — 1917. Gz 1

Nr. **126. Besitzsteuergesetz.** Von A. Mrozek. Vergriffen.

Nr. **127. Geschäftsaufsicht zur Abwendung des Konkurses.** Von G. Klien und Ernst Jaeger. — 1917. Gz 1,2

Nr. **128. Verhaftung und Aufenthaltsbeschränkung.** Von A. Romen. — 1917. Gz 1,2

Nr. **129.** Kriegsgesetze auf dem Gebiete des **Zivil-** und **Prozeßrechtes.** Von Johannes Fischer. — 1918. Gz 1,8

Nr. **130. Ersatzlebensmittelverordnung** nebst Verordnungen über **Schleichhandel, Preistreiberei.** Von Heinz Emil Wendel. — 1918. Gz 0,8

Nr. **131 a. Reichsfinanzgesetzgebung 1918.** Bd. I. **Getränkesteuern** (Bier, Branntwein, Wein, Schaumwein, Limonaden). Von G. Mayer. — 1918. Gz 3

Grundzahlen (Gz) mit der jeweils geltenden Schlüsselzahl.

Nr. **131 b. Reichsfinanzgesetzgebung 1918.** Bd. II. **Abgabe vom Einkommen, Stempel, Umsatz, Kriegsgewinn** usw., **Steuerflucht.** Von G. Mayer. — 1919. Gz 1,6

Nr. **132. Umsatzsteuergesetz.** Von Otto Lindemann. 3. Auflage. — 1923. Gz 4

Nr. **133. Reichswuchergesetzgebung.** Von Ad. Lobe. —1918. Gz 2,8

Nr. **134. Die Friedensverträge.** Von Karl Strupp. I. **Die Ostfrieden.** — 1918. Gz 6

Nr. **135. Erbbaurecht.** Von H. Günther. — 1919. Gz 2

Nr. **136. Militärversorgungsgesetze.** Von Hermann Günther. — 1919. Gz 2,3

Nr. **137. Verfassung des Deutschen Reiches.** Von A. Arndt. 2. Auflage. — 1921. Gz 2,5

Nr. **138 a. Arbeiterschutz und Arbeitsrecht.** Von A. Günther. — 1920. Gz 6

Nr. **138 b. Betriebsrätegesetz.** Von A. Günther.—1920. Gz 2

Nr. **139. Grunderwerbsteuergesetz.** Von Otto Lindeman. — 1919. Gz 1,8

Nr. **140. Die Siedelungsgesetzgebung im Reich und in Preußen.** Von W. Holzapfel. — 1920. Gz 3,5

Nr. **141. Sozialisierungsgesetze.** Von Otto Reier. — 1920. Gz 2,5

Nr. **142. Wirtschaftliche Demobilmachung.** Von Gg. Fischbach. — 1920. Gz 1

Nr. **143. Reichsabgabenordnung.** Von Nieberl. — 1923. Gz 4

Nr. **144. Versicherungsgesetz für Angestellte.** Von Lippmann. — 1920. Gz 3,5

Nr. **145. Steuer- und Kapitalflucht.** Von E. H. Meyer. 2. Auflage. — 1921. Gz 1,6

Nr. **146. Tabaksteuergesetz.** Von Wündisch. Mit Nachtrag, enthaltend alle Neuerungen. — 1920. Gz 3

Nr. **147. Filmzensur.** Von Szczesny. — 1920. Gz 1,5

Nr. **148. Reichsausgleichsgesetz.** Von Decke. — 1920. Gz 1,5

Nr. **149. Reichsnotopfergesetz.** Von Friedmann und Wrzeszinsky. — 1921. Gz 4

Nr. **150. Reichsschädengesetze.** Von Adolf Hohenstein und Wenzel Goldbaum. — 1922. Gz 4

Nr. **151. Reichseinkommensteuergesetz.** Von A. Hirschburger. Im Druck.

Die Preise der Bände ergeben sich durch Multiplikation der

B. Preußische Gesetze.

Nr. 1. **Die Verfassung des Freistaats Preußen.** Von A. Arndt. — 1921. Gz 1,8

Ausführlicher Kommentar von Stier-Somlo. — 1921. Gz 5

Nr. 2. **Preußische Beamten-Gesetzgebung.** Von K. Pfafferoth. 5. Auflage. — 1916. Gz 2,4

Nr. 3. **Nottestamente.** Von E. Kurtz. — 1904. Gz 1,5

Nr. 4. **Gebührenordnung für Notare.** Von Rausnitz. 5. Auflage. — 1917. Gz 2,2

Nr. 5. Gesetz vom **24. April 1854 [betr. die außereheliche Schwängerung].** Von Schulze. — 1873. Gz 0,7

Reichsrecht siehe Reichsgesetze Nr. **58.**

Nr. **6—9** vergriffen.

Nr. **10. Einkommensteuergesetz** siehe Reichsgesetze Nr. **151.**

Nr. **11. Gewerbesteuergesetz.** Von A. Fernow. Vergriffen.

Nr. **12. Allgemeines Berggesetz.** Von Schlüter und Hense. 3. Auflage. — 1913. Vergriffen.

Nr. **13. Ergänzungssteuergesetz.** Von A. Fernow. 5. Aufl. Gz 4

Nr. **14. Kommunalabgabengesetz.** Von F. Adickes. 6. Auflage von Falk. — 1922. Gz 3,5

Nr. **15. Die Kreisordnungen.** Von O. Kolisch. — 1894. Gz 4

Nr. **16. Konzessionierung gewerblicher Anlagen.** Von W. v. Rüdiger. 2. Auflage. — 1901. Vergriffen.

Nr. **17. Preußisches Gerichtskostengesetz.** Von P. Siméon. 7. Auflage. — 1913. Mit Nachtrag von 1919 und 1920. Gz 4

Nr. **18. Preußisches Stempelsteuergesetz.** Von P. Loeck und W. Seyffarth. 9. Auflage mit Nachtrag von Eiffler. — 1922. Gz 7,5

Nr. **19. Jagdscheingesetz.** Von F. Kunze. 2. Aufl. — 1899. Gz 2

Nr. **20. Die preußischen Erbschaftssteuergesetze.** Von U. Hoffmann. — 1905. Gz 3

(**Reichs**-Erbschaftssteuergesetz siehe Reichsgesetze **Nr. 77.**)

Nr. **21. Handelskammern.** Von F. Lusensky. 2. Auflage. — 1909. Gz 3

Nr. **22. Anstellung und Versorgung der Kommunalbeamten.** Von W. Ledermann. 2. Auflage von L. Brühl. — 1914. Gz 2

Grundzahlen (Gz) mit der jeweils geltenden Schlüsselzahl.

Nr. 23. **Ausführungsgesetze zum Bürgerlichen Gesetzbuche.** Von P. Siméon. 3. Auflage. — 1914. Gz 2,2

Nr. 24. **Die Hinterlegungsordnung (1879).** Von G. Bartels. 2. Auflage. — 1908. Gz 2

— —, Abänderungsgesetz vom 21. April 1913 siehe Nr. 53.

Nr. 25. **Preußische Kommunalbeamtengesetzgebung.** Von F. Kremski. — 1901. Gz 3

Nr. 26. **Diensteinkommen der Lehrer und Lehrerinnen.** Von E. Cremer. — 1900. Gz 2,2

Nr. 27. **Warenhaussteuer.** Von G. Strutz. — 1900. Gz 1,2

Nr. 28. **Die Fürsorgeerziehung Minderjähriger.** Von P. F. Aschrott. 3. Auflage. — 1917. Gz 2,8

Nr. 29. **Ärztliche Ehrengerichte, das Umlagerecht und die Kassen der Ärztekammern.** Von F. Fidler. — 1901. Gz 1,5

Nr. 30. **Preußisches Staatsschuldbuch** und **Reichsschuldbuch.** Von J. Mücke. — 1902. Gz 2

Nr. 31. **Die preußischen Gesindeordnungen.** Zwei Bände. Von St. Gerhard.

31 a. Altpreußische Provinzen und Rheinland. 2. Auflage. — 1914. Gz 3

31 b. Hannover, Schleswig-Holstein, Hessen-Nassau und Hohenzollern. — 1902. Gz 2,5

Nr. 32. **Städteordnung.** Von W. Ledermann und L. Brühl. 2. Auflage. — 1913. Gz 7

Nr. 33. **Rentenguts- und Anerbenrechts-Gesetzgebung.** Von M. Peltasohn und B. Peltasohn. — 1903. Gz 2,8

Nr. 34. Sammlung der wichtigsten **preußischen Strafgesetze.** Von Lindemann. 2. Auflage. — 1912. Gz 3,5

Nr. 35. **Geschäftsordnung für Gerichtsvollzieher.** Von E. Exner. — 1904. Gz 3

Nr. 36. **Polizeiverordnungen in Preußen.** Von O. Lindemann. — 2. Auflage. 1912. Gz 2,5

Nr. 37. **Enteignung von Grundeigentum.** Von O. Meyer. 2. Auflage. — 1911. Gz 2,2

Nr. 38. **Kreis- und Provinzial-Abgabengesetz.** Von F. Schmidt. — 1906. Gz 1,2

Nr. 39. **Unterhaltung der öffentlichen Volksschulen.** Von A. Marcks. — 1906. Gz 1,8

Nr. 40. **Verwaltungsstrafverfahren.** Von R. Katzenstein. — 1907. Gz 3,5

Nr. 41. **Die preußischen Jagdpolizeigesetze.** Von F. Kunze und R. Kühnemann. 2. Auflage. — 1907. Gz 3,5

Die Preise der Bände ergeben sich durch Multiplikation der

Schlagwort-Register

R. = Nummer der Sammlung Deutscher Reichsgesetze.
P. = Nummer der Sammlung Preußischer Gesetze.
S. = Seite.

Schlagwort-Register. (R. = Reichsgesetz, P. = preuß. Gesetz.)

Schlagwort-Register. (R. = Reichsgesetz, P. = preuß. Gesetz.)

Schlagwort-Register. (R. = Reichsgesetz, P. = preuß. Gesetz.)

FSC
www.fsc.org
MIX
Papier | Fördert
gute Waldnutzung
FSC® C083411

Kolibri 360 GmbH
Ferdinand-Jühlke-Straße 7
99095 Erfurt, Deutschland
produktsicherheit@kolibri360.de